MARIANNE ROSENBERG
KOKOLORES
AUTOBIOGRAPHIE

Ullstein

Besuchen Sie uns im Internet:
www.ullstein-taschenbuch.de

Zum Schutz der Betroffenen wurden einige Namen,
Eigennamen und Ortsnamen geändert.

Wir danken allen Rechteinhabern für die Erlaubnis zum
Abdruck der Abbildungen. Trotz intensiver Bemühungen war
es nicht möglich, alle Rechteinhaber zu ermitteln. Wir
bitten diese, sich an den Verlag zu wenden.

Ungekürzte Ausgabe im Ullstein Taschenbuch
1. Auflage November 2007
© Ullstein Buchverlage GmbH, Berlin 2006/List Verlag
Umschlaggestaltung: HildenDesign, München
(unter Verwendung einer Vorlage von Sabine Wimmer, Berlin)
Umschlagabbildung: (vorne) © Christian Hoppe,
(hinten) © privat
Satz: LVD GmbH, Berlin
Gesetzt aus der Candida
Druck und Bindearbeiten: Ebner & Spiegel, Ulm
Printed in Germany
ISBN 978-3-548-36977-8

Inhalt

Nachts bei Engelhardt	7
Wer sagt, dass Zeit alles heilt, irrt	11
Wie soll das Mädchen denn heißen?	16
Die Berlinerin	25
Oma Demme	30
Der blaue Roller	35
Die Mauer und fünf Mark	43
Das Stempelkissen	51
Der Nachwuchswettbewerb	61
Schöne Grüße aus Auschwitz	72
Wie mein Name an der Tür	80
Germany – dix points	89
The Sound of Philadelphia	107
Der Plateau aus Wildleder	119
Ein Engel für Auschwitz	123
Tokio und Sofia	127
Hitparade	137
Was kosten bei euch die Eier?	152

Der Biss	160
Der den Talmud tanzt	167
Rio Reiser	171
»Die Komplizinnen«	183
Blaue Fliesen	198
Uns verbrennt die Nacht	202
Ich bin wie ich	208
Die Löwenmama	211
Ganz in Weiß	213
Kokolores	220
Nicht nur Motten verbrennen im Licht	225
Luna	229
Trauriger Stolz	241
Die Venus von der Spree	250
Für immer wie heute	257
Herbst	265
Anmerkungen	272

Nachts bei Engelhardt

»Gina, steh auf!«, meine Mutter weckt mich, ich setze mich auf. Es ist Nacht. Sie hilft mir, mich anzuziehen. Das Taxi wartet, mein Bruder und ich steigen ein. Er mit der Klampfe unter dem Arm, ich dick eingepackt, denn ich fror immer, wenn ich nachts aufstand. Wir reden nichts.

Tick, tick, tick … klack, schon wieder eine Mark weg. So viel Geld in so wenig Zeit. Das Klicken der Uhr beruhigt mich, wenn ich nicht darüber nachdenke, was sie zählt. Ich schaue aus dem Fenster und mein Blick streift die vielen bunten Leuchtreklamen und die Laternen, die die Straße in regelmäßigen Abständen säumen. Wir lassen die Neubausiedlungen mit ihren engen kleinen Wohnungen hinter uns und fahren auf einer großen breiten Straße in Richtung Neukölln. Später weiß ich, es ist die Karl-Marx-Straße. Je näher wir dem Hermannplatz, dem Zentrum Neuköllns, kommen, desto mehr Läden und Kneipen tauchen auf. Altbauten, die den Krieg überdauert haben und die ich immer spannender fand als die Neubausiedlungen in den Vororten von Berlin, in denen wir lebten. Die alten Häuser haben ihre Geschichten, Neubauten eine Realität.

Wir halten vor einer Eckkneipe mit einer großen, gelben Aufschrift: Engelhardt. Lange Zeit war ich erstaunt darüber, dass alle Kneipen, in die der Vater uns nachts zu sich kommen ließ, gleich hießen. Eines Tages entdeckte ich, dass es sich um eine Reklame für Bier handelte.

Rauch schlägt uns entgegen, es riecht nach Zigarettenstummeln und Alkohol und es ist, als hätten das Mobiliar und die Tapeten den aus vielen langen Nächten entstandenen Geruch in sich aufgesogen und nun eine eigene, bittere, noch ranzigere Note daraus entwickelt.

Mein Vater umarmt mich, küsst mich, »Mein Mädel«, sagt er zärtlich, und obwohl ich seine Liebe spüre, muss ich zu Boden schauen, weil die Starre seiner Augen mich traurig macht.

Könnte ich ihm nur sagen, dass es nichts nützt und wie es ist, wenn er sich verwandelt, dass alles nur noch schlimmer wird. Aber das geht nicht, auch nicht am nächsten Tag, wenn er wieder nüchtern ist. Er macht die Gesetze und ein Gesetz lautet, dem Vater nicht zu widersprechen oder ihm Ratschläge zu erteilen.

Die braune Holztheke endet mit einer gekühlten Vitrine, in der Soleier und Buletten liegen, manchmal auch Würstchen. Später werden wir etwas davon essen und uns über die Stapel der kleinen Karina-Schokoladen hermachen, die wir immer danach bekommen. Unser großer grüner Aschenbecher wird dann gefüllt sein mit Groschen. Wir werden das Geld, wie immer, in den Automaten an der Wand verspielen. Mein Bruder ist felsenfest davon überzeugt, dass wir unseren Einsatz verdoppeln, aber die sich drehenden bunten Scheiben zeigen nur selten die gleichen Symbole oder Zahlen.

Jedes Mal, bevor mich mein Vater auf den Tisch hebt, den er manchmal mit einer Handbewegung abräumt, fragt er mich, wie alt ich bin. Ein kurzer Schreck durchfährt mich, wenn die Gläser klirrend auf den Boden fallen. Ich nenne die Zahl und er sagt: »Na, dann bist du ja noch unter zehn und darfst auf den Tisch.«

Frauen und Männer, die vereinzelt herumsitzen oder -stehen, wenden sich uns zu. Tragische, glasige Augen. Viele alte Gesichter.

»Die Kleine gehört doch ins Bett«, ruft jemand.

Der Stecker der Musikbox, die eben noch gedudelt hat, wird aus der Wand gezogen. Mein Vater mahnt zur Ruhe: »Sing, mein Mädel.«

Mein Bruder, der auf dem Stuhl neben dem Tisch sitzt, schlägt einen Akkord auf der Gitarre an. Er fragt mich, was ich singen möchte. Ich beginne mit »Jiddische Mamme«. Mein Vater liebt dieses Lied und sieht mich dabei melancholisch und stolz an. Ich singe es auf Deutsch: »Es gibt kein Leid auf Erden, das du nicht leicht erträgst, solang ihr großes Herz immer für dich schlägt, durch Wasser und Feuer ist sie gelaufen ...«

Es wird still und ich beobachte die Leute. Ihre Gesichter sind bewegt und Tränen laufen an ihren Wangen herunter. Ich kann nicht verstehen, warum sie weinen. Es muss mit ihrem Leben zu tun haben. Sie weinen über sich und ihr Schicksal, schnäuzen sich die Nasen, während ich ungerührt weitersinge und sie beobachte.

Wenn ich den Text vergesse, schiebe ich es immer auf meinen Bruder und behaupte, er habe sich verspielt und ich hätte den Einsatz nicht bekommen können.

Warum sich die Menschen Lieder wünschen, bei denen sie weinen, verstehe ich nicht. Am liebsten singe ich die Lieder von Connie Francis, »Schöner fremder Mann« oder »Die Liebe ist ein seltsames Spiel«. Drei oder vier Titel spielen wir. Danach gehen wir mit dem Aschenbecher herum. Es gibt kaum einen, der nicht ein paar Groschen hineinwirft. Wir freuen uns, dass wir jetzt uns selbst überlassen in der Kneipe spielen können.

Manchmal ist meine große Schwester auch dabei, sie singt die zweite Stimme, das ist besser, als allein zu singen, es macht mich sicherer. Ihre Stimme ist dunkler als meine und sie setzt meistens etwas später ein.

Wenn der Morgen graut, ist es vorbei. Aber oft können sie sich nicht trennen, die über den Alkohol Vereinten, reden und diskutieren, Unsinniges, wie ich finde, streiten, werden laut und am Ende gibt es Schlägereien. Wenn niemand den Gastwirt zurückhält, hört man das Lalülala, und zwei dunkelblaue Käfer mit sich drehenden Lampen auf den Dächern fahren vor. Mein Vater hasst Uniformen, das macht es nicht leichter. Er wehrt sich gegen die Polizisten, die ihm die Arme auf den Rücken drehen, und ich habe große Angst um ihn, sehe, wie sie ihre Knüppel zücken.

Einmal werden alle in einen Mannschaftswagen mit Gittern vor den Fenstern eingeladen, auch ich. Man sperrt uns in eine Ausnüchterungszelle und dort müssen wir mehrere Stunden bleiben. Ich fürchte mich nicht, weil ich nicht allein eingesperrt bin.

Wie häufig diese nächtlichen Auftritte in Kneipen stattfanden, hing davon ab, wie oft unser Vater ausging und wie viel er trank. Ab einem bestimmten Pegel des Alkohols funktionierte sein Verdrängungsmechanismus nicht mehr und das Schreckliche war wieder da, im Hier und Jetzt.

Wer sagt, dass Zeit alles heilt, irrt

Mein Vater Otto Rosenberg kam aus der Hölle. Um das zu verstehen, muss man Auschwitz kennen. Nur wenige kennen es, wenige haben es überlebt, wenige haben es erzählen können. Worte können das Ausmaß der Schrecklichkeit nicht treffen.

Er war ein Sinto und, als die Alliierten die Tore der Konzentrationslager öffneten, achtzehn Jahre alt. Ein mit Haut überzogenes Skelett mit großen unergründlichen dunklen Augen. Seine Geschwister, sein Vater, seine Großmutter und viele Verwandte waren erst vergast und dann verbrannt worden. Manchmal hörte ich meinen Vater nachts laut weinen. Er rief immer wieder ihre Namen und fragte sich, wieso ausgerechnet er überlebt hatte. Ein tiefer, klagender Laut brach aus ihm und ging den Namen, die er rief, voraus. Ein Laut aus einer Welt, die ich nur aus Erzählungen kenne, etwas, das sich nie mehr abstreifen lässt.

Jeder Feiertag, ob Weihnachten oder Geburtstage, war eine Belastung für ihn, er zog sich zurück, sehnte sich nach seinen Menschen, nach den gemeinsamen Festen, bei denen seine Mutter immer sang. Er lehrte mich ihre Lieder und ich sang sie dann für ihn. Das waren die einzigen Momente, in denen ich während des Gesangs ebenfalls berührt war: »Endlos, endlos dehnen sich die Steppen, vom ewigen Schnee Sibiriens bedeckt, die Felsen ragen wie der Höllen Treppen, kein Blumenauge, kein Sonnenstrahl an Deck …« Meine Mami (Großmutter) hatte wie durch ein Wunder auch überlebt. Sie starb wenig später an den Folgen. Mein Vater hat sie noch einmal lebend wiedergesehen, das war ein Geschenk.

Immer wieder zog es mich zu ihrem Bild. In jeder Wohnung, in der wir wohnten, und wir zogen oft um, hing ihr Bild an der Wand. Darunter waren bronzefarbene Leuchter angebracht. Bei jedem Fest brannten sie. Ich weiß nicht, wie oft ich nachts aufwachte, um zielstrebig in das Zimmer zu gehen, in dem dieses Bild mich anschaute. Es erschien mir lebendig. Meine Mami war schmal und schön.

Es waren Bruchteile, die mein Vater uns erzählte. Ich fügte sie zusammen, nach und nach, über viele Jahre. Fragen wollte ihn niemand von uns. Wie soll man etwas erzählen, das man nicht erzählen kann, weil es jede nur denkbare Vorstellung übertrifft?

»Von jeher«, so sagte mein Vater, »waren wir deutsche Sinti.« Die Rosenbergs gehörten zu den ältesten Familien und waren sehr geachtet. Die Eltern meines Vaters trennten sich früh. Während seine Brüder Max und Waldemar mit meinem Großvater in Ostpreußen blieben, wuchs er mit seiner Schwester bei seiner Großmutter in Berlin auf. Auf dem Platz hinter dem Haus, in dem sie ihre Wohnung hatten, stand ein Wohnwagen mit einer Plane. Hier lebten sie mit Onkeln und Tanten und deren Kindern. Umgezogen sind sie öfter. Wenn ein Platz nicht mehr passte oder ausreichte, haben sie ihre Pferde vor die Wagen gespannt, aber gereist sind sie nicht.

Sie hatten nicht viel zum Leben und waren oft hungrig, aber mein Vater beschreibt diese Zeit seiner Kindheit als eine friedvolle, glückliche, in der seine Onkel Korbflechtereien machten, Tische und Stühle aus Wurzelholz fertigten und Möbelstücke restaurierten. In die Schürze der Großmutter gewickelt, lauschte er abends am Feuer den Geschichten und Erzählungen der Erwachsenen und er durfte, damals noch, die Volksschule besuchen.

Kurz vor der Olympiade, als er neun Jahre alt war, wurden sie eines Nachts von SA und Polizei zusammengetrieben, auf Lastwagen geladen und nach Berlin-Marzahn gebracht. Die Zwangseinweisung in das Marzahner Lager war die erste Verfolgungsaktion gegen die Berliner Sinti. Das Lager wurde mit Hunden und Polizei bewacht. Verantwortlich dafür war das Rassenpolitische Amt der NSDAP in Zusammenarbeit mit der Stadtverwaltung und dem Polizeipräsidenten. »Berlin zigeunerfrei machen«, so nannte man es 1936.

Der Platz befand sich unmittelbar neben den Rieselfeldern, was unerträgliche Gerüche hervorrief und das Wasser aus den Brunnen ungenießbar machte. Krankheiten breiteten sich aus. Mein Vater, seine Geschwister, Onkel und Tanten und seine Großmutter lebten von nun an unter Bewachung. Es gab auch eine Schul- und eine Polizeibaracke dort. Die Volksschule im Dorf durften die Sintikinder nicht besuchen: »Das war für uns das Aus. (…) Wir hatten nur einen Lehrer. Es gab zwar mehrere Klassen, aber nur zwei Räume. (…) Wir durften, nachdem alle Papiere bekommen hatten (…), den Platz verlassen. Wir durften auch in die Stadt fahren, mussten aber immer wieder ins Lager zurück. Wenn wir fortgingen, mussten wir an der Polizeibaracke vorbei. (…) Andere Wege (…) durften wir nicht benutzen. Wer diese anderen Wege beschritt, auf den wurden die Hunde gehetzt.«[1]

Nach und nach werden die Sinti abgeholt und kommen nie wieder. »Morgens kam [die Polizei] in irgendeine Baracke oder zu irgendeinem Wagen und nahm die Leute mit, auf Nimmerwiedersehen.«[2] Immer mehr Sinti mussten sich im Zigeunerdezernat in der Dircksenstraße am Alexanderplatz bei einem Mann namens Leo Karsten melden. Die Mutter meines Vaters wurde auch dorthin bestellt und von dort gleich nach Ravensbrück deportiert. Mein Vater wartete auf sie an der Bushaltestelle vor der Dorfkirche in Marzahn. Er wartete bis zum letzten Bus. Es war schon dunkel und sie kam nicht mehr. Mit dreizehn Jahren wurde mein Vater aus der Lagerschule entlassen und in einem Rüstungsbetrieb verpflichtet.

»Meiner Tochter Gina, rechtzeitig zu ihrem 43. Geburtstag fertig geworden, dein Tatta« steht in Sütterlinschrift auf der Innenseite seines Buches »Das Brennglas«. Jahrzehnte später versucht er es, erzählt die Geschichte, der die Zeit keinen Einhalt gebieten kann, auch in Freiheit nicht. Ulrich Enzensberger begleitet ihn, zeichnet auf und manchmal setze ich mich dazu, gehe aber nach kurzer Zeit wieder. Wenn mein Vater das Gerät, das seine Stimme festhält, vergisst, ist er wieder das Kind. Das Kind, das im Rüstungsbetrieb, in den es gesteckt worden war, mit dem Brennglas zündelte, das es entdeckt und abgeschraubt hatte, und daraufhin wegen Sabotage nach Moabit ins Gefängnis gebracht worden. Einzelhaft, und von dort nach Auschwitz deportiert. Die Augen, die verstehen wollen und doch nicht können, das Warum, das in ihnen steht: Warum hat man uns das angetan, warum habe ich überlebt, warum nicht die anderen?

Die Transporte und Überweisungen des Marzahner Lagers sind in mehreren Schüben erfolgt, über mehrere

Jahre zwischen 1936 und 1943. Mein Vater kämpfte um die politische Anerkennung und um Entschädigung für die Leute, die dort waren und überlebt hatten. In Marzahn wurde ein Gedenkstein aufgestellt und alljährlich versammeln sich Sinti und Nichtsinti im Gedenken an die Menschen, die von hier aus in die Konzentrationslager Sachsenhausen, Buchenwald, Ravensbrück und in die Gaskammern von Auschwitz transportiert wurden. Wer sagt, dass Zeit alles heilen kann, irrt. Ein Menschenleben hat nicht gereicht.

Wie soll das Mädchen denn heißen?

»Herr Rosenberg, Sie haben eine Tochter, wie soll das Mädchen denn heißen?«

»Ach Schwester, Sie sind so lieb und nett, wie heißen Sie denn, Schwester?«

»Marianne.«

»Dann soll meine Tochter Marianne heißen.«

»Aber nicht doch …«

»Doch, sagen Sie, sie soll Marianne heißen.«

Mein Vater lag wieder einmal mit Magengeschwüren im Krankenhaus. Die Geschichte, wie ich zu meinem Namen kam, hat er so häufig erzählt, bis ich mir einbildete, ich wäre dabei gewesen, und ein Bild von Schwester Marianne in meinem Kopf entstand.

Berlin-Lankwitz, 10. März 1955. Im Monikastift, einem Nonnenhaus, steht ein Spruch an der Wand, den meine Mutter und mein Vater auswendig kennen, sie wurden hier Stammgäste: »Seid leise, es ist noch müd' von der Reise, es kommt von weit her, den weiten, weiten Weg übers Meer, seid leise.«

Es gab noch einen zweiten Namen, auf den ich hörte: Gina. Bis ich sechs war und eingeschult wurde, wusste ich nicht, dass ich Marianne hieß. Die Mädchen aus Berlin-Neukölln gaben ihn mir. Töchter meiner Großtante Camba, Teenies mit Petticoatröcken, Pfennigabsätzen und toupiertem Haar, Fans von Elvis Presley und Gina Lollobrigida. Sie kümmerten sich um mich, als ich einmal bei meiner Großtante Camba in Pflege war.

Es war ein Außenbezirk im Süden der Stadt, in dem ich aufwuchs. Wir waren hierhergezogen, als ich etwa drei war. Meine erste Erinnerung ist ein winziges Aufflackern: Ich stehe in einem dunklen Zimmer vor einer Holztür, unter der Licht hindurchscheint, und warte. Meine älteren Geschwister Frank und Petra neben mir. Sie flüstern. Bald ist es so weit. Es ist Weihnachten 1958.

Ich fürchtete den Weihnachtsmann, denn er hatte meinen Vater mit der Rute gezüchtigt. Es sah zwar nicht so aus, als hätte es sehr weh getan, denn mein Vater lächelte dabei, aber der Bake, so wurde der Weihnachtsmann bei uns genannt, dessen totes Gummigesicht ich eines Tages im Schrank fand, flößte mir Respekt ein. Er wusste alles über mich.

Ich sagte ihm mit zittriger Stimme und bebenden Nasenflügeln: »Weihnachtsmann, hast du aber blaue Backen.«

Die Familie lachte und ich bekam gleich mein Geschenk, ohne ein Gedicht aufsagen zu müssen.

Britz, Wesenberger Ring 4a, dort wohnten wir. Vorher wohnten wir in Lichterfelde. Der Wesenberger Ring war eine Hufeisensiedlung, in den fünfziger Jahren erbaut für kinderreiche Familien. Die Verwundung der Stadt nahm man kaum mehr wahr. Ruinen, die wie hohle, abgebrochene Zähne aus dem Boden ragten, sah ich nur im Fernsehen.

Beinamputierten Kriegsversehrten mit eingeschlagenen Hosenbeinen aber begegnete ich häufig. In der Straßenbahn oder auf der Straße an Krücken. Sie erschienen mir und auch vielen anderen Kindern unheimlich. Überall reckten Kräne ihre metallenen Hälse in den Himmel, Bagger, der Jungen liebstes Spielzeug im Buddelkasten, und Planierraupen krauchten wie riesige Insekten hin und her. Frank kannte meine Furcht vor ihnen und wollte mich immer zu den Baustellen zerren. Er überredete mich, sie anzusehen und ihren absurden emsigen Bewegungen zu folgen, die von entsetzlichen Geräuschen begleitet wurden. Sie bauten und bauten, bauten auf. Da, wo große leere Flecken waren und vorher Trümmer, entstanden neue Häuser und blühende Landschaften.

Der Wandel, der schon bald einsetzte, übertraf die Erwartungen und später sprach man von einem Wunder. Von einem Wunder müsste man auch politisch sprechen, denn wer hätte sich vorstellen können, dass aus diesem Land eine Demokratie werden könnte. Freuen aber konnten sich nur wenige, es lag eine bleierne Schwere über allem und keiner redete darüber. Die Kinder in der Schule wussten kaum etwas, ihre Eltern erzählten ihnen nicht, was passiert war, früher, als sie noch nicht geboren waren. Aber irgendetwas mussten die Eltern doch erzählt haben, sonst hätten die Kinder nicht gewusst, dass wir anders waren.

Die Fußbodenplatten in unserer Wohnung waren aus PVC. Wir polierten und wienerten sie nach dem Wachsen mit Wolllappen, die wir uns um die Füße wickelten. Schlidderten den Flur entlang.

Der Badeofen, den man heizen musste, um das Wasser zu erwärmen, wich einem mysteriösen, gewaltigen Boiler. Der Vorgang des Erwärmens war mir unklar und seine Aktivität und die damit verbundenen Geräusche ängstigten mich.

Auch in der Küche hatte sich einiges geändert. Schränke und Tische waren aus Pressspan und mit Kunststoff überzogen. Plastik war der Renner. Auch bei dem Spielzeug, vorbei die metallenen Blechautos und Motorräder, mit denen Frank bisher gespielt hatte. Einzig die Puppen mit Porzellanköpfen wurden immer noch mehr geschätzt als die aus Plastik und waren auch teurer.

Zum Abwaschen des Geschirrs brauchte man keinen Kessel mehr aufzusetzen, und einen Küchentisch, wie Oma ihn hatte, den man ausziehen konnte und in dem zwei herausnehmbare Emailleschüsseln eingelassen waren, hatten wir nicht.

Im Wohnzimmer standen eine ausklappbare Schlafcouch und ein Nierentischchen mit drei Beinen. »Der Duft der großen weiten Welt« lag in der Luft. Die »Peter Stuyvesant«. Die Musik, die die Reklame begleitete, hatte die Gewichtigkeit einer Nationalhymne.

Die Frauen ließen sich mit Dauerwellen und Trockenhauben martern. Meine Mutter ging selten zum Friseur, das Geld reichte nicht. Manchmal jedoch leistete sie sich samstags eine neue Frisur. Das Geschäft befand sich in der Ladenstraße, gleich neben dem Warenhaus, an dessen Schaufenster ich mir oft die Nase platt drückte. Ich wartete dort, denn danach ging es in den Lebensmittelladen zum Wochenendeinkauf. Auch sie kam mit jener stumpfen Krause wieder heraus, die ihr das Frisieren im Alltag erleichtern sollte. Unser Haar wurde mit Seife gewaschen, Shampoo war zu kostspielig. In der Schule trug ich einen Pferdeschwanz, genau wie meine Schwestern.

Im Warenhaus gab es Puppen mit Schlafaugen und Stocklocken. Wenn man sie auf den Rücken legte, schlossen sich ihre Augen, und wenn man sie nach vorn beugte, sprachen sie. Einige konnten sogar gehen. Eine solche Puppe besaß ich selbstverständlich nicht. Meiner Freundin Katharina erzählte ich jedoch, dass ich genau so eine Puppe hätte. Auch Katharina kam aus einer Großfamilie und konnte nicht alles bekommen, was man sich damals als Mädchen wünschte. Für mich war arm oder reich egal. Ich fühlte mich weder arm noch reich, wusste aber, dass wir eher arm als reich waren.

Eines Tages ließ Katharina mir keine Ruhe, sie wollte die Puppe unbedingt sehen. Ich konnte sie nicht länger vertrösten, und was ich unter meinem Bett in einem Schuhkarton hervorzog, war eine Plastikpuppe, die nicht einmal Haare hatte, sie waren angemalt. Mit ihren aus alten Wolllappen zusammengenähten Kleidern sah sie so zerlumpt und erbärmlich aus, dass ich sie blitzschnell wieder zurückschob. Zu spät. Ihre starren Augen, die ebenfalls aufgemalt waren, lugten noch hervor und ich schämte mich unendlich für sie.

»Das soll die Puppe sein, von der du mir erzählt hast?«, schrie Katharina. Ihr höhnisches Lachen klang mir noch in den Ohren, als ich die Puppe abends am Bettrand schlafen ließ und sie nicht zudeckte.

Ich wurde zu früh eingeschult, war die Kleinste und spielte im Unterricht, malte dem Lehrer schöne Dinge auf und schenkte ihm dann die Zeichnungen. Das führte dazu, dass ich ein halbes Jahr später erneut eine Schultüte bekam und in eine andere Klasse geschickt wurde. Die Bruno-Taut-Schule befand sich nahe der Kirche, in die wir sonntags gingen.

Ausreichend zu essen hatten wir immer. Aber ich sorgte mich wenn ich nicht aufaß, und versteckte die Brote, die ich nicht mehr mochte, in den Ofenecken und auf dem Fensterbrett. Natürlich mit schlechtem Gewissen, denn ich wusste, dass die kleinen Kinder im Lager froh gewesen wären, wenn sie nur einen Bissen von dem, was ich essen konnte, gehabt hätten.

Ich ging gern zur Schule und hatte viele Freundinnen. Außerhalb der Schule durften wir uns nicht verabreden und Pünktlichkeit war oberstes Gebot. Meine Eltern ängstigten sich schnell, wenn wir zu spät aus der Schule kamen. Es setzte ein Donnerwetter, vor dem wir uns fürchteten.

Im Sommer packte meine Mutter am Wochenende einen großen Picknickkorb mit selbst gemachtem Kartoffelsalat und wir fuhren an den Grunewaldsee. Mein Vater angelte dort, wir spielten und tobten, und Freunde der Familie waren dabei. Ich hatte gelernt, wie man Fische ausnimmt. Konnte sie sogar töten. Die Luftblase im Innern des Fischleibs interessierte mich besonders, ich ließ sie im Wasser schwimmen. Wenn wir nach Hause kamen, wurden die Fische gebraten. Frank angelte auch, aber ihm fehlte die nötige Ruhe, oft hatte er ein Wasserhuhn an der Angel, das befreit werden musste.

Die Grazie von Petra, der Ältesten und Lieblingstochter meines Vaters, hatte ich nicht, auch nicht die Attraktivität von Frank, dem erstgeborenen Sohn. Stur, eigensinnig und ruhig soll ich gewesen sein, so erzählten meine Eltern, und darum nannte mich mein Vater auch »der Russe«. Den Russen kam schon im Konzentrationslager eine besondere Bedeutung zu, er beobachtete sie immer, denn sie kauten ständig irgendetwas. Es waren Bucheckern, die sie in ihre Backentaschen schoben gegen den Hunger. Er tat es ihnen gleich. Sie verbargen ihre Angst und Trauer hinter wunderbar weichen Gesängen, Freiheitsliedern. Selbst wenn sie zusammengeschlagen wurden, richteten sie sich immer wieder auf, hoben den Verletzten hoch und sangen weiter, bis die Nazis das Interesse verloren und einer von ihnen sagte: »Lass sie machen.«

Stundenlang konnte ich mit mir selbst spielen und ich heulte auch nicht, wenn ich mal Prügel bekam. Wenn jemand meine Geschwister angriff, war ich mutig, und wenn ich sie nicht verteidigen konnte, schrie ich wie am Spieß, bis Leute zusammenliefen.

Mit Frank spielte ich Cowboy und Indianer, »Am Fuß der blauen Berge«, so hieß die Serie im Fernsehen, die jeden Sonntag ausgestrahlt wurde. Wir bauten uns Höhlen und Zelte mit Decken im Garten, Spielzeug besaßen wir wenig.

Wir drei Großen waren ein unzertrennliches Gespann und sind es heute noch. Petra war unsere Anführerin. Wir verrieten uns nie gegenseitig, lieber steckten wir alle drei ein. Ich petzte auch nicht, dass sie es war, die den Roller gegen den Laternenpfahl setzte. Ich saß in der Hocke vorne und meine beiden Vorderzähne brachen dabei zur Hälfte ab. Die Nase aber war so geschwollen, dass es nicht zu übersehen war. Am Abend sprachen wir darüber. Alle lachten, als ich lachte, weil es so ulkig aussah.

Meine Mutter verzweifelte manchmal, wenn sie meine Kleidung sah, ich sei wie ein Bengel. »Wie kann sich ein kleines Mädel nur so schmutzig machen, rutschst du den ganzen Tag auf der Erde herum?«

Wir halfen im Haushalt mit, wie Kinder eben helfen. Petra aber versorgte die Kleinen. Sie brachte mir bei, wie man sie wickelte, fütterte, tröstete. Wir lernten früh, für die Kleineren Verantwortung zu tragen. Das war nicht immer leicht. Als wir von Britz nach Reinickendorf umzogen, sollte ich die Kleinen beaufsichtigen, weil alle anderen den Lastwagen beluden. Ich verteilte Bonbons, große runde rote und gelbe Bonbons. Janosch blieb ein solcher im Hals stecken. Die Röte stieg mir ins Gesicht, mir wurde ganz heiß. Ich fühlte mich schuldig, so schuldig, dass ich überlegte, ob ich einen Erwachsenen holen sollte. Ich begann ihn zu rütteln, er rang nach Luft, das Geräusch vergesse ich nie. Dann suchte ich doch meine Eltern. Mein Vater nahm Janosch, der schon blau angelaufen war, wie eine Marionette am Bein, hob ihn in die Luft und schüttelte. Als das nicht half, steckte er einen seiner Finger in Janoschs Hals und drückte den Bonbon hinunter. Janosch holte tief Luft und atmete wieder. Von da an hatte ich immer ein wenig Angst, wenn ich aufpassen musste, und Bonbons gab es nicht mehr.

Markus war mein Liebling, nicht weil er der Kleinste war, sondern weil ich seine Art ganz besonders mochte. Er befolgte Anweisungen nie, ohne vorher darüber zu diskutieren. Manchmal setzte er sich zu alten Leuten auf Parkbänke und unterhielt sich mit ihnen oder er sagte zu Männern mit Bierflaschen, sie sollten nicht so viel trinken, sonst würden sie bald sterben, genau wie ein Onkel, der habe auch immer so viel getrunken und sei nun tot.

Wir waren drei Mädchen und vier Jungen, und wenn wir alle in einer Reihe standen, sahen wir aus wie die sieben Zwerge. Wir machten alles gemeinsam, waren nie allein, hielten zusammen, auch wenn wir uns gerade zuvor gestritten hatten. Und wir machten gemeinsam Musik.

Einmal, ziemlich am Anfang meiner Karriere, nahmen wir gemeinsam eine Schallplatte auf, hatten jedoch nicht das Durchhaltevermögen, eine Kellyfamilie zu werden.

»Unser Pony macht uns lustig, unser Pony macht uns froh, hüaho, hüaho, hüaho!« Wir amüsierten uns über den Text und konnten nur wenig Ernsthaftigkeit aufbringen, während mein Vater uns zur Ordnung rief, damit die Aufnahme gelang.

Die Berlinerin

Meine Mutter ist Berlinerin. Ich mag den Berliner Humor, die derbe Schnoddrigkeit ihrer Sprache, hinter der sich manchmal ihre Verletzlichkeit verbirgt. Ihre Familie ist überschaubar. Ihr Bruder Erwin, meine Großmutter und sie wohnten im Ostteil der Stadt im Prenzlauer Berg. Aus der ersten Ehe meiner Oma gab es zwei bereits erwachsene Schwestern, die meine Mutter eher als Tanten empfand, Irmchen und Edith. Mein Großvater wurde 1943 eingezogen und als Gefreiter nach Kroatien geschickt. Sie hatten gehofft, dass man ihn vergessen würde, nachdem er drei Mal wegen Krankheit zurückgestellt worden war. Man vergaß nichts in jenen Zeiten und bereits ein Jahr später teilte man der Familie mit: »Ihr Mann und Vater ist vermisst, er hat jedoch seinen Einsatz für das Vaterland geleistet.«

Das Geld war sehr knapp. Meine Mutter wollte eigentlich Modezeichnerin werden, sollte aber schnellstens mitverdienen und suchte sich eine Stelle. Für achtzig Ostmark im Monat arbeitete sie in einer Bäckerei im Prenzlauer Berg. Manchmal fuhr sie in den Westen, um sich Nylonstrümpfe zu kaufen.

Vier Jahre nach dem Krieg gab es in Berlin wieder Tanzcafés, am Funkturm im Freien oder Tanztee am Nachmittag am Bahnhof Zoo. Die Musik kam über Lautsprecher.

Meine Mutter und ihre Freundinnen gingen am Wochenende dort tanzen. Mit Niveacreme bürstete sie ihre Wimpern in Form und tupfte einen Hauch von Lippenstift auf ihren Mund. Das war ihr ganzes Make-up. Sie ist eine schöne Frau. Auch viele Jahre später wollte ihr niemand glauben, dass die sieben Kinder ihre waren. Mode spielte auch in der Nachkriegszeit und im Leben dieser jungen Frauen eine große Rolle. Man schwärmte für Figuren mit Rundungen. Aber gerade die wollten sich am wenigsten einstellen. Dicker werden war schwerer, als sich einen Rock zu organisieren, der bis zur Wade reichte, oder ein Oberteil mit Fledermausärmeln.

Endlich durfte auch meine Mutter in die öffentlichen Tanzlokale am Abend, in denen man erst ab achtzehn Zutritt hatte. Stolz zeigte sie ihren Ausweis. An einem dieser Abende in einem Tanzlokal in Weißensee lernte sie meinen Vater kennen. Sie war neunzehn.

»Was haben Sie denn für eine Nationalität?«, fragte sie ihn und dachte, er sei Italiener.

»Ich bin Zigeuner.« – »Sinto« hätte er bestimmt lieber gesagt, doch wen interessierte es damals schon, wie Sinti genannt werden wollten. Selbst heute versichern viele Leute, dass sie »Zigeuner« nicht als Schimpfwort verstehen, und ignorieren die Empfindungen und den Namen dieses Volkes.

»Zigeuner« kannte meine Mutter nur aus Büchern, in denen sie stets als Vagabunden und verschlagene Diebe dargestellt wurden. Sie war sprachlos. Sie muss ihn so entsetzt und verwundert angesehen haben, dass er zu ihr sagte: »Wieso, haben Sie denn etwas dagegen?«

»Nein«, sagte sie, »nein, ich habe mir nur Zigeuner ganz anders vorgestellt.«

Er erzählte ihr von Auschwitz. Sie konnte es nicht begreifen, aber sie glaubte ihm sofort.

Sie verliebten sich ineinander, obwohl sie unterschiedlicher nicht sein konnten. Manchmal ging sie zu dem Platz in Weißensee, wo die Wagen standen, und suchte ihn. Am meisten, glaube ich, liebte sie ihn, als sie meine älteste Schwester erwartete und er bereits mit seinen Leuten weitergezogen war. Als er wieder nach Berlin kam und sie besuchte, stand sie mit Tränen in den Augen in der Tür.

»Heiraten«, sagte meine Oma.

Mein Vater war fünf Jahre älter als meine Mutter. Geächtet und verachtet, entschied er sich für einen leidvollen Weg. Wenn es auch nicht viele Verwandte waren, einige lebten noch, dazu gehörten Onkel, die eine rechtsprechende Funktion in der Gemeinschaft der Sinti hatten und von denen er aus der Gemeinschaft ausgeschlossen wurde. Was bedeutet das schon, wird manch einer denken, es bedeutet viel angesichts der Vergangenheit, die stärker war als jede Zeit. Auschwitz, das lag gerade einmal sieben Jahre zurück. Wie es vergessen, wie die Toten vergessen, wie den Deutschen jemals wieder vertrauen oder ihnen vergeben? Es war undenkbar, auch für ihn, und doch tat er es, er heiratete sie. Fünfzig Jahre schweißten sie aneinander. Seine Wunden heilen konnte sie nicht, aber sie war Anteilnahme, war Trost.

Mit der Heirat meiner Eltern begann eine lange Reise, eine Familiengeschichte, in der die Morde und ihre Folgen uns nie verlassen haben. Ich wuchs im Frieden auf. Ein Frieden, unter dessen Oberfläche es immer noch brodelte. Mit dieser Vergangenheit ließ sich nur schwerlich Frieden schließen. Sie war unabänderlich, wie es Vergangenheiten nun einmal an sich haben.

Die Täter, die den Krieg verloren hatten, die Besiegten, deren Frieden ja keine Freiwilligkeit war und die zum Teil schon wieder in Ämtern saßen, in denen sie erneut über Menschen und deren Schicksale entscheiden durften. Ihr Rücken schien noch immer gestärkt von jener gefühlten Rechtschaffenheit. Gegen diesen auf »Rasse« begründeten Albtraum in ihren Köpfen konnte selbst der Krieg nichts ausrichten.

Vor langer Zeit schon hatte der Vater darüber gesprochen, hat versucht zu erklären, was man nicht erklären kann, hat uns vorbereitet auf die ersten hasserfüllten Beschimpfungen, die uns für immer brandmarken würden. Das ist so lange her, dass es mir vorkommt, als sei es in einem anderen Leben gewesen. Dann gab es Leute, die wollten wiedergutmachen, was man nie wiedergutmachen kann.

Wer wird entschädigt? Entschädigungsrente, so nannte man es damals. Später hieß es PRV, Politisch-Rassisch-Verfolgten-Rente. Die Opfer mussten Beweise erbringen, dass ihre Verwandten, die man getötet hatte, tatsächlich gelebt hatten. Sie mussten nachweisen, dass sie misshandelt worden waren, dass sie körperliche und seelische Verletzungen hatten, die irreparabel waren. Es existierten jedoch keine Papiere mehr. Dort, wo diese Menschen herkamen, gab es nur Nummern, die man ihnen auf die Arme tätowierte. Von den Listen der damals Internierten, die zweifellos geführt worden waren, wollte man zur Zeit der »Wiedergutmachung« nichts mehr wissen. Die Deutschen waren Meister im Registrieren und Recherchieren. Ich habe den von den Nazis angefertigten Ahnenpass unserer Familie in den achtziger Jahren gesehen.

Mein Vater war, wie auch seine Familie, immer deutscher Staatsbürger. In den fünfziger Jahren zog er bis vor ein Landgericht, weil man ihm die Staatsbürgerschaft nicht wiedergeben wollte. »Zigeuner, Wandertrieb, hat keine Bindung an die Stadt Berlin«, hieß es. Er kämpfte darum und erhielt sie zurück. Auf die ihm zustehende Entschädigung verzichtete er. Seine Mutter hätte zum Beweis dafür exhumiert werden müssen.

Viele Sinti und Roma wollten die deutsche Staatsbürgerschaft nicht mehr annehmen. Niemand machte sie darauf aufmerksam, dass sie somit staatenlos waren und jederzeit des Landes verwiesen werden konnten. Sie trugen ihre Erlebnisse, die sie selbst kaum glauben noch ertragen konnten, mit sich herum – ohne eine Chance, das zu bewältigen, was sie erlebt hatten und was so tief in ihnen war. Ihre Erinnerungsbilder, grauenhafte Szenen, kommen immer wieder hoch, sind Stoff für Albträume. Ihre Krankheit geht tiefer als körperliche Gebrechen. Sie sind verändert für immer.

Oma Demme

Es riecht nach Kohle und frisch gebackenem Brot. Das Kopfsteinpflaster glänzt und die Gaslaternen leuchten noch. Es ist früh am Morgen. Erst der Stock, dann Omas Beine, dann meine. Ich hänge an ihrer Hand. Sie ist die Mutter meiner Mutter und ich weiß nicht, warum, aber sie mag mich am liebsten von ihren Enkeln und ich verehre sie sehr. Sie besucht uns oft und manchmal darf ich mit zu ihr nach Hause gehen, in eine winzige Einzimmer-Altbauwohnung im Prenzlauer Berg. Stube und Küche, ein Bad gibt es nicht. Es ist immer spätabends, wenn wir zu ihr fahren, und früh am Morgen, wenn sie mich wieder zu meinen Eltern bringt. Wir fahren mit der S-Bahn. Ich mag die mattroten Züge und die Holzbänke darin. Auch die Bahnhöfe im Freien mit ihren Dächern, die von verschnörkelten Metallsäulen gehalten werden. Die Fahrscheine sind rechteckige, dicke kleine Pappen, ich hebe sie auf, spiele damit. Oma kauft mir Leibnizkekse, zehn Stück in einer Packung, für fünfzig Pfennige. Die teile ich mir ein, damit ich sie die ganze Fahrt über essen kann. Elfriede Demme, so heißt meine Oma.

Wenn sie von ihrem Mann erzählte, weinte sie immer, auch darüber, dass sie ihm unrecht getan hat, wie sie sagte. Sie hätte ihn immer verdächtigt mit anderen Frauen und dabei habe er nur sie und die Kinder im Kopf gehabt.

»Mein Männe«, schluchzte sie und ihr Bauch bebte beim Weinen. Meine Oma hatte die Hoffnung nie aufgegeben. Sie glaubte, ihr Mann könne noch auftauchen. Sie ließ ihn durch das Rote Kreuz suchen, denn er war auch nach dem Krieg immer noch nicht für tot erklärt worden. Sie heiratete nie wieder.

Sie schloss die riesige schwere Haustür auf, die so ganz anders aussah als unsere, und wir gingen über einen Hof in den Seitenflügel des Berliner Hauses. Wenn man in die Wohnung kam, war man schon in der Küche. Dort stand ein alter Küchenspind, mein Lieblingsspielzeug. Türen auf, Türen zu, Brotklappe auf und zu, Alulöffel, die Soldaten darstellten, angriffen, sich versteckten und von einer Garnison Gardinenanhänger aus dem Brotkasten überrascht wurden.

Auf dem einzigen Tisch im einzigen Zimmer, von dem man auf den dunklen Hinterhof sah, stand ein riesiger Wecker, dessen gleichmäßiger Takt mich meistens einschlafen ließ, bevor meine Großmutter ins Bett kam. Das ärgerte mich, denn sie sollte mir noch von früher erzählen.

Morgens, wenn ich erwachte, war sie schon auf. Wenn es kalt war, verkroch ich mich im dicken Federbett, das bereits einige verklumpte Stellen aufwies. Es roch nach Gas und Muckefuck. Ich mochte den Geruch und das sanfte, surrende Geräusch des Herdes.

Von Oma erfuhr ich, dass Menschen sich mit Gas in ihren Wohnungen umgebracht hätten, manche aus Versehen, und andere wiederum habe man mit dem Kopf im Gasherd gefunden, alle Fenster und Türen versperrt. Ich wusste noch nicht, dass das Gas in Auschwitz ein anderes Gas war, dass es Büchsen mit Zyklon B waren, einem Schädlingsvernichtungsmittel. Immer wenn ich bei ihr schlief, achtete ich darauf, dass sie den Haupthahn noch einmal kontrollierte und abdrehte.

Sie hatte das milchige Fläschchen, das auf dem Tisch neben dem Wecker stand, schon geöffnet und rieb ihre bunten Waden damit ein. Ich war fasziniert von den roten, blauen und lilafarbenen feinen Linien. Es waren so unglaublich viele, dass es schwerfiel, den Weg einer einzigen zu verfolgen. Ein Labyrinth, in dem es keinen Anfang und kein Ende gab. Ich dachte mir, dass die Beine bunt sind, wenn man alt ist, und dass man dann auch ein Haarnetz braucht.

Oma gefiel mir. Sie trug Kittelkleider, die vorn durchgeknöpft waren, mit blauen und weißen Blumenmustern. Den Stock benutzte sie nicht nur zum Gehen, sie stach mit ihm auch unter das Bett und in den Kleiderschrank. Das tat sie immer sofort, wenn wir ihre Wohnung betraten. Nur so konnten wir sicher sein, nicht von einem Einbrecher überrascht zu werden.

Ihre Wohnung war trostlos und ärmlich. Ich habe jedoch weder Armut noch Trostlosigkeit empfunden, ich war glücklich dort.

Wenn ich sie besuchte, sind wir auch zu ihrer älteren Tochter gefahren. Tante Edith war verheiratet mit Onkel Kalo, den sie Carlo nannte, obwohl er Kalo hieß, was in Romanes Schwarzer bedeutet. Sie hatte ihn über Oma kennengelernt, die öfter zu dem Platz in Weißensee fuhr, auf dem die Wagen der Sinti standen. Eines Tages nahm sie sie dort mit hin. Er war klein, quirlig und Schwarz, und er hatte auch eine Nummer auf seinem Arm.

Sie besaßen ein Haus in Heinersdorf. Einen richtigen Garten mit Apfelbäumen und Tieren. Einmal sogar einen Ziegenbock. Onkel Kalo machte Musik. Er spielte Akkordeon und ich tanzte, bis ich fünf oder sechs war, dann begann ich zu singen. Wenn ich kam, rief Onkel Kalo schon von weitem: »Meine Gina.«

Oma gehörte der Heilsarmee an. Zunächst wunderte ich mich, denn sie sprach von einem Leutnant und ich sah sie auf Bildern mit anderen Leuten. Alle trugen Uniformen, auch Oma. »Sie kämpfen doch nicht, Oma, oder?«

»Nein, sie verbreiten den Glauben Jesu.«

Immer wieder musste sie uns von der Aufführung in ihrer Jugend erzählen und von ihrer Freundin Flora. Sie hatten ein Lied einstudiert, das sie bei der Heilsarmee vortragen wollten. Schon in der Einleitung des gesprochenen Textes begannen sie zu lachen und konnten nicht mehr aufhören. Im Nachhinein schämte sich Oma so sehr, dass sie weinte, denn sie wollte den Leutnant nicht enttäuschen. »Ich hört, der Leutnant sagt, dass ich könnt sein wie Schnee so weiß, dass Jesus durch sein teueres Blut gezahlt für mich den Preis, doch könnt es sein für mich, für so ein Kind wie ich, oh, gibt es Heil auch für die Bösen noch.«

Petra und ich lernten den Text auswendig und abwechselnd stritten wir darum, wer die Böse spielen durfte, zum Ärger und Unverständnis der Großmutter.

In der Heilsarmee hatte sie Gitarre gelernt, zupfte diese, was so ganz anders aussah, als ich es von Feiern und Festen meines Vaters kannte, wo junge Männer mit glänzenden schwarzen Haaren virtuos über die Saiten glitten, einen eiligen swingenden Rhythmus mit der Schuhspitze dokumentierend.

Oma Demme sang zur Gitarre: »'s ist Hoffnung noch, 's ist Hoffnung noch, 's ist Hoffnung noch für dich, für alle, die geboren sind, gab Jesus Christus sich.«

Meine Mutter glaubte auch an Gott, sie ist evangelisch.

Im elterlichen Schlafzimmer hing ein großes Kreuz hinter der Tür, vor dem sie oft kniete, meist an den Abenden, an denen mein Vater nicht daheim war. Wohin wir auch zogen innerhalb Berlins, das Kreuz zog mit.

Mein Vater war katholisch und wir, die Kinder, auch. Am Tag vor der ersten Kommunion war ich sehr aufgeregt. Frank, Petra und ich gingen zum ersten Mal zur Beichte, denn um das heilige Sakrament empfangen zu können, musste man frei sein von jeglicher Sünde. Ich hielt mich nicht für sündenfrei, aber mir fiel an diesem Tag, wie auch an anderen, kaum etwas Verwerfliches ein, was Gott oder der durch ihn Beauftragte mir hätte vergeben sollen. Ich konnte auch nicht verstehen, wie das möglich sein sollte, jede Woche einmal zur Beichte zu gehen, gute Katholiken taten das, so viel kann man doch unmöglich auf dem Kerbholz haben. Und so dachte ich mir Sünden aus:

»Ich habe gestohlen.«

»Wen hast du bestohlen?«

»Meinen Bruder …« Ich verstrickte mich immer mehr und erst viel später fiel mir auf, dass ich gelogen hatte, was ja eine Sünde war.

Der blaue Roller

Im ersten Jahr meiner zum Beruf gewordenen Tätigkeit bekam ich eine Gage zwischen 150 und 300 Mark pro Abend, mehr als meine Mutter in zwei Wochen verdienen konnte. Bis es so weit war, schickte sie mich an Tagen, an denen sie wieder einmal nichts verkauft hatte, zu den Nachbarn mit einem Zettel, den ich auf dem Weg dorthin las: »Liebe Frau Niemeier, können Sie mir noch einmal zwanzig Mark leihen? Ich hoffe, dass ich sie bis zum Ende der Woche zurückgeben kann.«

Wenn sie da war, war alles gut, sie gab mir das Geld und war sehr freundlich. Wenn Herr Niemeier aufmachte, fürchtete ich mich immer ein wenig, obwohl er auch nett war. Beate, die blonde, große Tochter der Niemeiers, kam öfter zu uns und las uns Geschichten vor. Bei den anderen Nachbarn klappte es mit dem Borgen nicht so gut.

Vater durfte davon nichts erfahren. Manchmal war es aber die einzige Möglichkeit für meine Mutter, an einem solchen Tag etwas Essbares zu kaufen. Das meiste konnten wir uns ohnehin nur auf Abzahlung leisten. Schuhe von Schmolke. Wie lange sie an den sieben Paar abgezahlt haben, wage ich heute kaum zu denken.

Meine Mutter kam unter der Woche immer erst gegen vier Uhr nachmittags von der Arbeit zurück. Danach nähte, stopfte und bügelte sie bis in die späte Nacht hinein. Setzen durfte sie sich nicht, weil sie dann sofort einschlief. Ich hörte sie immer, wenn sie nachts noch auf war, ihre Knie knackten beim Hin-und-her-Gehen. Nichts Dramatisches, so, wie wenn man einen Finger lang zieht. Ein Geräusch, das neben ihren Seufzern, in denen ihr »Ja, ja« ertrank, zu ihr gehörte und mich beruhigt wieder einschlafen ließ, weil ich wusste, dass sie da war.

Einmal die Woche ging sie ins Waschhaus, große Wäsche für neun Leute. Da liefen sämtliche Maschinen. Die Marken dazu gab es beim Hauswart, der sie uns ab und zu borgte oder sogar schenkte. Viele Leute waren erstaunt, dass wir immer so adrett aussahen. Wie sie das alles schaffte, ist mir immer noch ein Rätsel.

Mein Vater war weder Antiquitätenhändler noch Schrotthändler und auch kein ungarischer Tänzer, wie es später in der Zeitung stand. Er war Frührentner und sprach selten darüber. Nur einmal, als er auf einer Bank in der Straßenbahn saß, auf einem Platz für Schwerbeschädigte, und ein älterer Mann auf ihn zukam, seinen Ausweis zückte und ihn bat aufzustehen, obwohl viele Sitzplätze nicht besetzt waren, sagte er: »Schwerbeschädigt? Moment«, kramte nach seinem Dokument und hielt es dem Alten vor die Nase mit den Worten: »Auch schwerbeschädigt.« Sein Tonfall war forsch und bedauernd zugleich. Zufrieden lächelnd beobachtete er, wie sich der Mann dann auf einen anderen Platz setzte.

Ich schaute meinem Vater oft zu, wie er alte Uhren, die andere weggeworfen hatten, reparierte, kaputte Fahrräder für uns wieder in Gang setzte oder Musikinstrumente zusammenleimte und polierte, sie mit neuen Saiten bezog und sich freute, wenn sie wieder funktionierten. Manchmal konnte er auch etwas davon verkaufen.

Wir hatten damals einen DKW-Kombi und später auch einen alten VW-Bus. Er brauchte immer Autos, die zum Auf- und Einladen geeignet waren. Wenn eine ausrangierte Haushaltsmaschine am Straßenrand stand, trat er energisch auf die Bremse, fuhr zurück, stieg aus und begutachtete das Gerät von allen Seiten. Meistens landete es dann im Auto und zu Hause machte er sich gleich daran, den Schaden zu beheben. Wir haben ihm oft assistiert. Prüfer, Zange reichen, Schrauben ordentlich auf kleine Häufchen legen. Er ließ sich viel Zeit und pfiff dabei. Kleine Rauchschwaden von seiner schräg in den Mund gesteckten Zigarette kringelten sich am rechten Auge empor, das er zusammenkniff. Ich ahmte ihn mit einem abgebrochenen Bleistift im Mund nach, wenn ich Reparieren spielte.

Manchmal funktionierte etwas nicht und er versuchte am nächsten Tag Ersatzteile zu bekommen. Meistens jedoch klappte es und wir kamen so zu Geräten, die wir uns nicht leisten konnten. Er dachte nicht, das kann man noch gebrauchen, er rettete Gegenstände, die andere aufgegeben hatten. Ob sie einen Gebrauchswert hatten, würde man dann sehen.

Direkt neben uns wohnten die Hofgärtners. Lautlos, unauffällig, zwei Kinder. Die Ältere hieß Gabi, ihr Bruder Rolf war in meinem Alter. Wir sprachen nie miteinander, ich beobachtete ihn nur. Er war Fußballfan und spielte fast täglich, außer im Winter, in dem winzigen Vorgarten, der zu jeder Parterrewohnung gehörte. Er schoss den Ball immer wieder gegen die Hauswand, fing ihn mit der Schuhspitze wieder auf und schoss erneut. In meiner Erinnerung tat er das stundenlang. Außer beim Fußballspielen sah ich ihm auch öfter beim Klimpern zu, ich spielte dieses Spiel selten mit. Man musste einen Groschen auf den Daumen legen und ihn dann in Richtung Hauswand schnippen, so dicht wie möglich. Der Gewinner durfte die Groschen der anderen behalten.

Einmal bekam Rolf zu Weihnachten einen Roller, blaumetallic, mit weißen aufblasbaren Reifen und einer Rücktrittbremse. Verführerisch glänzte er im Hausflur. Wie gern hätte ich einen solchen Roller gehabt. Als ich mir einen leisten konnte, war ich zu alt dafür. Ich hatte nur einen Wunsch, einmal damit fahren zu dürfen. Was sollte Rolf wohl dagegen haben, wenn ich eine Runde mit dem Roller drehen würde und ihn dann flugs wieder genau in gleicher Position in den Hausflur stellte? Fragen wollte ich nicht, er war wortkarg und ein Nein wäre mir so hoffnungslos vorgekommen.

Als ich zurückkam, hatten sich Kinder versammelt, lauter kleine Staatsanwälte, die mich des Diebstahls bezichtigten. Rolf sagte nichts, er warf mir einen nicht eindeutigen bösen oder erleichterten Blick zu und nahm den Lenker aus meinen Händen. Noch lange lächelte der Roller mich im Hausflur an.

Die Vorgärten in unserer Wohnsiedlung waren abgeteilt mit einem Drahtseil, das niedrig genug war, um darüberzuspringen. Sonntags bepflanzten meine Eltern und wir das Rondell in der Mitte des Gartens mit Blumen, Stiefmütterchen oder Tulpen. Wenn die Erdbeeren noch nicht wirklich reif waren, warf ich einen bunten Ball mal nach links zu Heinickes, mal nach rechts zu Rolf. Beide hatten Erdbeeren angepflanzt. Ich rief laut »Oh« und hüpfte über den Draht. Beim Aufheben des Balls rupfte ich die Erdbeeren ab und schob sie blitzschnell in den Mund. Ich hielt das für unauffällig.

Oma kam oft zu Besuch und kochte ihre Berliner Eintöpfe, die ich liebte, Kartoffelsuppe, Wirsingkohl oder Lungenhaschee.

Markus, der Jüngste, hatte sein Gitterbettchen noch im Schlafzimmer der Eltern. Wir, drei Mädchen und drei Jungen, teilten uns ein Kinderzimmer. Links und rechts standen jeweils die Etagenbetten. Über mir schlief Petra, neben mir Tamara, das kleinste und schönste Mädchen von uns, sie kam drei Jahre nach mir auf die Welt; auf der anderen Seite oben Frank und unten Janosch und Florian. Wenn die Tür einen Spalt offen stand, konnte ich auf die Ofentür des Kachelofens im Wohnzimmer schauen. Frühmorgens machte meine Mutter in der kalten Jahreszeit das Feuer an. Draußen war es noch dunkel und durch die Schlitze der eisernen Klappe flackerten die Flammen. Ich hätte wer weiß was gegeben, diesen friedlichen Moment festzuhalten.

Tamara und Janosch gehen in den Kindergarten, der der Kirche angeschlossen ist. Wenn ich aus der Schule komme, laufe ich daran vorbei, und wenn sie draußen im Garten sind, sehe ich sie. Janosch weint oft und will, dass ich ihn rausgehole. Das geht aber nicht. Sie werden erst am Nachmittag abgeholt.

Um 14:00 Uhr kommt »Professor Flimmrich und die Pioniere«, Frau Puppendoktor Pille mit der großen runden Brille. Noch bevor die Sendung beginnt, schalten wir den Fernseher ein, sitzen vor dem Testbild mit spitzem Ton, dann folgt eine Schwarz-Weiß-Zeichnung mit einem Kind in der Mitte mit den immer gleichen Tonfolgen. Das DDR-Fernsehen zeigt viel für Kinder, »Pittiplatsch und Schnatterinchen«, »Flachs und Krümel« mit Struppi, dem sprechenden Hund. Das Tollste jedoch sind die russischen

Märchenfilme: »Babajaga« und »Die schöne Wassilissa«, »Der Wassergeist«. Durch sie lerne ich, wie ich glaubte, die Russen besser kennen, den mutigen Soldaten, der den Wassergeist mit seiner Blechtrommel bekämpft und im Märchenwald mit wunderschöner weicher Stimme singt. Das Pionierehrenwort, ich wäre gern Pionier geworden. Die Frauenstimmen der Russinnen, die wie Kinderstimmen klingen.

Als ich das erste Mal zum Kochen eingeteilt bin, ist es mehr als eine Katastrophe. Niemand kann essen, was ich gekocht habe. Die Nudeln sind ein Brei, haben die Tomatensoße vollständig aufgesaugt, der Brei ist am Abend fest, mein Vater versucht ihn umzurühren, nichts zu machen. »Das kann kein Mensch essen«, sagt er. Nach und nach wird es besser, aber so gut wie Petra kann ich es nicht. Den Topf mit den Kartoffeln muss ich, damit sie warm bleiben, in ein Handtuch wickeln und in eines der Betten ans Fußende stellen. Jeder hat seine Aufgaben, Frank ist für den Müll und die Kartoffelschalen zuständig, auch für den Keller.

Ein Glockengeläut und ein lauter Ruf »Brennholz für Kartoffelschal'n« sind das Zeichen, den Korb vor die Haustür zu bringen. Ein Pferdchen mit einem Karren dahinter, auf dem Brennholz liegt, das man anzündet, bevor die Kohlen darauf gelegt werden. Wir tauschen unsere Schalen gegen das Holz. Einmal in zwei Wochen fährt der Wagen durchs Karree. Später ist es ein Auto mit drei Rädern.

Verreisen kennen wir nicht, Urlaub ist ein Wort, das bei uns nicht vorkommt. Der Caritasverband organisiert Verschickungen von Berliner Kindern aufs Land. Petra und ich tragen eine Karte um den Hals gebunden. Unser

Name steht darauf und woher wir kommen und zu wem wir sollen. Wir fahren mit dem Zug, allein die Reise ist sehr aufregend. Schon nach der ersten Stunde haben wir unseren Proviant völlig verzehrt. Stunden später kommen wir an, nehmen in einer großen Halle Platz und warten. Alle werden abgeholt, auch Petra. Sie kommt nach Oberleinach. Wohin ich kam, habe ich vergessen, aber es war auch ein bayerisches Dorf. Als alle Kinder fort sind, werde ich abgeholt.

Ich wohne bei einer Familie, die aus Mutter, Vater, Baby und Großmutter besteht. Ich schlafe im Zimmer der Großmutter: ein altes Doppelbett, ein dunkelbrauner Schrank, Nachttische, fertig. Aus dem Fenster sieht man auf einen Acker. Ruhig ist es hier. In der Garage steht ein kaputtes Auto. Die Frontscheibe fehlt, einige Splitter liegen noch herum. Man sieht, dass es einen schweren Unfall hatte.

Ein Gewitter auf dem Land ist anders als in der Stadt. Es war unheimlich, wie das Haus sich verdunkelte. Zu dem Donner und den Blitzen kam das laute Weinen der Großmutter. Ob es gewitterte in jener Nacht, als ihre Kinder starben? Sie waren neunzehn und zwanzig und auf der Fahrt nach Hause, als sie gegen einen Baum prallten. Die Großmutter sitzt auf dem Bett neben mir und erzählt, wie es damals war, als sie sich schlafen legen wollte. Sie habe, so wie jetzt, auf dem Bett gesessen, da habe sie plötzlich einen unerklärlichen Ruck verspürt. Genau in jenem Moment, das habe man später festgestellt, seien ihre Kinder gestorben.

Zu allem Überfluss erschlägt der Blitz einen Dorfbewohner, der einige Tage später beigesetzt wird. Das ganze Dorf ist dabei, auch ich. Weil alle schubsen und drängeln, finde ich mich vor dem Sarg auf der Dorfstraße. Er ist offen und ich sehe den ersten Toten in meinem Leben. Er ist bleich und sieht unversehrt aus. Einen vom Blitz Getroffenen habe ich mir anders vorgestellt.

Das Schreckliche blieb in Erinnerung, das Schöne, die Spiele mit den Dorfkindern, habe ich vergessen. Das waren Ferien – sie hatten Leid erlebt und wollten ein Ferienkind zur Ablenkung, sie waren nett, aber es war traurig dort. Zum Ende der Schulferien holte uns mein Vater mit dem VW-Bus vom Bahnhof Zoo ab. Ich fühle mich fremd in der Stadt und ich mag keine Autos. Immer bin ich seekrank und immer soll ich es sagen, bevor es so weit ist, und genau das kann ich nicht, denn dann müsste ich die ganze Fahrt über sagen, mir ist schlecht. Also sage ich es erst, wenn ich mich übergeben muss, und das ist immer zu spät.

Die Mauer und fünf Mark

Oma war gerade wieder auf Besuch, als sie ganz unruhig wurde und sagte: »Ick muss doch rüber, hab ja meine Sachen drüben, meine Wohnung, ich muss ja zurück.«

»Du kannst dann nicht mehr zu uns kommen«, sagte meine Mutter.

»Ja, aber wenn zu ist, Irmchen und Edith sind ja auch drüben, na, und Erwin, was soll denn aus Erwin werden? Ich hab ja meine Sachen auch da.«

Von Panzern bewacht, wurde eine Mauer gebaut, mitten durch die Stadt. Sie verabschiedeten sich, waren besorgt, aber noch nicht traurig, man wusste ja nicht, wie lange die Mauer bleiben würde. Begriff den Zustand als vorübergehend. Ich dachte, die können ja eine so lange Mauer, die durch die ganze Stadt geht, nicht überall gleichzeitig bauen, da muss es doch Löcher geben, durch die man immer wieder hindurch kann. Woher weiß man denn, wer nach Osten oder Westen gehört?

»Es gibt Ausweise«, erklärte meine Mutter, »da steht drin, wer wohin gehört, das wissen die schon. Die Ostbewohner und Westbewohner können noch einige Tage hin und her und dann ist Schluss.«

»Aber warum bauen sie denn eine Mauer?«

»Weil die vom Osten alle hier rüberkommen.«

Ich bin sechs, Oma schreibt uns, wir können uns nicht

mehr sehen. Karten oder Briefe brauchen Wochen, Telefonieren geht nicht. Eine Mauer mit Stacheldraht, warum sperrt man die Menschen ein? Ich werde meine Schönhauser Allee nicht mehr sehen und nie mehr mit Oma nach Heinersdorf zu Onkel Kalo fahren können. Onkel Erwin hat versucht, in den Westen zu gelangen, nicht über die Friedrichstraße oder über die Bornholmer, über die Oma immer kam, er muss ein Loch entdeckt haben. Es dauert lange, bis ich diese Mauer zu sehen bekomme und weiß, dass sie keine Löcher hat.

Onkel Erwin sitzt im Gefängnis, Republikflucht. Oma stellt mehrere Anträge, damit sie zu uns in den Westen kommen darf. Zu ihrer jüngsten Tochter mit den vielen Kindern. »Die brauchen mich doch.« Mit »Sie haben auch Kinder im Osten« werden alle Anträge abgelehnt. Endlich, zwei Jahre später, klappt es, sie kommt mit nur einem Koffer, in dem ihre Kleider sind.

Ich freue mich, sie freut sich nur kurz, dann, als sie in ihrem Zimmer ist, weint sie. Den schönen Prenzlauer Berg gegen Britz-Süd zu tauschen, das ist schon ein Unterschied. Onkel Erwin und die beiden anderen Töchter von Oma dürfen niemals zu uns kommen, sie sind zu jung. Junge Leute lässt man nicht raus, die kommen nicht wieder. Onkel Erwin sitzt zwei Jahre. Da hat er aber Glück gehabt, viele, die versucht haben zu türmen, wurden auf der Flucht erschossen.

Die Mauer geht durch Häuser oder Häuser sind ein Teil von ihr. Auf einer Seite der Wohnung kann man dann nicht mehr rausschauen, weil die Fenster zum Westen hin zugemauert sind. Das habe ich im Fernseher gesehen, den wir noch nicht lange haben. Menschen springen aus den Fenstern in den Westen, liegen tot auf dem Asphalt, dahinter ihr fast zugemauertes Haus. Als sie noch aus dem Fenster schauen konnten, gehörte ihr Kopf zum Westen und der Rumpf war im Osten, der Bürgersteig war schon Westen und das Haus stand im Osten.

Manche unterhalten sich auch mit ihren Verwandten und Bekannten im Westen von ihren Fenstern aus, Menschen, die sich sehr lange nicht wiedersehen werden. »Antifaschistischer Schutzwall« höre ich und kann mir nichts darunter vorstellen.

Nach einiger Zeit ist es möglich, Besucheranträge zu stellen. Nicht immer werden sie genehmigt. Weihnachten oder Ostern. Beerdigungen sind schon schwieriger. Wir fahren über die Grenze, alles, was wir dabeihaben, wird kontrolliert. Mein Vater schimpft, wenn wir irgendeine Berliner Zeitung auf der Ablage vergessen haben. Das bedeutet: rechts rausfahren und lange warten. Die Verwandten machen ihre Bestellungen: »Nur Die«, die von den Kesslerzwillingen mit langen, schlanken, tanzenden Beinen und Zwillingsgesang im Fernsehen beworbenen Strümpfe, »Mon Chéri«, »Ferrero Küsschen«, »Wer wird denn gleich in die Luft geh'n, greife lieber zu HB, dann geht alles wie von selbst«, »Frohen Herzens genießen« – vieles davon können wir uns selbst nicht leisten. Aber sie kommen nicht auf die Idee, dass wir nicht alles haben können, was es im Westen zu kaufen gibt und was man in der Reklame sehen kann. »Möbel-Kunst, der wohnt, das weiß ich, Blücherstraße zweiunddreißig.« Sie fühlen sich als arme Verwandte und das sind sie auch, aber wir sind auch arm. Mir macht das nichts aus. Nur einmal im Jahr bekümmert es mich, wenn es Zeugnisse gibt. Ich habe keine Zeugnismappe und verstecke unter meiner Bank einen Pappordner, den ich stattdessen mitgebracht habe.

Das zwangsumgetauschte Geld lassen wir bei den Verwandten, wir können im Osten nichts kaufen, was wir ausführen und gebrauchen können. Wenn wir wieder losmüssen, denn bis Mitternacht muss man die Grenze passiert haben, rennt Onkel Erwin laut heulend hinter unserem Auto her. Manchmal steigt er auch ins Auto und vergräbt sich auf der Rückbank. »Mensch, Erwin, lass den Unsinn, komm raus, dit hat doch keinen Sinn, dit nutzt doch allet nüscht.«

Die Verwandtschaft meiner Mutter zerreißt, so wie die Stadt. Da wir von Vaters Seite nicht mehr viel Verwandtschaft haben, sind wir auf uns allein gestellt. »Wenn sie hier ist, heult sie, und wenn sie drüben ist, heult sie auch«, sagt meine Mutter über Oma. Ich kann sie nicht trösten, wenn sie erst einmal begonnen hat zu weinen.

Wenn ich aus der Schule komme, schickt Oma mich einkaufen. Manchmal trödle ich dabei, weil sie vor der Haustür Hopse spielen und ich mitmachen will. Kleines Kettchen werfen in oberstes Kästchen der Pflastersteine, springen auf einem Bein, durch alle Kästchen hindurch, bücken, Kettchen aufheben, zurückhopsen. Ich kippe um, fast immer.

Ich muss in die Ladenstraße, dort, wo der Brunnen ist, in den wir im Sommer steigen und in dem manchmal Glasscherben liegen. Das Wasser reicht mir bis zum Hals. Etwas weiter befindet sich der Hügel, über den ich täglich auf dem Weg zur Schule gehe. Im Winter wird hier gerodelt. Grüne, blaue, rote Mützen, kahle schwarze Bäumchen, am Ende der niedrige Zaun, in den ich rase. Habe die Finger unter den Kufen, das letzte Drittel bin ich neben dem Bob heruntergerutscht. Wo wir den wohl herhaben? Mein Vater hat ihn bestimmt eingetauscht. Kein anderes

Kind hat einen Schlitten mit Lenker. Die Hände sind aufgeribbelt, Haut steht ab, sie schmerzen, ich weine, aber niemand beachtet es, zu viel los hier am Rodelberg.

Gleich hinter dem Brunnen befindet sich auch das Milchgeschäft, ich stelle mich an mit meiner metallenen Kanne. Die Pumpe hat einen Hebel, sie funktioniert wie die Wasserpumpe auf der Straße. Drückt man den Hebel nach unten, kommt Milch. Vorsichtig laufe ich durch den Park nach Hause, bemüht, nichts zu verschütten.

Ein paar Mark reichen schon für ein ganzes Essen. Mehr als fünf Mark habe ich nie dabei. 200 Gramm durchwachsenen Speck, ein Pfund Zwiebeln, ein Bund Suppengrün, fünf Pfund Kartoffeln und Brühwürfel, die kleinen. Das genügt für zehn Leute. Die Kartoffelsuppe reicht bis an den Rand des Topfes.

Von fünf Mark habe ich mal geträumt. Ich träumte, ich hätte sie von einem Onkel geschenkt bekommen. Von dem, der vor unserer Haustür stand, als ich aus der Schule kam und auf meinen Vater wartete. Er hatte einen dicken goldenen Ring und sagte: »Sieh mal, eigentlich bin ich nur vorbeigekommen, um deinem Vater diesen Ring zu schenken, aber er ist ja nicht da.« Ich sah mir den Ring genau an, er hatte einen wundervollen, glänzenden Stein in der Mitte. Ich wollte, dass mein Vater den Ring bekam, und bat den Onkel, noch zu warten. Er ging fort. Mein Vater lachte, als ich ihm davon erzählte.

Das Fünfmarkstück drückte sich in der Innenfläche meiner Hand ab. Ich spürte es immer noch deutlich, als ich erwachte, suchte das ganze Bett danach ab. Was ich damit alles hätte machen können! Meine neuen Lackschuhe waren noch da, wir waren Schuhe kaufen gestern, alle, ein kleines Vermögen. Ich roch am Leder und schlief wieder ein.

1970, als ich schon Sängerin war, gab mir Trudy Meisel, die Frau meines damaligen Plattenbosses, fünf Mark. Sie waren für Udo Walz, Berlins Starfriseur in den Siebzigern. Er sollte aus mir etwas machen. Alles, was ins Licht drängte, fand sich bei ihm ein, auch ich. Die berüchtigte Außenrolle oder »das Dach«, wie mein Vater die Frisur nannte, hat er erfunden: »Mädel, mach das Dach weg, deinen Glatzenschneider besuch ich mal, dem mach ich dann auch so eine Frisur.«

Was dem Vater nicht gefiel, kopierten viele junge Mädchen. Trudy setzte mich in der Wittelsbacherstraße in ein Taxi, das mich zu Udos Laden fahren sollte, der sich damals in einem Hochhaus direkt gegenüber vom Bahnhof Zoo und neben dem Tierpark befand. Die Strecke ist nicht besonders weit und der Taxifahrer war entsprechend muffelig. Als ich ausstieg, nannte er mir keinen Preis, und da entdeckte ich auch, dass die Uhr gar nicht gelaufen war. Ich gab ihm die fünf Mark und er wurde sehr freundlich. Später im Salon, in dem ich, egal wie lange ich warten musste, geduldig und still saß, fiel mir auf, dass die Damen, bevor sie gingen, nach Taschen an Herrn Walz' Kleidung suchten oder ihm wie nebenbei etwas in die Hand drückten. Trudy hatte das Taxi im Voraus bezahlt und ich hatte dem unfreundlichen Taxifahrer das Trinkgeld gegeben, was eigentlich für Herrn Walz gedacht war. Sorgen machte ich mir, er könnte Trudy fragen, »Wo sind denn meine 5 Mark?«, und sie könnten denken, ich hätte das Geld einfach behalten.

Süßigkeiten gibt es bei uns nur zu Weihnachten oder Ostern. Nur manchmal, wenn wenige Pfennige vom Einkauf übrig bleiben, gönne ich mir eine Muschel mit einem Bonbonstein. Bei Minota gibt es die tollsten Sachen. Zum

Beispiel Brausepulver, ich schütte es in die Hand und lecke daran, es beginnt zu britzeln, rotes, gelbes, grünes. Ich schütte es auch ab und zu in den großen Siphon bei uns zu Hause und gieße es mit kaltem Wasser auf, es ist dann Brause, nicht ganz so gut wie Sinalco. Für einen Sechser bekomme ich schwarze, kleine Lakritzschnecken. Wenn ich sie auseinanderziehe, habe ich zwei Schnüre. Nach der Schule fädele ich sie in meine Schuhe, setze mich an den Straßenrand und warte auf vorbeikommende Leute. Als sie nah genug herangekommen sind, ziehe ich sie aus meinen Schuhen und beginne sie genüsslich zu verspeisen. Dabei schaue ich den vorbeigehenden Leuten direkt ins Gesicht, sie reagieren nicht, lassen mich in Ruhe meine Schnürsenkel aufessen.

Dass meine Mutter nie da ist, wenn ich aus der Schule komme, mag ich nicht. Oma bleibt leider nicht lange bei uns. Als ich zehn bin, stirbt sie an einem Schlaganfall. Das letzte Silvester verschläft sie, weil sie zu viel getrunken hat und laut krakeelte. Ich habe von den Erwachsenen gehört, wer Silvester verschläft, wird das nächste nicht erleben. So war es dann auch. Lange war ich felsenfest davon überzeugt, dass ich sie nur um Mitternacht hätte wecken müssen, und sie wäre nicht gestorben.

An dem Morgen, als sie den Schlaganfall bekommen hat und meine Mutter die Feuerwehr holte, rief Oma mich noch einmal zu sich, als ich ängstlich und unsicher in der Tür stand. Ihr Mund war jedoch verzogen und die aus dem fremden Mund dringenden Laute hatten keine Ähnlichkeit mehr mit Omas Stimme. Angewurzelt blieb ich stehen, konnte nicht zu ihr. Als man sie fortgebracht hatte, ging ich in ihr Zimmer, öffnete ihren Schrank und sah mir ihre Sachen noch einmal an. Ich wusste, dass sie nie wiederkommen würde, und machte mir lange Zeit Vorwürfe, dass ich ihrem Ruf nicht gefolgt war.

Wir verbrannten ihre Sachen, das ist bei Sinti so. Die Habe geht mit und die Toten tragen auch keine Totenhemden, sondern die Kleidung, die sie im Leben am liebsten trugen. Oma war zwar keine Sinteza, aber wir machten es trotzdem so. Sie wollte eigentlich auch verbrannt werden. Als sie noch im Osten lebte, erzählte sie, dass sie in der Verbrennung sei. Im Westen hat sie wohl vergessen einzutreten. Das war gut so, denn Sinti verbrennen keine Menschen, auch nicht, wenn sie tot sind.

Mein Vater und meine Mutter haben sie auf unserem Friedhof in Neukölln beerdigt. Es kamen auch viele Sinti zu Omas Beerdigung, sie war beliebt. Ich hatte keine Verbindung mehr zu Oma, als sie in die dunkle Erde gelassen wurde, vor der sie sich fürchtete. Sie hatte immer Angst, sie würde dort unten noch einmal aufwachen. Nachts glaubte ich, erst ihren Stock und dann ihre schlurfenden Schritte zu hören. Wenn wir Besuch hatten, wurden immer viele Geschichten über Tote und Geister erzählt, und dabei erfuhr ich, dass die Toten, die einen besuchen, nicht unbedingt die Menschen sind, die man kannte, sondern dass der Mulo, der Tod selbst, sich dahinter verbirgt. Ich habe sehr gehofft, Oma möge nicht in mein Zimmer kommen, denn ich hatte keine Lust, mit dem Tod Bekanntschaft zu machen.

Das Stempelkissen

»Du, nich alles anfassen hier«, sagt die Verkäuferin zu mir.

»Wat is? Ick fass ja janüscht an, wat wollen Sie denn.« Ich stehe vor Gemüse, mit meinen dunkelbraunen Zöpfen. Geflochten sind sie und das untere Ende zusammengehalten mit braunen Plastikspangen, auf denen Marienkäfer leuchten.

Sie merken es also doch, mein Vater hat recht. Aber woran erkennen sie es?

Ich sehe aus wie jedes andere Mädchen. Außer meinen dunklen Haaren kein Hinweis. Es muss sich um eine Art geschulten Blick handeln.

Der Junge aus der 4a, dessen Mutter unsere Lehrerin war, weinte. Mein Bruder und ich warfen ihn zu Boden, weil er uns »dreckige Zigeuner« hinterhergerufen hatte. Wir schrien ihn an: »Warum hast du das gesagt?«

»Meine Mutter hat ja gesagt, dass ihr das seid.«

Wir ließen ihn los. Was sollten wir damit anfangen? Wir fühlten uns gedemütigt. Wir waren anders. Als Kind will man nicht anders sein.

Ein paar Wochen zuvor stahl Jürgen, ein Schüler aus unserer Klasse, ein Stempelkissen aus dem Schubfach des Lehrerpults – ein einfaches, dummes Stempelkissen. Unsere Lehrerin reagierte gelassen, als sie den Verlust bemerkte. Wer das Stempelkissen genommen habe, sagte sie, möge es bis morgen wieder zurücklegen.

Frau Kleeblatt war eine attraktive Frau, brünett mit strahlend blauen Augen, die den Bergkristallen auf ihren Fingern ähnelten. Gepflegte Hände, lange lackierte Nägel. Sie schob mir einmal mit dem Nagel ihres Zeigefingers die Nagelhaut an einem meiner Finger zurück und meinte: »Den Mond muss man sehen. Das ist wichtig. Das musst du bei allen Fingern machen.«

Seitdem sorgte ich dafür, dass man den Mond sah, aber es tat weh.

Das Stempelkissen lag am nächsten Tag nicht im Schubfach. Jürgen aber meldete sich unaufgefordert und sagte, er habe gesehen, wie ich es gestohlen hätte. Er habe beobachtet, wie ich es später in unseren Briefkasten geworfen hätte, er wohne ja schließlich in derselben Straße. Ich beteuerte, dass ich es nicht war, aber es nützte nichts. Die Lehrerin lächelte nur und sagte: »Ich erwarte, dass das Stempelkissen morgen wieder da ist.«

Ich war besorgt, traurig, auch machtlos. Als ich nach Hause kam, schaute ich sofort in den Briefkasten. Da war es. Was sollte ich tun? Am nächsten Tag brachte ich es mit in die Schule. Auf die hilflosen Worte, mit denen ich meine Unschuld erklärte, reagierte Frau Kleeblatt erneut mit einem wissenden Lächeln. Jürgen hatte genau gewusst, es würde funktionieren. Er konnte sicher sein: Niemand würde das Gegenteil behaupten.

Noch im selben Schuljahr kam Frau Kleeblatt eines Morgens aufgelöst in die Klasse und sagte, sie wolle mich und meinen Bruder nach dem Unterricht sprechen. Wir mussten ihr von dem Vorfall mit ihrem Sohn erzählen. Ihr Gesicht rötete sich, sie sagte jedoch nichts zu ihrer Verteidigung. Mein Vater hatte Beschwerde beim Schulrat eingelegt und der Direktor hatte sie zurechtgewiesen.

»Für wen bist du?«, schreit mein jüngster Bruder Markus im Buddelkasten. Er hält ein Holzschwert in der Hand: »Bist du für die Russen oder für die Deutschen?«

Das andere Kind hält inne, schaut ihn verständnislos an.

Die Russen haben unseren Vater befreit, natürlich auch die Amerikaner, Franzosen und Engländer, am meisten jedoch hat mein Vater von den Russen erzählt und von den Deutschen und dass man nie so genau wisse, ob es nicht doch wieder so kommen könne, dass sie uns einsperrten, in Viehwagen, und uns fortbrächten. Wir sollten vorsichtig sein, nichts erzählen von zu Hause. Wir waren vorsichtig. Und wir ließen uns nichts gefallen.

Mein Vater war fasziniert von Boxkämpfen, von Max Schmeling, Bubi Scholz und Cassius Clay, der sich später Muhammad Ali nannte. Er kaufte Kinderboxhandschuhe und erklärte uns die Regeln. Auch mich ließ er des Öfteren boxen, obwohl ich ein Mädchen war. Ich war, glaube ich, nicht mal schlecht, hatte keine Angst, eine gute Führungshand und konnte schon mal Haken und Schwinger verteilen. Meiner Mutter gefiel das nicht, aber ich mochte das Boxen tausendmal lieber als den Abwasch in der Küche, der sich an Sonntagen über Stunden hinzog, weil Petra und ich dabei spielten und weil es unglaublich viel Geschirr war.

»Trennt«, rief mein Vater und sagte, ich hätte nach Punkten gewonnen. Das machte mich mutiger. Ich half meinem großen Bruder nun, wenn er in Rangeleien geriet. Manchmal hatte auch ich eine blutige Nase.

Musik spielte in unserer Familie immer eine zentrale

Rolle. Mein Vater liebte die Musik und brachte uns einiges bei. Oft saß er auf der Holzbank in der Küche und es sah so aus, als würde er auf der Gitarre nur vor sich hin klimpern. Später fand ich heraus, dass es Melodien von Caruso waren. Wenn ich allein war, nahm auch ich die Gitarre und versuchte diese Lieder nachzuspielen.

Mein liebstes Spielzeug war die Musiktruhe, ein braun lackiertes Möbelstück. Auf der einen Seite das Radio mit einem großen Sendersuchlaufknopf, darüber brauner Stoff mit Goldfäden durchwoben, hinter dem sich die Lautsprecher verbargen. Auf der anderen Seite, durch eine Schiebetür getrennt, der Plattenspieler, konnte zehn Singles stapeln, einzeln herunterlassen und dann abspielen.

Odeon, Roy Orbisons »Pretty Woman« und die Beatles hatten dieses grüne Label auf ihren Platten. Connie Francis war auf MGM. Sammy Davis Jr. und Dean Martin gehörten ebenso zu diesem Sammelsurium wie Caterina Valente, Django Reinhardt, Esther & Abi Ofarim, Nat King Cole und Charles Aznavour. Auch Bing Crosby, Fred Astaire, Judy Garland und Louis Armstrong oder Dinah Washington mit »September in the Rain«. Wir Kinder suchten uns aus diesen Schallplatten ganz selbstverständlich unsere Musik aus, sangen oder spielten sie nach.

»Ich frag mich, warum, warum immer wieder, warum immer Krieg, und der Friede zerbricht, die Helden sind tot, vorbei ihre Lieder, die suchten die Wahrheit, doch sie fanden sie nicht ...« Wenn ich Charles Aznavour sang, waren die Bewegung und die Abstände der Tonschwingungen wesentlich kürzer und schneller als beispielsweise bei Connie Francis, deren Vibrato viel gedehnter war. Fast alle ihre Songs sang ich zusammen mit Petra.

Wir hatten beschlossen, uns dabei nicht anzuschauen, weil wir dann immer lachen mussten.

Frank kannte die wichtigsten Jazzakkorde und spielte eine passable Rhythmusgitarre. Nach der Schule brachte er mir alle Griffe bei. Er spielte die Leadgitarre, ich begleitete ihn. Es war nicht einfach. Ich bekam Blasen an den Fingerkuppen und wir hatten keine Noten. Das hätte auch nichts genützt, denn wir konnten keine lesen.

Für kurze Zeit schickten uns unsere Eltern zum Gitarrenunterricht. Wir langweilten uns jedoch dort. Uns wollte nicht in den Kopf, was die Kringel auf dem Papier mit Musik zu tun hatten. Über Kinder- und Volkslieder kamen wir nicht hinaus, das hatte keine Spannung, wir wollten richtige Musik machen, Lieder wie »Sweet Georgia Brown«. Ethel Waters, der erste schwarze »Superstar« des Showbusiness, machte diesen Song populär. In den zwanziger Jahren gehörte die Melodie zum Repertoire fast jeder Tanzmusik, in den dreißiger und vierziger Jahren zum Programm fast jeder Big Band. Auch Fred Astaire trug zum Erfolg von »Sweet Georgia Brown« bei und natürlich wurde es auch von Django Reinhardt gespielt, den ich schon von klein auf sehr schätzte. Bei allen Familienfesten wurde seine Musik aufgelegt, und die kleinen Jungs, kaum mächtig, eine Gitarre zu halten, eiferten ihm nach.

Frank und ich zogen uns wieder in unsere häusliche, autodidaktische Musikwelt zurück. Ich sang in einer Sprache, die englisch klang. Außer der Titelzeile war alles erfunden. »All of Me«, »When your're gone« oder auch »Bye, Bye, Blues« und »Misty« von Errol Garner sowie »Smile« von Charlie Chaplin waren meine Lieblingsstandards. Dazu suchte ich die Akkorde auf der Gitarre. Bei »Bye, Bye, Blues« und »All of Me« war das kein Problem, denn das hatte Frank mir beigebracht, aber »Misty« oder »Smile« erforderten Griffe und Harmonien, die ich noch nicht kannte, und so musste die Gitarre bei diesen Songs aussetzen, was mir zwar nicht behagte, aber auch kein wirkliches Problem war, denn ich hörte die orchestrale Begleitung in meinem Kopf und traf, warum auch immer, die Töne. Das war um 1965. Fünfunddreißig Jahre später widmete ich mich zum ersten Mal wieder Liedern dieses Genres und spielte sie mit Jazzmusikern. Es war, als hätte ich nie etwas anderes getan.

Eines Tages traten Frank, Janosch und ich in Begleitung meiner Eltern bei einem Talentwettbewerb der Firma Neckermann auf. Ein Teddybär saß neben dem Schemel, auf dem Janosch stand, denn er reichte nicht ans Mikrofon. Er sang »Sonnyboy«, ein Lied aus dem Film »The Singing Fool« von 1928. Es war das erste Mal, dass er öffentlich auftrat, und er war so ruhig, wie nur ein Kind es sein kann, das noch nicht in die Erwachsenenwelt eingetreten ist. Den Song brachte ein Onkel mit, ein kleiner runder Mann mit Halbglatze. Er sang ihn mit Kopfstimme, unglaublich hoch, und Janosch konnte es eines Tages einfach. Sang, wie er spielte oder atmete, dieses für einen Achtjährigen recht schwierige Lied.

Er beugt sich, lugt auf den Teddy. Stille schwebt über den Stuhlreihen der kleinen Cafeteria bei Neckermann. Seine Stimme ist rein und klar, seine Aussprache präzise. Das Gesicht meines Vaters füllt sich mit Stolz, er gibt ihm mit Handzeichen Anleitung.

Der Kinderfrack ist schon zu klein, Hose und Ärmel zu kurz. Janosch wundert sich nicht über die Selbstverständlichkeit und Sicherheit, mit der er seine hellen, silbernen Töne hinausschmettert. Seine schmalen goldbraunen

Hände heben sich. Er hat die dunkle Hautfarbe meines Vaters und das blonde Haar meiner Mutter, als sie noch ein Kind war. Sein letzter Ton verhallt, tosender Applaus.

Er war der Sieger an jenem Abend. Zu Hause hüpfte er zwischen Couch und Sesseln hin und her und rief: »Morgen hol ich uns den Fernseher.«

Ich hatte mich drei Tage zuvor entschlossen, das Lied zu wechseln, und als ich auf der Bühne stand, wollten mir die Worte nicht mehr einfallen. In den Tagen zuvor konzentrierte sich alles in mir auf den Talentwettbewerb, auf diesen winzigen Ausschnitt, auf den es ankommt. Die kurze Liedlänge von drei Minuten, die, wie ich später erfahren werde, ein Leben entscheiden kann. Bei den Übungen war alles auf seinem Platz und nun traf es mich völlig unvorbereitet, was ich gelernt hatte, war weg. Die Bühne, eine winzige Erhöhung, eine Treppe vor den Stuhlreihen. Es gab keinen Schutz.

Zwei Zeilen singe ich: »Mit dem Zug, den man Sehnsucht nennt, fährt man lange umher, bis das Herz irgendwann erkennt, heute geht es nicht mehr ...« Dann wird es dunkel, die Erinnerung setzt einfach aus, ich stürze ins Nichts, mache zum ersten Mal Bekanntschaft mit dieser Krankheit, die man Lampenfieber nennt und deren Symptome so unterschiedlich, so unberechenbar sind. Frank spielt weiter, hofft, dass ich wieder reinkomme, die Worte wiederfinde. Ich kann mich weder an dieses noch an andere Lieder erinnern. Als ihm klar wird, dass ich keinen Ton mehr singen werde, bricht auch er das Gitarrenspiel ab. Schweigen auf beiden Seiten des Raumes. Erst als wir von der Bühne gehen und ich wie ein begossener Pudel meinen Platz einnehme, zögernder, spärlicher Applaus.

Am nächsten Tag holte Janosch nicht den großen Preis.

Er weinte, und als mein Vater ihn tröstete, sagte er: »Ich weine nicht, der Rauch von den hellen Scheinwerfern brennt mir in den Augen.« Später erklärte er mir, da müsse etwas schiefgelaufen sein mit der Jury. Er beschrieb ein Gerät mit einem Zeiger, ähnlich einem Seismografen, das während des Singens ausschlägt und damit anzeigt, wie gut oder schlecht man singt. Seine großen blauen Augen sahen mich ungläubig an, als ich ihm erklärte, dass Menschen seinen Gesang bewerteten.

Seine Stimme war der meinen zum Verwechseln ähnlich. Als ich schon ein Album aufnahm und Janosch dabei war, weil der Produzent auch etwas für ihn geschrieben hatte, legten wir sogar ihn herein, indem wir abwechselnd ins Mikrofon sangen.

Meine Eltern schickten Janosch auf die Hochschule der Künste, an der Sängerknaben ausgebildet wurden. Ich begleitete ihn des Öfteren dorthin und wartete dann auf dem Flur, bis der Unterricht vorbei war. Janosch besuchte diese Schule ein halbes Jahr. Immer häufiger kam er überreizt aus dem Unterricht. »Sie machen kaum Musik«, erzählte er, »es ist wie in der Schule, wie Mathematik, der Lehrer ist sehr streng und man muss aufstehen, wenn man mit ihm spricht.«

Auch mit ihm wurden immer wieder Schallplattenaufnahmen gemacht, die jedoch keine Hits wurden. Zuletzt, als er schon sechzehn war, mit dem Produzenten Frank Farian, den ich während meiner vielen Diskothekenauftritte immer wieder traf. Frank Farian hatte stets einen Kalauer auf den Lippen, sang »Mamy Blue« mit einer für diesen Song viel zu hohen Stimme. Einmal mit Gipsbein, sein Kopf reichte an die bunten Lampen auf der kleinen Bühne, die im Takt flackerten. Grotesk, wie er dastand mit dem Bein, sein Lachen ansteckend. Die Produktionen von Frank waren gut, aber Janosch wollte kein Schlagersänger werden.

Er kam in den Stimmbruch, was dazu führte, dass unsere Stimmen unterschiedlich klangen. Meine Stimme erinnerte nun an die seine. Sie war jedoch härter und metallener. Janosch sang so weich und klar, ohne Anstrengung. Schwang sich in Höhen auf, die ich mit Druck nahm. Unvorstellbar, dass wir ihn so nie wieder hören würden. Die Verwandlung ging recht schnell und aus dem Kindersopran wurde eine wundervolle tiefe Stimme, die die Weichheit, die ich so liebte, behielt.

Im Gegensatz zu Janosch wusste ich schon als Kind, mit welchen Tönen ich durchkam und wie ich sie anzusetzen hatte. Janosch dachte nicht darüber nach, er beschäftigte sich nicht mit seiner Stimme. Ich hingegen war ständig mit der Musiktruhe und dem Plattenspieler zugange. Ich kniete mich vor die Musiktruhe, steckte meinen Kopf in die Seite, in der sich der Plattenspieler befand, und schob die Schiebetür, so weit es ging, hinter mir zu. Das ergab einen Klang, bei dem ich alles besser kontrollieren konnte, und er ähnelte den Stimmen auf den Schallplatten, zu denen ich lautstark mitsang. So lange, bis mir einer meiner Geschwister von hinten einen Tritt versetzte und, als ich die Klappe öffnete, sagte: »Wat machst 'n du da?« Ich fühlte mich ertappt, wie sollte ich das erklären, ich verstand ja selbst kaum, was da in der Holztruhe passierte.

Später verlegte ich meine Übungen ins Badezimmer, aber auch hier wurde ich fortwährend gestört. »Was machst du da? Komm raus, du bist schon zwanzig Minuten da drinnen.« Die Türklinke bewegte sich mit Nachdruck. Meine Güte, was sollte ich wohl unternehmen in diesem hässlichen Raum mit seinem ekelhaften Boiler und den widerlichen Rohren? Ich stand auf dem Klodeckel und sang und musste immer wieder von vorn beginnen, weil man mich alle naselang unterbrach.

Wenn ich allein zu Haus war, was immer wieder mal vorkam, nutzte ich sofort die Gelegenheit. Ich baute mir aus Stühlen eine Bühne in die Ecke des Wohnzimmers oder ich kletterte auf einen der Öfen.

Der Altersunterschied der Kinder brachte mehr und mehr verschiedene Musik ins Haus. Markus sang Frank Sinatra. Janosch Al Jolson, Al Jarreau, Engelbert Humperdincks »Please Release Me«, »Something« von den Beatles in der Version von Shirley Bassey und »Satisfaction«. Dieses Lied hatte Petra entdeckt, die ein begeisterter Fan von den Stones und den Beach Boys war. Sie sang »Barbara Ann« und hängte Poster von Neil Diamond und Cat Stevens an die Wand. Später komponierte Tamara eigene Klavierstücke und wir drehten kleine Videofilme, in denen Florian uns anmoderierte. Frank spielte immer wieder Django Reinhardt.

Mit der Zeit richtete sich die Aufmerksamkeit der Erwachsenen immer stärker auf mich. Der Onkel, der uns oft »Sonnyboy« vorsang, sagte meinen Eltern: »Ihr müsst das Mädel beim RIAS anmelden«, dem amerikanischen Sender, den es seit 1945 in Berlin gab.

Der Nachwuchswettbewerb

Meine Schuhe waren zerrissen, die Naht vorne aufgeplatzt, damit konnte ich nicht auftreten. Petra hatte in der Zeitung eine Annonce entdeckt: Junge Talente gesucht, der erste Preis ein Schallplattenvertrag. In verschiedenen deutschen Großstädten sollten die Vorentscheidungen stattfinden, die Endausscheidung in Köln.

Die Zeit, in der ich Connie Francis imitierte, hatte ich bereits hinter mir. Ich war jetzt dreizehn und beschäftigte mich mit den Gesängen italienischer Tenöre. »Passione« von Nicola Valente und Ernesto Tagliaferri, aber auch »O sole mio« und »Torna a Surriento«, ein populäres neapolitanisches Volkslied, faszinierten mich sehr. Wann immer ich mich allein glaubte, übte ich und empfand beim Singen eine Art Glücksgefühl. Ich sang aus Freude oder weil ich traurig war. Es erzeugte einen Wohlklang im Körper, der mich so oder so beruhigte. »Torna a Surriento« hatte ich bereits auf Hochzeiten und Geburtstagen im Familien- und Bekanntenkreis erprobt. Stille trat ein, wenn ich es sang, und das gefiel mir.

Meine Schwester gab mir ihren goldenen Ring mit drei winzigen schönen Steinen als Talisman, mein Vater klebte meine alten schwarzen Lackschuhe mit Gaffer und meine Mutter legte mir die gebügelte Sonntagsbluse heraus.

Das Romanische Café lag im ersten Stock des Europacenters, gleich neben der Gedächtniskirche. Wir waren so spät dran, dass die Proben der vermeintlichen Sternchen längst beendet waren. Die Kellner erledigten hektisch die letzten Vorbereitungen, das Publikum wurde jeden Moment eingelassen. Ich schlängelte mich zu dem Mann an der Orgel durch. Er erklärte mir, dass es bereits genügend Wettbewerbsteilnehmer für den heutigen Abend geben würde. Erleichtert wandte ich mich ab, denn die Angst vor der eigenen Courage bereitete mir bereits seit der Fahrt hierhin Herzrasen.

»Was wolltest du denn singen?«, rief er mir nach.

»›Torna a Surriento‹, kennen Sie das?«

»Nein, aber sing es mir vor, wenn ich es erkenne, nimmst du als Dreizehnte teil.«

Er kannte das Lied, fragte mich nach der Tonart, die ich nicht wusste, und ging mit mir zu den anderen Musikern. Textlich war ich auf die Phonetik angewiesen, denn ich sprach kein Wort Italienisch – zum Erstaunen der Kellner, die mir einen neapolitanischen Akzent bescheinigten, aber nicht genau verstanden, was ich sang. War wahrscheinlich besser so, denn Jahre später las ich die Eindeutschung des Liedes: »Mit der Laute bringt der Traute seiner Herzensfee ein Ständchen, bittend um ihr Herz und Händchen, doch vergebens er sie bat ...«

Was bis zu meinem Auftritt geschah, daran kann ich mich nicht mehr erinnern, ich war zu aufgeregt. Als man endlich meinen Namen aufrief, ging ich zitternd auf die Tanzfläche und begann zu singen, es wurde still.

An diesem Abend gewann ich den ersten Preis. Die Aussicht auf einen Plattenvertrag rückte näher. Zum ersten Mal war es so, wie ich es mir seit Langem schon vorgestellt hatte. Nur dieses Mal musste ich nicht mehr auf

Tische klettern und den Applaus mit Bravorufen selbst erzeugen.

Ich hatte den Grand Prix d'Eurovision de la Chanson 1963 zum ersten Mal im Fernsehen gesehen und fortan war es eine meiner Lieblingsbeschäftigungen, die Sänger nachzuspielen. Heimlich lugten wir durch einen Spalt der Kinderzimmertür. Das Licht in unserem Zimmer war bereits gelöscht. Esther Ofarim sang mit wundervollen dunklen scheuen Augen und einer kristallenen Stimme, sie wurde Zweite. Dann kam Françoise Hardy. Man konnte nicht so gut sehen und meine größeren Geschwister und ich begaben uns wieder in die Etagenbetten. Wir hörten weiter aufmerksam zu, als wir plötzlich eine wundersame, sehr hohe, einschmeichelnde Stimme vernahmen. Sie sang französisch. Es half alles nichts, wir waren am Spalt der Tür schon mehrfach von meiner Mutter zurückgewiesen worden. Jetzt blieb uns nur noch der Kachelofen hinter der Tür, um dann über sie hinweg auf den Bildschirm im Wohnzimmer blicken zu können. Auf ihn zu klettern war nicht ganz ungefährlich. Unbedingt wollte ich erfahren, wer die Sängerin war und wie sie aussah. Als wir oben waren und sie sahen, stürzten wir mit lautem Gepolter kichernd ab. Ein Donnerwetter folgte.

Es war die große schwarze Brille, die sie für unsere Kinderaugen hässlich wirken ließ. Wie Frau Puppendoktor Pille sah sie aus, wir jedoch hatten eine Prinzessin erwartet. Nana Mouskouri hieß sie und sie war Griechin.

Die Siegerin 1964 wurde die sechzehnjährige Gigliola Cinquetti aus Verona mit »Non ho l'età«. Weil sie noch so jung war, italienisch sang und langes braunes Haar hatte, wurde mein Spiel auf den selbst gebauten Bühnen realistischer. Jetzt schien es mir vorstellbar, dass auch ich eines Tages dort stehen könnte.

Zur Endausscheidung nach Köln flog ich mit meinem Vater. Es ging mir nicht gut danach, denn es war mein erster Flug. In Köln war es windig und kühl. Ich trug einen Trenchcoat mit Kunstfellkragen und Stocklocken. Darunter einen goldfarbenen Lurexanzug und goldene Pantoletten, mitten am Tag.

Wir hatten noch etwas Zeit vor dem Auftritt und besichtigten den Dom mit seinen vielen bleichen Heiligen und Sockeln, der sich in der Nähe des Veranstaltungsorts befand. Ich erinnere mich viel genauer an den Dom und an die Gräfin im Bleikeller als an jenen Abend und den Ablauf des Songwettbewerbs. Ihr weit geöffneter, vertrockneter Rachen gähnte mir entgegen, als würde sie einen Schrei ausstoßen.

Ich kam auf den dritten Platz und ein Mann von einer Plattenfirma beeilte sich, mir zu sagen, dass dies bedeutungslos sei, da man mich ohnehin unter Vertrag nehmen wolle. In der Nacht konnte ich nicht schlafen. Ich dachte an die mumifizierten Gestalten im Bleikeller.

Ja, so war es wohl, seit meiner frühesten Kindheit wollte ich Sängerin werden. Ich tagträumte, die Mitte einer Bühne sei mein Platz in der Welt. Tief im Herzen wollte ich Künstlerin sein, aber ich war eben damals nur eine Sängerin, die die Worte anderer Menschen interpretierte. Nicht ohne Seele und ohne den Glauben, dass am Ende das Triviale wahrhaftig würde, wenn ich es sang. Ich lernte damals, dass man nicht nur aus Freude oder Trauer singt, sondern wann immer es gefragt ist und für die Vermarktung von Vorteil scheint. Dass man hart arbeiten und vor allem immer funktionieren muss. Dass man auch ohne

Marianne Rosenberg mit ihrem Vater Otto Rosenberg 1974

Luise Herzberg, Großmutter väterlicherseits, mit ihren Kindern (v. l.) Waldemar, Otto, Max und Therese, um 1930

Otto Rosenberg, 1950

Oma Demme und ihre Freundin Flora

Oma Demme, 1960

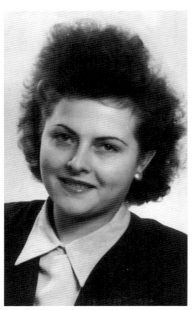

Christel Rosenberg, geb. Demme, 1951

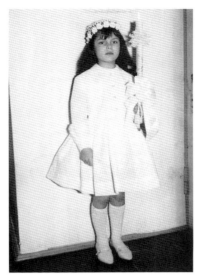

Marianne Rosenberg, 1965

Anfang der siebziger Jahre

Marianne Rosenberg und ihr Vater, 1978

Otto Rosenberg mit (v. l.) Janosch, Markus und Florian

Fotocollage

Janosch Rosenberg, 1967

Marianne Rosenberg mit Janosch, 1975

1975

Empfindung mit etwas beschäftigt sein kann, wenn es das Geschäft erfordert. Dass eine Sängerin letztlich nur ein Zusammenschnitt ihrer Posen im Fernsehen ist, die sich schwer zu einem ganzen Menschen zusammenfügen lassen.

In der Fantasie war alles möglich, im Leben sind die Sterne, die herunterfallen, so viel kleiner. Zu beklagen gibt es nichts und es wäre wohl auch undankbar. Das Singen wurde mein Beruf und ist es nun mehr als dreißig Jahre.

1969 schloss mein Vater mit der Berliner Hansa-Musikproduktion einen Vertrag. Joachim Heider, der in den folgenden Jahren viele Hits für mich komponierte, meldete sich bei mir. Gerade war bekannt geworden, dass die Beatles sich trennten. Das hatte ihn auf die Idee gebracht, einen Song über einen Fanbrief an Paul McCartney zu produzieren. Fred Jay, damals schon ein älterer, freundlicher Herr, der mich liebenswürdig und väterlich anlächelte, schrieb den Text. Achim gab mir eine Musikkassette mit dem Song zum Üben.

Ein paar Tage später spielten wir das Lied Peter Meisel vor, unserem Plattenboss. In seinem Büro stand ein Klavier, auf dem Achim mich begleitete. Herr Meisel zog seine Augenbrauen eng zusammen und ging im Zimmer auf und ab. Er schien skeptisch, aber er erkannte Hits, bevor sie welche wurden.

Die Aufnahmen für meine erste Single fanden im Ariola-Studio statt, dem heutigen Meistersaal in der Köthener Straße in Kreuzberg zwischen Potsdamer Platz und Anhalter Bahnhof. Unmittelbar hinter dem Gebäude, das Anfang des 20. Jahrhunderts für den Verband der Baugeschäfte von Berlin errichtet und im Zweiten Weltkrieg schwer beschädigt worden war, endete die Welt, meine Welt. Die Berliner Mauer. Ich hasste die Mauer, denn sie hatte mich von meiner Oma getrennt. Warum ich sie am Ende dieser Straße nicht als unangenehm und bedrückend empfand, warum es mir schlüssig schien, dass die Straße genau hier aufhörte und nicht weiterging wie die Gleise der Straßenbahn, weiß ich nicht.

Meine Faszination für das halb verfallene Gebäude, das nach dem Krieg nur notdürftig wieder aufgebaut worden war, war immens. Die Fassade, einst mit Säulen und Pilastern verziert, hatte an majestätischer Wirkung nichts eingebüßt. Vielleicht wirkte es auch nur so auf mich, weil ich schon damals ein Faible für Vergängliches hatte. Die Geschichte des Hauses kannte ich nicht und ich fragte auch nicht danach, ich fragte selten.

Später erfuhr ich, dass der Meistersaal diesen Namen hatte, weil hier früher die Meisterbriefe überreicht wurden. Er war darüber hinaus ein beliebter Ort für Veranstaltungen, für Theateraufführungen, Kammerkonzerte, Bälle oder Lesungen. 1976 erwarben die Meisel-Musik-Verlage das Gebäude und der Meistersaal wurde als Studio 2, als »The big hall by the wall«, zur Legende. Depeche Mode, U2 und auch Die Toten Hosen nahmen in den achtziger Jahren hier auf. Nach dem Bau der Berliner Mauer war ich nach Zarah Leander und Peter Alexander eine der Ersten, die dort arbeitete.

Der riesige Saal mit einer Höhe von ungefähr sieben Metern war durch Samtvorhänge und Stellwände abgeteilt in verschieden große, nicht einsehbare Bereiche. Die schönen Fenster blieben mir verborgen, ich sah sie erst in den achtziger Jahren bei gemeinsamen Aufnahmen mit Annette Humpe. Meine Schritte hallten und das

Parkett knarrte, als ich den Raum betrat und sich die große Flügeltür hinter mir schloss. Zum Regieraum ging es einen langen Flur entlang.

Ich stand ganz allein in einer Wabe aus Holzelementen, schallschluckenden Vorhängen und bespannten Wänden. Vor mir war ein Mikrofon aufgebaut, auf dem in einem metallenen Rhombus Neumann stand, in roten Buchstaben. Daneben ein Notenpult, an dem eine winzige Lampe befestigt war, die einzige Beleuchtung.

»Marianhchen, bist du da?« Achim sprach mich an.

»Ja.«

»Gut, wir fahren dann mal das Playback ab und du sagst uns, ob du alles gut hören kannst.«

So hatte ich meine Stimme noch nie wahrgenommen, so nah, so leicht und fliegend und laut, ich verliebte mich in das Mikrofon.

»Möchtest du das Playback etwas leiser?«

»Nein.«

»Ist alles gut so oder möchtest du, dass wir die Stimme etwas lauter machen?«

»Nein.«

»Wie? Ist alles gut?«

»Ja.« Ich sagte nur Nein oder Ja. Zehn oder zwölf Mal sang ich das Lied.

Als ich zurück in den Regieraum ging, rieb sich Achim die Schenkel, wie immer, wenn er freudig erregt war. Mir wurde eine der aufgenommenen Spuren noch einmal vorgespielt, ein Tonband mit einem solchen Durchmesser hatte ich nie zuvor gesehen. Vierundzwanzig Spuren hatte die Bandmaschine. Es gefiel mir, wie ich klang, aber es war auch ungewohnt, die eigene Stimme zu hören, ohne selbst etwas zu tun.

Während sich Achim, mein Vater und der Toningenieur die verschiedenen Aufnahmen anhörten, um den Schnitt zu besprechen, stahl ich mich davon. Ich gelangte zu einer Tür, hinter der eine Wendeltreppe war, die zu einem Turm hinaufführte, der nach oben hin offen schien. Als ich sie öffnete, flogen Tauben auf, das Schlagen ihrer Flügel und ihr Gurren erschreckten mich. Ich wagte nicht hinaufzusteigen.

Wir würden noch einige Songs in diesem wundervollen Haus am Ende der Straße aufnehmen und sie würden bekannt werden – aber das wusste ich damals noch nicht, als ich nur Ja oder Nein sagen konnte.

Achim war Mitte zwanzig, einfühlsam, meine kindliche Psyche schien ihm nicht fremd, er hatte sich etwas Leichtes, Spielerisches bewahrt. Eigentlich war er ein schöner Mann, aber ich bemerkte es nicht. Er glaubte, dass alles, was wir aufnahmen, ein großer Hit werden würde, und veranstaltete ein entsprechendes Theater. Er war verliebt in das, was er erfand, und oft steckte er alle anderen mit seinem Fieber an. Es gelang ihm sogar, die Plattenbosse von einer Singleveröffentlichung abzubringen, wenn er nicht davon überzeugt war. Er nörgelte wie ein Kind so lange herum, bis sie endlich nachgaben.

Plattenfirmen sind keine sozialen Einrichtungen, die Musiker fördern, sie investieren in ein Produkt und erwarten, dass es Gewinn bringt. Manchmal ist es nicht von Nachteil, zwanzig Jahre früher geboren zu sein, denn als ich begann, gab es noch Plattenfirmen, die an der Ausbildung und am Aufbau der bei ihnen unter Vertrag stehenden Musiker interessiert waren. Drei bis fünf Jahre nahmen sie sich Zeit, um Talent in Können zu wandeln.

Ich erhielt Gesangsunterricht bei einem ungarischen

Professor. Ernest Garay stand in früheren Jahren als Tenor auf der Bühne. Neugierig bestaunte ich die Bilder an den Wänden seiner Wohnung. Auf diesen Fotos war er geschminkt und kaum wiederzuerkennen. Er unterrichtete in der Nestorstraße, einer Seitenstraße des Kurfürstendamms. Eines meiner Geschwister begleitete mich immer dorthin.

»No, meine Sieße, bist a bisserl zu früh gekommen, aba macht nix, komm rein, musst du warten.«

Auf seinen Kopf, der spärlich behaart und mit bräunlichen Flecken bedeckt war, sollte ich meine Hand legen, um die Vibration des Resonanzkörpers zu spüren, die der Ton auslöste, wenn er genau dorthin sang, und »wenn der Ton in die Maske knallte«, wie er sich ausdrückte, musste ich seine Nase berühren. Tatsächlich vibrierte sie dann wie ein Staubsauger oder der Rasierapparat meines Vaters.

»Der Atem, meine Sieße, das Leben, no, wo atmest du hin, in den Bauch sollst du atmen und das Kinn bleibt unten, verstehst du.«

»Ja, Herr Professor, ich atme ja in den Bauch.«

»Siehst du gar nicht schön aus, wenn du das Kinn vorstreckst, ja, siehst du aus wie ein Äffchen, so siehst du schön aus, mit Luft, nicht mit Kraft, die Luft bringt den Ton zum Schweben, nicht die Muskeln am Hals. No, lass ihn los, knall hinein in die Maske! Es grrrünt so grrrün, wenn Spaniens Blüten blühün ...«

Er legte mir Bücher auf den Bauch und ich sollte sie mit der Atmung hoch- und runterbewegen. Zur Demonstration hielt er die Hand an seinen eigenen Bauch und atmete hinein. Wie ein Blasebalg blähte und senkte er sich.

Anschließend setzte er sich wieder ans Klavier und schlug einen Ton an, zu dem ich meine Gesangsübungen machte: »Mi, Mäh, Maahaha« und »Misea, Misea, Misa«. Die Töne schraubten sich in die Höhe und die Vokale änderten sich. Er spitzte währenddessen die Lippen und hob erwartungsvoll die Augenbrauen. Sein Kopf wippte bei jedem Ton, den er spielte, energisch mit.

»Denken musst du den Ton, bevor du ihn singst, verstehst du, bevor er entsteht? Nu, komm.«

Am Schluss der Unterrichtsstunde gönnte er mir »Edelweiß« oder »Es grünt so grün«, wobei er selbstverständlich den Professor sang. »Sag, was macht das Grün ...«

Nach ein paar Monaten führte ich ihm meine italienischen Lieblingslieder vor, und obwohl er überzeugt war, dass sie noch zu schwer für mich seien, durfte ich sie jeweils nach den Übungen singen.

Meine Stimme veränderte sich durch die Gesangsstunden. Ich musste aufpassen, dass sie auch weiterhin für die U-Musik taugte. Die Schulung des Gesangs basierte damals noch ausschließlich auf der klassischen Ausbildung. Das, was der Professor mir beibringen wollte, hatte ich noch längst nicht erreicht. Aber ich musste lernen, die Technik richtig anzuwenden. Ich war zu unerfahren, um die Folgen absehen zu können, wusste aber, wie es klang, wenn ausgebildete Sänger sich an U-Musik versuchten, künstlich. Ihre Stimmen sprengten das Mikrofon, sie mussten es einen knappen Meter vom Mund entfernt halten, der ausgestreckte Arm reichte nicht.

Der Professor hörte sich aufmerksam mein erstes Album an. Er sah meine Fortschritte, allerdings glitten Töne, die in den Bruststimmenbereich gehörten, immer schneller und öfter in den Kopfbereich ab, was sich in dem Genre, in dem ich sang, absurd anhörte. Das unschuldige, jugendliche Timbre drohte zu schwinden, und obwohl ich glaubte, dass das ohnehin im Laufe der Zeit geschehen würde, riet mein Vater, dass es gut wäre, mit dem Unterricht aufzuhören.

Ich weiß nicht, ob es zwei oder drei Jahre waren, die ich zu ihm ging. Eines Tages platzte eine Gasleitung im Haus des Professors und seine Frau und er wurden vom ersten Stock ins Untergeschoss befördert. Als ich nach längerer Pause wieder eine Übungsstunde bei ihm hatte, spielte er alles nach. Er setzte sich an die Stelle, wo er sich nach dem Knall befand, und rief: »Kattika, wo bist du?« Aus weiter Ferne vernahm er ein leises zittriges »Hier«. Die beiden waren weitgehend unverletzt geblieben. Aber der Schock saß tief, denn sie waren alt.

Schöne Grüße aus Auschwitz

Die Schicksale derer, die nicht überlebt hatten, begleiteten uns. Ihre Bilder hingen über der Kommode im Wohnzimmer, eingerahmt von zweiarmigen Leuchtern, die mein Vater mit Goldbronze bemalt hatte. Teelichter brannten davor zu Geburtstagen, an Weihnachten und wann immer es einen besonderen Anlass gab.

Oft kroch ich nachts aus meinem Etagenbett, ging ins Wohnzimmer und stellte mich vor das Bild, das meinen Vater mit seiner Mutter und seinen Geschwistern zeigte. Ein Bild, das mich nie losließ. Es geschah immer das Gleiche: Ich starrte auf das Bild und dann setzte etwas ein, ähnlich einem Summen oder Rauschen, das immer lauter wurde. Ich hielt mir die Ohren zu, doch das nützte nichts und mein Körper fühlte sich an, als sei alles aus Draht, metallen. Wenn es zu schlimm wurde, weckte ich leise meine Mutter. Sie brachte mich zurück ins Bett und ich versuchte ihr mit meinen Händen, die ich merkwürdig verbog, das Gefühl zu zeigen, das ich empfand. Manchmal weinte ich auch, weil ich nicht in der Lage war, es zu erklären.

Eines Nachts wachte ich in der Ablage des Aquariums auf, in der das Fischfutter, Köcher und andere Utensilien zur Reinigung des Beckens lagen. Wir hatten ein großes Aquarium. Es war ein wenig kleiner als mein Bett und stand im Wohnzimmer. Ich rief nach meiner großen Schwester und sie antwortete mir aus einem anderen Zimmer.

Manchmal kurz vor dem Einschlafen bekam ich einen Anflug jenes merkwürdigen Gefühls, das mich ängstigte, und immer, wenn ich dachte, jetzt ist es Zeit, es zu erkunden, verschwand es.

Auschwitz war fern, schien weit weg, nicht so weit wie Afrika, aber mindestens so weit wie Sibirien, was in meiner Vorstellung schon ziemlich weit war.

»Liebe Gina, schöne Grüße aus Auschwitz« stand auf der Ansichtskarte, die ich Jahre später von meinen Eltern erhielt. Ein Schreck, den ich im Nachhinein als unsinnig empfand, durchfuhr mich, ging über in ein ungläubiges Lachen und endete in einem Kopfschütteln. Sie waren mit einer Delegation dorthin gereist und mein Vater sprach als Zeitzeuge.

»Wie könnt ihr mir so eine Karte schreiben?«, fragte ich, als sie zurück waren.

»Was hätte ich denn schreiben sollen?«, sagte meine Mutter, und mein Vater: »Da siehst du's mal, die Frau is total verrückt.« Die makabre Absurdität ließ uns drei in schallendes Gelächter ausbrechen.

Ein Bagger schiebt Skelette zusammen, nein, Leichen, die wie Skelette aussehen. Der Berg ist so unglaublich hoch. Der Bagger fährt rückwärts, vorwärts, rückwärts, vorwärts, das Fassungsvermögen der Schippe reicht nicht. Schiebt das, was er bei sich behält, in eine große Grube.

Haarberge, Brillenberge, Stacheldraht, Wachtürme, der Starkstromzaun, an den viele sprangen und kleben blieben. Schüttelfrost, meinen Körper nicht unter Kontrolle, offene Augenhöhlen und Münder, für mich mit Ton, einem tiefen, ob es einen gab, einen Kommentar, ich weiß nicht, bekomme das Schütteln nicht in den Griff. Das sind wir, denke ich, obwohl das ja gar nicht sein kann, ich sitze hier, im abgedunkelten Mehrzweckraum der Gustav-Freytag-Oberschule in der Emmentaler Straße in Reinickendorf.

Das ist Geschichte, vorbei. Ich weiß viel über diese Geschichte, obwohl mein Vater nie alles erzählen konnte. Der Leichenberg, ich bin mit ihm verwandt, kann es nicht ändern, überlege, ob ich die Augen schließen soll, geht nicht, da die Baracken, eine neben der anderen, vollgepfercht mit übereinanderstehenden Pritschen, die Boxen, ja, so nannte sie mein Vater. »In so einer Lage verlieren die Leute das Gefühl für den Menschen. (...) Das sind keine Menschen mehr, sie sind wie Tiere.«[3]

Die Vorhänge werden zurückgeschoben, alle erheben sich von ihren Stühlen. Das Frieren lässt nach, die Kiefer bleiben aufeinandergepresst. Die Schüler verlassen den Raum. So etwas haben sie noch nie gesehen. Ich kann mich nicht darum kümmern, ob es ein Schock für sie ist. Sehen ist anders, kommt völlig ohne Sprache aus.

Was ich sah, übertraf meine Vorstellungskraft, und das, obwohl ich wusste. Kann mich nicht erinnern, ob es Gespräche nach der Filmvorführung gab. Wenn ja, ich war nicht dabei, war mit mir, getrennt von den anderen Schülern. Zu Hause erzählte ich nichts, sprach mit niemandem darüber.

Noch im selben Schuljahr kam es der Musiklehrerin in den Sinn, die Nationalhymne auf den Plattenspieler zu legen. Musik ist wie Geruch, führt zu Erinnerungen. Diese Musik hat den Tod begleitet. Sie bleibt unwiderruflich mit dieser Geschichte verbunden, auch wenn sie nicht dafür gedacht war. Zumindest für die Überlebenden ist es so. Es ist irrelevant, ob die entscheidenden Strophen entfernt wurden. Es braucht keine Worte, um Leid wieder hervorzuholen, man hätte die Melodie auch pfeifen können.

Gleich die ersten Töne rissen mich aus meiner Unterhaltung mit Claudia, einer Mitschülerin, die schon rauchte, heimlich, im Park hinter der Schule. Auf die Idee, mir die Ohren zuzuhalten, kam ich nicht, also schwatzte ich weiter, um dem Lied nicht zu folgen.

»Rosenberg, bitte das Lied rezitieren.«

»Das kann ich nicht, ich habe nicht zugehört.«

»Das habe ich gesehen«, keifte die Lehrerin zurück.

»Sie missverstehen, ich habe es überhört.«

Sie verlor die Fassung. Ich musste die Aula verlassen und mich beim Direktor melden. Er sah aus wie Marx, hatte buschiges weißes Haar. Ich stand schon eine Weile vor seinem Schreibtisch, als er fragend aufsah.

»Ich soll mich bei Ihnen melden. Ich habe mich geweigert, die Nationalhymne zu rezitieren, ich kann es nicht. So viele Menschen sind ermordet worden und immer erklang dieses Lied. Ich kann es nicht der Opfer wegen, mein Vater war im KZ.«

»Gut«, sagte er, »warte auf dem Flur, bis der Musikunterricht vorbei ist, und geh dann in deine Klasse zurück.«

Das Schulhaus war ruhig, hier und da drangen Gemurmel und Gesprächsfetzen aus den Klassenzimmern auf den Gang. Die Türen der Aula aber waren dicker, auf der Bank davor hörte ich nichts. Wann immer die Nationalhymne erklang, bei uns zu Hause wurde sie abgeschaltet. Erst jetzt fiel mir auf, dass ich jeden Ton kannte, ich hätte sie ihr vorsingen können und zum ersten Mal bei der kleinen, energischen Vietnamesin mit Pagenschnitt eine Eins bekommen.

Es klingelte und zusammen mit den anderen ging ich in die nächste Stunde.

»Mann, Rosi, die hat janz schön jetobt, wat war 'n in dich jefahrn?«

»Nüscht, ick dachte nur, ick hör nich recht ...«, verlor sich. Der Tag nahm seinen üblichen Lauf.

Am Ende des Unterrichts bat mich Herr Thimm, mein Klassenlehrer, noch zu bleiben. »Unser Direktor hat mir den Vorfall im Musikunterricht geschildert, ich verstehe dich.« Er ließ sich alles noch einmal aus meiner Sicht erzählen und fragte dann: »Glaubst du denn, dass alle Deutschen Schweine sind?«

Aufgewühlt war ich, zornig, und weil er so ruhig und verständnisvoll mit mir sprach, war mir auf einmal zum Heulen zumute. Das durfte mir jedoch auf keinen Fall passieren und ich hörte mich stattdessen ein wütendes »Ja« ausstoßen. Sein Gesicht verdunkelte sich, wurde traurig und ich ließ ihn so zurück.

Dieses Gespräch ist über dreißig Jahre her. Von diesem Tag an beobachtete ich ihn genauer, er lehrte mehr als nur die Fächer, die er unterrichtete. Obwohl ich unglaublich viele Tage versäumte, hatte seine positive Haltung zu meinen außerschulischen Aktivitäten auch Auswirkungen auf meine Mitschüler. Sie begrüßten es, wenn ich im Fernsehen auftrat oder im Radio zu hören war. Nur auf dem Schulweg und auf dem Schulhof wurde es anstrengend, denn man zog mich auf mit plärrendem Gesang von »Mr. Pool McCartnääy« und zeigte mit Fingern auf mich. Ein bisschen war ich ja daran gewöhnt, wenn auch aus anderen Gründen. Ich tat so, als würde es mir nichts ausmachen.

Herr Thimm, der der Einzige war, der mich außerhalb der Familie Gina nannte, wunderte sich über die hohe

Stimme, als er meine erste Platte hörte. Die Stimme, die mir die Natur mitgegeben hat, ist eine Altstimme. Er kannte sie, denn ich hatte in der Schule mehrfach russische und italienische Volkslieder vorgetragen. Wie sollte ich ihm erklären, dass die Plattenfirma jetzt entschied, welche Musik gut oder schlecht für mich war? Wie konnte ich damals wissen, dass die Brillanz dieser hohen Stimme mein Markenzeichen werden würde?

Die Diskrepanz zwischen meiner Sprechstimme und der Gesangsstimme führte dazu, dass man in Musikerkreisen annahm, sie sei »gepitscht«, künstlich hochgedreht. Das war auch das Erste, was Marianne Enzensberger mich fragte, als wir uns kennenlernten. Sie hatte mit Studenten darüber diskutiert, ob ein Mensch von Natur aus so hoch singen könne. Sopranistinnen lächeln darüber zu Recht. Mit einer Kopfstimme kann man das spielend und lässig überbieten. Ungewöhnlich hingegen ist, mit einer Bruststimme, in der ich sang, jene Höhen zu erreichen. Ich war jedoch fast noch ein Kind und bei Kindern ist es kein ungewöhnliches Phänomen. Ob Sopran oder Alt, meine Stimme hatte einen Wiedererkennungswert, das sagten die Leute in meiner Plattenfirma, und das sei selten und wichtig, meinten sie.

Meine schulischen Leistungen wurden immer schlechter. Einige Lehrer mochten mir keine Zensuren mehr geben, da ich kaum mehr anwesend war. Mein Zeugnis in der neunten Klasse war eine Katastrophe. Sogar in Musik hatte ich eine Fünf, einzig in Textiles Gestalten bekam ich eine Zwei, was mir unverständlich war, denn das, was ich zustande brachte, hatte keinen Gebrauchswert und sah eigentümlich aus. Ich war jetzt eine der schlechtesten Schülerinnen, stand aber in *Bravo*, die alle in der Schule lasen. Herr Thimm, der Direktor, mein Vater, meine Mutter und ich trafen sich, um über meine Zukunft zu sprechen, denn so konnte es nicht mehr weitergehen.

»Wenn es ihre Berufung ist und möglicherweise eine große Chance, die so nicht wiederkommt, ist es vielleicht besser, wenn sie abgeht«, sagte Herr Thimm. »Man muss sich entscheiden, Schule oder Karriere.«

»Das ist doch keine Frage«, sagte mein Vater, und noch ehe ich es begriffen hatte, waren wir draußen. Später wurde mir klar, dass ich nie wieder dort hingehen würde, und ich schloss mich erst einmal im Bad ein, um nachzudenken. Die Gleichaltrigen und die Freunde würden mir fehlen. Auch Herr Thimm, der in mir das Lesefieber entfacht und meine Begabung, Gedichte vorzutragen, gefördert hatte. Die Klasse hörte mir beim Rezitieren aufmerksam zu. Bei uns zu Hause gab es kaum Bücher. Meine Eltern hatten weder Zeit zum Lesen noch zum Vorlesen, der Tag hätte doppelt so lang sein müssen bei den vielen Aufgaben, die sie innerhalb der neunköpfigen Familie erledigen mussten. Ab jetzt würde ich nur mehr mit Erwachsenen zu tun haben, abgesehen von meinen Geschwistern, von denen ich zum Glück genügend hatte.

Ja, und wat war denn nun aus mir jeworden? Eines ist mal klar, mein Berliner Galgenhumor, der die Fähigkeit besaß, allet auf dit Nüchternste zu reduzieren, bewahrte mich immer wieder davor, abzudriften und zu denken, ick sei 'n Schtar.

Mit den verschiedenen Anlagen, die mir gegeben waren, war ich sehr einverstanden, wenn auch nicht immer im Einklang. Es gab Zeiten, in denen ich mich auf schrecklichste Weise verkünstelte, in denen ich um Bedeutung gerungen habe, mich merkwürdig verkleidete, wahrscheinlich auf der Flucht vor dem naiven, braven Mädchen, das mir dumm erschien und das mir heute so viel lieber ist als die junge Frau, die sich ihrer Musik schämte und eine Künstlerin und klug sein wollte. Im Grunde aber war es der Wunsch nach Weiterentwicklung, der immer und immer wieder auf Unverständnis und Kopfschütteln stieß. »Warum macht sie es sich so schwer, sie hat ihren Stil, ihre ›Lücke‹ gefunden, warum bleibt sie nicht an ihrem Platz und verteidigt ihn?«

Egal welche Veröffentlichung gerade wieder einmal zementieren sollte, dass ich war, was ich schien, ich musste weiter und dazu gehörte auch eine gewisse Zerstörung dessen, was ich geschaffen hatte. Verständnis konnte ich kaum erwarten. Sie hatten ihre Pläne für mich gemacht, hatten die Frage nach dem, was ich war, beantwortet, kannten den Weg der singenden Kindfrau, die vor dem Spiegel in eine Rundbürste sang, als sei diese ein Mikrofon, die neue Connie Francis, die neue Manuela, die neue Diana Ross.

Wie mein Name
an der Tür

Mein Name stand eigentlich nie an einer Tür, außer als ich noch bei meinen Eltern wohnte. Das aber war etwas anderes: Jeder von uns hieß Rosenberg und jeden von uns ging meine Karriere an. Es war unsere Karriere. Wir alle fühlten uns angegriffen, wenn jemand die Sängerin nicht mochte und das gar äußerte. Musisch begabt wie wir waren, hätte es jeden von uns treffen können, aber es traf mich. Vielleicht hatte ich mich auch zu sehr hervorgetan mit meinem Bühnenbau und meinen Imitationen der Sängerinnen, die mein Vater gern hörte: Caterina Valente und Bärbel Wachholz, die Ost-Valente.

Als es ernst wurde, war ich mir der Verantwortung durchaus bewusst: Die Zukunft meiner Familie stand auf dem Spiel. Wir waren neun Leute und immer mehr oder weniger für die Karriere und damit für die Verbesserung unserer Lebensumstände im Einsatz.

Unser erstes Haus stand direkt neben der Berliner Mauer und einem Schild »You are leaving the American sector«. Wenn wir einmal nichts zu tun hatten, was selten vorkam, sonnten wir uns auf dem Flachdach des Hauses. Von einem Wachturm gegenüber beobachteten uns die Vopos und auch wir holten ein Fernglas, um ihre Gesichter zu sehen. Sie schienen uns, und wir ihnen sicher auch, wie von einem anderen Stern.

Meine Mutter war ängstlich mit dem Haus, denn wir konnten nur eine geringe Anzahlung leisten und mussten Kredite aufnehmen. Die Banken jedoch waren zuversichtlich, dass mein Talent nicht von heute auf morgen versiegte, und schließlich gab es ja auch das Haus, das ihnen gehören würde, wenn wir es nicht schafften. Damit tröstete mein Vater meine Mutter, wenn sie die Buchhaltung machte und weder ein noch aus wusste. In der Anfangszeit waren meine Gagen gering und auch die Beteiligungen an den Plattenumsätzen waren noch nicht der Rede wert. Plattenverträge für Newcomer beinhalten in der Regel ungleiche Verteilungen. Man sollte einen solchen Vertrag nie ohne einen Anwalt abschließen. Wir hatten keinen damals und außerdem nur wenig Erfahrung mit dem Showgeschäft. Mein Vater unterschrieb die Verträge, denn ich war ja noch minderjährig, erst dreizehn Jahre alt, beim ersten.

Das Haus lag gegenüber einer Diskothek, einem eher einfachen Nachtclub. Wenn Betrunkene nachts das Lokal verließen, grölten sie meine Lieder. Immer erwachte ich davon, egal wie spät es war. Mein Unterbewusstein schien auf die Titel zu reagieren. Jedenfalls glaube ich nicht, dass es die Lautstärke war, die mich hochschrecken ließ.

Manchmal setzte sich ein Betrunkener auf einen unserer Pfeiler im Vorgarten, die wir mühsam um das Haus herum zur Begrenzung errichtet hatten. Für eine Abschirmung waren sie zu niedrig und ich war schließlich nicht Michael Jackson, auch wenn ich mich manchmal so fühlte, denn ich wurde nun überall erkannt. Sobald ich das Haus verließ, war ich öffentlich, und die Erwartungshaltungen derer, die mich ins Herz geschlossen hatten, lasteten auf meinen Schultern.

Unser Haus, das erste, das ich ersungen hatte, war nicht sehr groß und eigentlich hässlich, ein Kasten. Für uns war es jedoch die Befreiung aus einer für neun Leute viel zu kleinen Neubauwohnung in Reinickendorf. Außerdem hatten wir einen Garten, den ich zwar nur selten betreten konnte, der jedoch für meine jüngeren Geschwister eine Freude war. Auf der Rückseite des Hauses bauten mein Vater und meine Brüder einen kleinen Stall, in dem wir Shetlandponys hielten. Sie hießen Theko und Pinkus und wirkten charakterlich so ungleich wie Janosch und Florian, denen sie gehörten. Sonntags spannten sie eines der Pferdchen vor einen Bollerwagen und wir fuhren entlang der Mauer, bis die Felder kamen. Dabei hörten wir den Jeep, der auf der anderen Seite der Mauer den Todesstreifen auf und ab fuhr.

Einmal am frühen Abend wurde unser Haus mit großen Steinen beworfen. Wir wussten das Geräusch zunächst nicht zu deuten und gingen nach draußen. Es waren Betrunkene. Sie flohen und meine Brüder verfolgten sie auf ihrem Bollerwagen. Sie holten sie ein. Warum sie das getan hatten, war nicht auszumachen. Ein anderes Mal versteckte sich ein jüngerer Mann im Keller. Als Janosch ihn entdeckte, konnte auch dieser nicht begründen, worauf er dort warten wollte. Verrückt wirkte auch der Mann, der es abzupassen schien, dass kein Mann im Haus war, und dann einen Fuß in die Tür stellte und mit Gewalt versuchte, zu mir zu gelangen. Er hatte immer Blumen dabei und war davon überzeugt, dass ich seine Braut sei. Er habe alles für die Hochzeit arrangiert. Ihm zu sagen, dass er sich offensichtlich im falschen Film befand, war nicht ganz ungefährlich. Wir mussten uns daran gewöhnen, dass man die Haustür nicht mehr ohne Weiteres öffnen konnte.

Harmlos war die Frau, die uns jede Woche einen Haufen Prospekte brachte, die sie gesammelt hatte. Wir bedankten uns, warfen sie in den Müll und boten ihr Obst an. Für manche Familien waren wir und unser Kastenhaus ein beliebtes Ausflugsziel. Oft saßen auch Fans vor dem Zaun. Einmal fragte mich ein junger Mann, ob er sich ein Auto kaufen oder lieber eine Wohnung anmieten solle. Ich sagte ihm: »Frag deine Mama.« Die Leute, die sich Autogramme holen, waren meistens nett und vor allem im selben Alter wie ich, wenn ich auch bis heute nicht verstehe, was man mit einem Bild und einer Unterschrift von einem Menschen, den man aus dem Fernsehen kennt, anfängt. Aber vielleicht verstehe ich es auch nicht, weil ich nie eine Sammelleidenschaft hatte.

Der Postbote kam einmal die Woche mit einem großen Postsack, den er wie der Weihnachtsmann mitten im Wohnzimmer abstellte. Ich war ein Teeniestar. Tausende Kinder und Jugendliche schrieben mir. Ich las nur die Briefe, Autogrammwünsche reichte ich gleich weiter. Einer schlitzte die Umschläge auf, schrieb die Anzahl der Autogrammwünsche in die Innenseite eines leeren Kuverts, ein anderer legte die Autogrammkarten hinein, wiederum ein anderer klebte das Kuvert mit einem Schwamm zu und »der Kleine trug sie alle zur Post« ... nein, sie wurden von unserem freundlichen Postboten wieder abgeholt.

Stundenlang schrieb ich meinen Namen auf Fotos, die mich im Berliner Tiergarten auf der Wiese sitzend zeigten. Aus Mitleid mit meinem Handgelenk übten einige meiner Geschwister meine Unterschrift, Tamara gelang es am besten. War von meiner fast nicht zu unterscheiden. Davor hatten wir es auch mit Stempeln versucht, denn ich konnte, ob ich wollte oder nicht, den Ansturm nicht handschriftlich bewältigen. Fans jedoch lassen sich nicht täuschen, die gestempelten Autogrammkarten kamen zurück. Jeden Tag, den ich zu Hause verbrachte, beantworteten wir Berge von Briefen. Ich müsste lügen, würde ich behaupten, wir waren mit Feuereifer dabei. Abwechselnd versuchten die Kinder sich zu drücken. Mein Vater jedoch ließ in diesem Punkt keine Gnade walten: »Jeder, der uns schreibt, soll sein Autogramm auch bekommen.« Tamara und ich hatten wenige Chancen, uns zurückzuziehen, und irgendwie war es ja vielleicht auch besser als Kartoffelschälen.

Dass ich bekannt war, war etwas Neues für mich, dass ich Musik machte, eher etwas Alltägliches. Anstrengend waren die vielen Interviews, dabei konnte mir keiner helfen. In diesen Gesprächen ging es selten um Musik und ich wollte nichts von mir oder meiner Familie erzählen. Immer bohrender wurden die Fragen von *Bravo* oder der *BZ, Bild* und anderen nach einem Freund. Es erschien mir nicht mehr normal, dass ich keinen hatte. Außerdem waren inzwischen Gerüchte aufgekommen, ich würde mich mehr für Frauen interessieren, weil man nie einen Mann an meiner Seite sah und vielleicht auch, um die Beliebtheit meiner Musik in der Homosexuellen-Szene zu erklären. Nicht dass man es mir ins Gesicht gesagt hätte, es wurde mir zugetragen, gemunkelt. Etwas Dunkles, Diskriminierendes lag darin. Ich enthielt mich hierzu jeglichen Kommentars. Ich war noch sehr jung, wusste nicht viel darüber. Das Wort lesbisch hörte ich erst viel später.

Ich musste erst einmal herausfinden, was das genau war, was ich sein sollte, und dachte dann, dass es überhaupt nicht verwunderlich wäre, wenn ich in der patriarchalischen Welt, in der ich lebte, Frauen den Vorzug geben würde. Darüber hinaus schien mir das Leben meines

Vaters weitaus interessanter als das meiner Mutter. Meine Mutter war wie viele Frauen ihrer Zeit dem Mann untergeordnet, ohne ihn konnte sie nichts entscheiden. Ich hatte mir geschworen, dass kein Mann mich je beherrschen würde, dass ich mich nicht unterwerfen und fürchten wollte und um meine Freiheit kämpfen würde. Ich orientierte mich an der Stärke meines Vaters, aber es sollte noch lange dauern, bis ich das erste Nein wagte.

Zu meiner Herkunft hatte ich klare Ansagen meines Vaters: »Unsere Vorfahren stammen aus Ungarn und Ende, die andere Geschichte will keiner hören, es erschreckt die Leute, sie fühlen sich schuldig.« Rosa von Praunheim machte Anfang der siebziger Jahre ein Porträt über mich und fragte einmal vor laufender Kamera, ob ich Jüdin sei. Ich war verunsichert und hätte das Interview am liebsten abgebrochen. Nach langem Zögern schüttelte ich den Kopf. Es quälte mich, dass ich nichts sagen durfte, jedoch kannte ich die Gründe meines Vaters nur zu gut. Was ich sagen sollte, wenn sie nach einem Mann fragen, hat er nicht gesagt.

Bravo war hartnäckig. Ich bekam einige Trophäen, die man »Otto« nannte, und war oft auf dem Titelbild. Man ließ mir mit der Frage nach einem Mann keine Ruhe. Als ich sechzehn oder siebzehn war, schien es mir an der Zeit, einen zu erfinden, der Ordnung halber und damit es endlich aufhörte. Ich machte keinen Traummann aus meiner Erfindung, eher einen Durchschnittsmann oder einen, von dem ich dachte, dass er ein Durchschnittsmann sei. Ich weiß nicht, ob ich glaubwürdig war mit meiner Geschichte, musste mir jedoch für den Wiederholungsfall meine Beschreibungen gut merken.

Auch die sogenannten Homestorys, in denen wir meistens als deutsche »Kellyfamilie« vorgeführt wurden, waren anstrengend. Markus und Florian versteckten sich manchmal, wenn das Presseteam klingelte, und Janosch wollte seine neue Hose nicht anziehen. Aufgereiht auf dem Clubsesselsofa, wurden wir gemeinsam befragt und glaubten, dass man unsere Antworten tatsächlich drucken würde. Das, was anschließend in den Zeitungen stand, machte uns gegenüber Journalisten misstrauischer als bisher. Während des Interviews hatten wir fast den Eindruck, wir sprächen mit Freunden, so nett waren manche von ihnen. Wir tischten Essen auf, scherzten und lachten mit ihnen. Mit keinem Wort hatten sie erwähnt, welchen Tenor ihre Geschichten haben würden, und dann lasen wir: »Vater managt, Mutter schmiert die Brötchen, Tochter singt ...« Meine Eltern als Ausbeuter dargestellt, ich als Opfer, die kitschige Bronzefigur, die in Wirklichkeit aus Plastik und ziemlich geschmacklos war, als Symbol und Beweis dafür, dass wir neureich seien.

Wir regten uns auf, auch darüber, dass man uns für millionenschwer hielt, und konnten nichts dagegen tun. Wir horteten nicht, wir lebten einfach und nun um einiges besser als früher. Wenn wir jetzt Lebensmittel einkauften, legten wir Vorräte an. Statt zwei Flaschen Brause kauften wir nun zwei Kästen. Unsere Autos blieben Gebrauchtwagen. Mein Vater schaffte einen Mercedes an, nicht gerade das neueste Modell, aber verlässlich. Damit fuhren wir auch, wenn die Entfernung nicht zu weit war, zu den Auftrittsorten. Sparsam waren wir nicht, schon gar nicht mit Lebensmitteln, im Überfluss jedoch lebten wir auch nicht, denn wir mussten ja das Haus abtragen, und das schafften wir auch einige Jahre später. Es ging uns gut. So gut, dass wir den Kasten veräußerten und mit dem Erlös eine alte Villa in Lichterfelde-West anzahlten. Wir mussten zwar einiges instandsetzen, aber dieses Haus mochte ich. Auch die holprige Straße mit Pflastersteinen und Gaslaternen. Tamara und ich bezogen ein Doppelzimmer in der oberen Etage.

Nein, mir tut nichts leid. Es oblag mir nicht, zu entscheiden. Aber aus heutiger Sicht, glaube ich, wäre ich einen ähnlichen Weg gegangen, ich wollte immer mit Musik arbeiten. Es war meine Aufgabe, mein Los innerhalb der Familie. Ich habe nicht rebelliert, obwohl sich alles in mir wehrte, die zu sein, für die man mich später hielt. Und das, wofür man mich hielt, war ja auch gar nichts Schreckliches, ich hatte ja gewissermaßen viel erreicht, irgendwie jedoch, so schien es mir, war ich nicht ich – oder ich noch ich? Eher nicht. Ich weiß nicht, ob außer meinen Schwestern je jemand verstand, was ich dabei fühlte. Mir wurde eine besondere Rolle zuteil, wer wollte nicht besonders sein, das brachte ja Vorteile mit sich, und doch hätte ich den Kelch gern an mir vorübergehen lassen.

Fotoaufnahmen mochte ich nie. Irgendwie kam ich aber immer da durch und eigentlich war ich eine Fehlbesetzung. Nicht geeignet, im Licht zu stehen. Aber ich gewöhnte mich daran. Alles geschah ja allmählich, ich hatte Zeit, mich an alles zu gewöhnen, und bekam bald heraus, wo es langging. Mehr und mehr passte ich mich dem Bild an, das von mir kreiert wurde.

Mit zunehmendem Alter wurde ich immer mehr verschönt. Man malte mir mit Kajalstift, den man an der Seite sanft ausstrich, dunkle große Augen. Ich erinnere mich, dass ich mich, als ich von der Fotosession in Hamburg mit dem Taxi zum Flughafen zurückfuhr, im Rückspiegel betrachtete, die schönen großen Augen sah und dachte, ich wäre besonders. Dabei war alles ein Zufall gewesen. Vicky Leandros, die Mitte der siebziger Jahre bei derselben Plattenfirma wie ich war, hatte ihren Fototermin nicht wahrnehmen können. Die Plattenfirma konnte den Termin nicht mehr absagen und schickte stattdessen mich dorthin. Was eine gute Idee war, denn so lernte ich Herrn Bokelberg kennen, ihren Fotografen, und eine französische Visagistin. Ein neues Outfit. Herrn Bokelberg mochte ich, er gab mir das Gefühl, dass ich schön sei. Ob ich es war, ist unwichtig, dass ich es dachte während der Fotoaufnahmen, war von Bedeutung.

Mein Weg erschließt sich aus der Geschichte unserer Familie. Das ganze Theater um Karriere und Ruhm ist Kokolores gemessen an dem, was Leben ausmacht. Für meinen Vater war es ein Segen, dass ich sang, denn die Zeit der Almosen und Entbehrungen, der verlorenen Kämpfe um die »Blutgelder« hatte endlich ein Ende. Natürlich brauchten wir Glück, denn wer konnte wissen, ob die Menschen meine Stimme und die Kompositionen von Joachim Heider liebten, aber unsere Chancen waren ungleich besser, denn nun hing alles von unserer Arbeitskraft ab.

Germany – dix points

Platz eins des Grand Prix d'Eurovision de la Chanson wurde 1970 Dana. Die achtzehnjährige irische Sängerin gewann mit »All Kinds of Everything«. Ich glaube, es waren ihre Natürlichkeit und der Verzicht auf jegliche Showeffekte, die meine Plattenfirma und andere im Showbusiness auf die Idee brachten, dass ich in Rio de Janeiro Deutschland vertreten könnte. Trudy Meisel, die die Auslandsabteilung der Firma leitete, Joachim Heider und Norbert Unfried, ein Fotograf, begleiteten mich. Es war das erste Mal, dass ich eine weite Reise unternahm, und das ohne meine Familie.

Bereits einige Wochen vor dem Abflug begannen die Vorbereitungen. Trudy ließ Garderobe für mich entwerfen und nähen. Cocktailkleider und Abendroben. Eines, in dem ich wie Dornröschen aussah, war für das große Ereignis vorgesehen. Zwei Kostüme, eines in Rot mit ausgestelltem Glockenrock, das andere aus lachsfarbener Rohseide mit Faltenrock. Sie ging mit mir einkaufen, Handtaschen, Lackschuhe und auch Badeanzüge für die Copacabana. Es würde keine Gelegenheit in Rio de Janeiro geben, zu der ich nicht passend ausgestattet war. Trudy hatte an alles gedacht. Sie war eine Karrierefrau wie aus dem Bilderbuch: eine elegante Frau, eine kompetente Frau, eine erfolgreiche Frau.

Fast täglich fuhr ich zur Hansa-Musikproduktion nach Wilmersdorf in die Wittelsbacherstraße 18, denn auch an mir sollte für den großen Auftritt noch einiges verändert werden. Zunächst einmal wurde ich auf Diät gesetzt: Knäckebrot, Steak, Salat. Außerdem erhielt ich bei einer freundlichen, blonden Holländerin einen Crashkurs in Englisch. Doch schon nach wenigen Tagen warf sie das Handtuch. Durch Zufall hörte ich, wie Trudy jemandem in verständnislosem Tonfall erzählte, warum: Sie habe diese Schulung als Eingriff in meine Persönlichkeitsentwicklung empfunden. Ich verstand das damals nicht wirklich, dachte aber darüber nach.

Täglich wiederholte ich, was ich auswendig gelernt hatte: »My name is Marianne Rosenberg, I started when I was fourteen in a singer contest. Now I'm sixteen. My first single was called ›Mr. Paul McCartney‹ and it was a big hit in Germany.«

Wenn ich nicht Englisch lernte, zur Anprobe oder zum Friseur ging, trug ich Bücher auf dem Kopf spazieren. Damit sollte mir wohl das Wichtigste beigebracht werden, das aufrechte Schreiten einer Dame. »Maikäfer«, sagte mein Vater, das war das Zeichen, dass ich mich aufrichten sollte. Ich ging ein wenig gebeugt, wollte mich noch kleiner machen, als ich schon war. Maikäfer, daran dachte ich jetzt mit dem Buch auf dem Kopf, was mir lächerlich erschien. Wo war ich eigentlich, war ich in einer Ausbildungsstätte für Mannequins oder in einer Benimmschule? Ich tippelte auf Befehl auf und ab, es war eher eine Dressur als Unterricht. Rückblickend sehe ich einen kleinen, traurigen Clown, der den Gang einer Frau oder das, was die Gesellschaft für den Gang einer Frau hält, imitiert. Ja, ich konnte so gehen, aber es war mir nicht eigen, ich ahmte es nach. »Was nützen die schönen Kleider«, so hörte ich sie sagen, »wenn sie darin geht wie ein Junge.« Mein Vater drückte es anders aus: »Wo soll das Klavier hin, ick trag die Noten.« Wenn er das sagte, musste ich trotz meiner Verlegenheit lachen.

Besticktes, Samt, Brokat, Tüll, Seide, Rüschen – ich hasste Rüschen und Schleifen. Für mich war alles neu, ich war still, zurückhaltend und unsicher. Später schreibt eine Journalistin: »Sie hat keine Grazie (…), wirkt wie ein verkleidetes Aschenputtel.« Gehässig, aber ungewollt trifft sie den Nagel auf den Kopf. Ich bin ein verkleidetes Aschenputtel. Aschenputtel jedoch bekommt den Prinzen und das halbe Königreich, und zwar ohne sich verstümmeln zu müssen wie die nach Grazie und Bedeutung lechzenden falschen Schwestern.

Trudy hatte Erfahrung mit Aschenputteln, sie hatte das alles bereits mit Manuela erprobt. Die Schule schlug bei ihr so gut an, dass man den Eindruck hatte, sie habe es ihr Leben lang beherzigt. Ich traf sie Anfang der siebziger Jahre manchmal in der »Hitparade«. Sie kam aus dem Wedding und soll mal eine echte Berliner Kodderschnauze gehabt haben. Damals ging sie schon auf die dreißig zu und saß lieblich, brav und anmutig wie ein junges Mädchen auf den Plastikstufen der Berliner Union Studios, in denen die »Hitparade« aufgezeichnet wurde. Ich fragte mich, ob das mein Weg sein sollte: zur ewigen Jugend verurteilt, naiv bleiben, unbedarft, niemals anecken, nichts Falsches sagen.

Als der Maikäfer gelernt hatte, aufrecht zu gehen, traten wir die Reise nach Rio de Janeiro an. Das Lachsfarbene, braune Lackschuhe mit Schnabelspitze, dazu passendes Handtäschchen. Zeitungsartikel über die Ehre, die mir zuteil wurde, die deutschen Farben, wenn auch nur musikalisch, zu vertreten, begleiteten unseren Abschied. In Frankfurt stiegen wir um in einen Jumbojet. Es war ein unendlich langer Flug, Trudy kämpfte gegen die Flugangst mit Gin Tonic an und übergab sich, Joachim Heider schwätzte Unbedeutendes und Norbert Unfried lachte viel. Ich fühlte mich allein und war die meiste Zeit still oder schlief.

Es war feucht und warm, als wir in Rio ankamen. Ein süßlich schwerer Geruch lag in der Luft, ein Geruch, den ich nie vergesse. Als ich Jahre später noch einmal dort war, roch es genauso. Wir fuhren mit dem Bus in ein Luxushotel, das gegenüber der Copacabana lag. Wenn ich von meinem Zimmer auf die mit Säulen geschmückte Terrasse trat, konnte ich das Meer und den Zuckerhut sehen. Dieser Anblick war so schön, dass er beinah kitschig wirkte, wie eine Postkarte, was mein Gefühl der Einsamkeit noch vergrößerte.

Jeden Morgen kam Trudy zu mir ins Zimmer und schminkte mich in zarten Pastelltönen, der Lippenstift perlmutt und die Fingernägel mit farblich abgestimmtem Nagellack. Sie legte die Garderobe für den Tag fest und anschließend gingen wir zum Brunch ins Restaurant. Dort war in der Mitte ein riesiges Buffet aufgebaut, Früchte in wunderbaren Farben und Formen, auch Langusten, die ich zum ersten Mal aß. Es gab alles im Überfluss. Je mehr ich sah, desto weniger aß ich. Vor dem Hotel und in den Straßen saßen Bettler, Kinder, die niemals satt wurden. Beinahe wäre ich gestolpert über einen Mann ohne Arme und Beine. Bilder, die rund um das Festival nicht vorkamen. Einzig die Sicherheitsbeamten des Hotels achteten darauf, dass man nicht mit Handtaschen an den Strand ging. Hielten mich auf, nahmen mir das glitzernde Täschchen ab, schlossen es in einen Safe. Es war nichts darin, außer ein bisschen Schminke.

Ich hatte mir einen Lippenstift besorgt. Jedes Mal wenn wir im Restaurant saßen, verschwand ich, um mir das Perlmutt von den Lippen zu wischen und es durch ein leuchtend tiefes Rot zu ersetzen. Trudy war außer sich, wenn ich zurück an den Tisch kam. Sie schimpfte, nicht mit mir, sondern über mich: »Sie kann es einfach nicht lassen«, sagte sie zu Achim, »das ist doch geschmacklos, da, schau dir das an!« Wenn sie sich aufregte, verfiel sie in einen sächsischen Akzent, dadurch erhielt das Ganze etwas ungewollt Komisches.

Achim war es egal, ob ich mir die Lippen rot oder grün anmalte. Er bemühte sich, mir den Ernst der Lage zu vermitteln, machte mir klar, dass ich den Wettbewerb gewinnen müsse oder zumindest auf den vorderen Plätzen dabei sein solle.

Bei den Journalisten in Rio war ich beliebt, ich lächelte immer, das gefiel ihnen. »My name is Marianne Rosenberg. I started when I was fourteen in a singer contest. Now I'm sixteen.« Trudy breitete morgens die Zeitungen auf meinem Bett aus und versuchte alles zu übersetzen, was sie schrieben. Die Sterne standen gut.

Die Proben begannen. Der Veranstaltungsort glich einem Fußballstadion und war nach allen Seiten hin offen. Achim dirigierte das Orchester, was mich beeindruckte. Nicht weil er besonders professionell wirkte, es sah eher so aus, als würde er es zum ersten Mal machen, aber er sah einfach gut aus dabei.

Unser Lied hieß »Wie weiß ich, dass es Liebe ist«. Achim hatte die Ballade im Stil der Beatles-Songs komponiert. Ein wenig schwächlich, wie ich heute finde, und so sang ich es auch. Es fehlte ein Chorus, der kraftvoll aufging. Zu spät, ich hätte schon in Berlin, als wir den Song aufnahmen, etwas sagen sollen, aber ich sagte ja nur Ja oder Nein.

Achim Heider konnte, wie er später bewies, Klassiker schreiben. Es war meines Erachtens nicht nur die geniale Banalität der Texte, die diese Lieder zu Evergreens werden ließ. Wer die schrecklich große Liebe je erlebt hat, weiß, dass Lieder zu Botschaften werden können, jedes Wort eine Prophezeiung sein kann. Ob Gregor Rodschalk alias Christian Heilburg, der die Texte für die großen Hits »Ich bin wie du«, »Lieder der Nacht«, »Marleen« oder »Er gehört zu mir« erfand, Ähnliches dachte? Später sagte er in einem Fernsehinterview über mich: »Sie war eine gute Produziermaschine, alles, was man hineingab, kam wieder heraus.«

Ich war die jüngste Teilnehmerin, die anderen kannte ich nicht. Einige brasilianische Stars traten außerhalb des Wettbewerbs auf, wie man dem Jubel der vierzigtausend Menschen, die das Stadion füllten, anmerken konnte. Aber vielleicht war es auch so, dass nur ich keinen erkannte, und die verschiedenen Länder doch die Erfolgreichsten zu dem Festival geschickt hatten. Die Bühne war groß, zu groß, trotz des Orchesters kam ich mir vor wie ein winziger Punkt, auf den man von den Rängen hinabschaute.

Ich trug ein langes roséfarbenes Kleid aus Rohseide mit zartem Stehkragen und Puffärmeln, an denen eine Knopfleiste von der Schulter bis zu den Handgelenken führte, und bemühte mich, die Bühne wie ein Mädchen zu betreten. Es fiel mir nicht schwer, denn ich war von dem Spektakel, das sich mir nun bot, eingeschüchtert und zitterte. Das war nicht vergleichbar mit dem, was ich aus dem

Fernsehen kannte. Wenn den Brasilianern ein Lied gefiel, standen sie auf, johlten und tanzten. Bei meinem Auftritt konnte man nicht tanzen.

Vorher wurde ich gefragt, ob ich aufgeregt sei. Natürlich war ich aufgeregt. Mehr als das, ich hatte Angst, da hinauszugehen. Man gab mir eine halbierte Tablette. Zufällig las ich, was auf der Packung stand. Es war Valium. Keine hohe Dosierung – man wollte mich beruhigen, wollte, dass ich meine Kraft auf den Vortrag richtete und nicht auf die Furcht. Ich wurde geradezu gleichmütig. Was man ja nicht wissen konnte: Ich nahm nie Tabletten. Und so lief der Auftritt ohne mich ab, alles war wie in Zeitlupe. Das Lied hatte ohnehin etwas Bleiernes. Ich habe es danach nie wieder angehört.

Als ich von der Bühne kam, waren Trudy und Achim schon bescheidener. Sie meinten, es würde ihnen reichen, wenn ich nur ins Halbfinale käme. Kam ich aber nicht.

Abends in der Bar trank ich meinen ersten Gin Tonic, woraufhin ich auch gleich zu tanzen begann. Als ich am nächsten Morgen erwachte, war mir klar: Ich hatte verloren, und mir graute vor der Heimfahrt. Der ganze Aufwand, der mit mir getrieben worden war, hatte nun gar nichts gebracht. Ich hatte versagt.

Wir flogen über New York zurück, wo wir zwei oder drei Tage Aufenthalt haben sollten. Bei der Ankunft am Flughafen bekam ich Seitenstechen. Es war ein nervenaufreibender, ziehender Schmerz, den ich schon des Öfteren hatte und der sich bis in den Rücken zog. In solchen Momenten konnte ich nicht gut lange stehen. Vor der Hotelrezeption kippte ich um. Bestürzte Augen über mir. Alles ging sehr schnell, eine Trage, ein Auto mit Blaulicht, Roosevelt Hospital.

Ich teilte mein Zimmer mit Debbie, einem blassen, schmalen, schönen Mädchen in meinem Alter. Sie war Jüdin und erzählte mir, sie sei ernstlich krank. Ihre Familie besuchte sie jeden Tag und brachte köstliches Essen mit, das Debbie jedoch nie anrührte. Sie bot es mir an, aber auch ich hatte keinen Appetit. Ihre Mutter fragte mich, woher ich käme, und als ich erzählte, ich sei aus Deutschland, verdunkelte sich ihr Gesicht und sie drehte mir mitten im Gespräch den Rücken zu.

Ich weiß nicht, wie lange ich im Roosevelt Hospital geblieben bin, denn ich verlor jegliches Zeitgefühl. Eine Diagnose gab es nicht. Man fand nichts. Und da man nichts fand, schob man mich in den Operationssaal. Danach erklärte man mir: »You're a healthy young woman, we did nothing but take out the appendix, prophylactically.« Na schön, mir fehlte also nichts und andere Leute lassen vielleicht lieber ihr Herz in New York. Vor dem Eingriff hatte ich noch gedacht, dass es nicht schaden könnte, wenn ich jetzt sterben würde, denn ich wollte nicht zurück nach Hause, weil ich ja verloren hatte. Danach war ich froh, dass ich noch lebte.

Wenn ich keine Schmerzen hatte, gefiel es mir auf unserer Station. Es war wie in einem Sanatorium. Der Boden war spiegelglatt, auf dem Flur stand ein Billardtisch und in jedem Zimmer ein Fernseher. Ich schaute stundenlang Zeichentrickfilme. Als ich aufstehen konnte, besuchte ich Patienten in den anderen Zimmern der Station. Fast alle waren ungefähr in meinem Alter. Dean, ein Puertoricaner, hatte sich nach einem Streit mit seinen Eltern aus Wut mit Benzin übergossen und angesteckt. Er saß im Rollstuhl. Aretha, ein schwarzes rundliches Mädchen, hatte ein Problem mit dem Herzen. Sie lachte oft und laut und hänselte Dean ständig, dessen Brust von den vielen Hauttransplantationen schrecklich aussah. Einmal brachte sie ihn so aus der Fassung, dass Dean sie fürchterlich beschimpfte, worauf sie in ihr Zimmer ging, Haarspray holte und damit auf seine Brust zielte. Er schrie, die Pfleger kamen und es wurde lautstark diskutiert. Alles verstand ich nicht.

Aretha kam auch öfter in unser Zimmer, sie scherzte dann mit Debbie, aber Debbie mochte keine Scherze, sie war erschöpft und schlief viel, weinte auch, wenn ihre Mutter da war, und erzählte ihr, dass Aretha sie nicht in Ruhe ließe. Debbies Mutter forderte daraufhin das Pflegepersonal auf, Aretha Zimmerverbot zu erteilen. Arethas Mutter hörte davon und stürmte sofort zu uns herein. Die beiden Mütter schrien sich an, und als Arethas Mutter Debbies Mutter unterstellte, sie habe etwas gegen Aretha, weil sie schwarz sei, zeigte Debbies Mutter auf mich und sagte: »Die Deutsche will es auch nicht.«

Na, das war nun überhaupt keine gute Idee, wie ich fand. Die Deutschen gelten ja als fremdenfeindlich, damals vielleicht sogar noch mehr als heute. Was die Brasilianer von Deutschland wussten, hatte ich bei den Fotoaufnahmen an der Copacabana bereits erfahren. Die kleinen Schwarzen Jungen, die Norbert Unfried gemeinsam mit mir fotografierte, hoben ihren rechten Arm, als ich auf ihre Frage, woher ich denn käme, »Alemania« erwiderte. »Au, warte«, sagte Norbert Unfried erschrocken und drückte erst ab, als ihre Ärmchen wieder unten waren.

Während ich noch überlegte, wie ich auf die Behauptung von Debbies Mutter reagieren sollte, ergoss sich das Gekeife von Arethas Mama über mich. Sie kam bedrohlich näher, ich verstand nicht mehr alles. Vor allem aber fehlten mir die entscheidenden Worte, um mich zu wehren.

Irgendwie ist man dann auch immer zum falschen Zeitpunkt deutsch, dachte ich. Es reichte nicht zu mehr als zu einem »Nein, nein, das ist ein Missverständnis«. Auf solche Gefechte war ich in meinem Crashkurs in der Wittelsbacherstraße nicht vorbereitet worden. Es hätte mir auch nicht viel genützt, ich kam sowieso nicht zu Wort. Ein Pfleger rettete mich und schickte die Besucher fort. Ich war froh, als alle draußen waren, und für Debbie war Aretha verglichen mit diesem Auftritt wohl auch das geringere Problem.

Ich erzählte Trudy davon, als sie mich besuchte, sagte ihr aber nicht, dass ich sofort wieder an Paul Simon denken musste, den ich wegen »Bridge Over Troubled Water« und seiner zarten hohen Stimme verehrte und der in Rio Jurymitglied gewesen war. Noch bevor ich aufgetreten war, hatte er öffentlich verkündet, dass Deutschland von ihm keinen einzigen Punkt erhalten würde. Er ist Jude, ich kann es ihm nicht verdenken. Er kann den Deutschen nicht vergeben, nein, das kann er auch nicht, die Opfer selbst wären die Einzigen, die ihren Tätern vergeben könnten, aber sie sind ja, bis auf wenige Überlebende, tot. Ob mein Vater ihnen vergeben konnte? Wie kann man den Mördern seiner Eltern und Geschwister vergeben?

Ich konnte Paul Simon verstehen, aber was ich auch verstand, war, dass es in jedem Fall falsch war, einem jungen Wettbewerbsteilnehmer keine Punkte zu geben, nur weil er aus Deutschland kam. Ich schwieg, obwohl ich wusste, dass Paul Simon gepunktet hätte, wenn er meine Geschichte gekannt hätte, die der seinen glich. Wir beide waren Kinder von Verfolgten, Misshandelten und Getöteten.

Später, als mein Vater seiner ehrenamtlichen politischen Arbeit nachging – er besuchte auch Oberschulen, in denen er Vorträge hielt und aus seiner Vergangenheit erzählte –, fragte ich ihn: »Wie reagieren die Schüler?«

»Sie schauen mich zum Teil ungläubig an und ich bemerke, dass sie zum ersten Mal davon hören.«

»Was sagst du ihnen dann?«

»Ich sage zuerst einmal, dass sie keinerlei Schuld trifft, denn sie sind ja danach geboren, sie waren ja nicht dabei, ihr seid ja nicht schuldig, sage ich, vielleicht sind es eure Eltern oder Großeltern, vielleicht waren sie sogar Täter, Nazis, bei der SS, aber ihr müsst die Geschichte kennen, um aus ihr zu lernen, damit sich so etwas nicht wiederholen kann.«

Als Trudy und Joachim Heider von der öffentlichen Ankündigung Paul Simons gehört hatten, fiel ihnen ein, dass Rosenberg ein jüdischer Name ist. Na, hoppla, wenn jemand wusste, dass wir Sinti waren, dann die Wittelsbacherstraße. Nein, über Sprache läuft so etwas nicht, aber unseren Familienzusammenhalt, das ließ man uns spüren, fand man mehr als absurd. »Rosenberg, habt ihr nicht auch Juden in der Familie, das würde doch etwas ändern?« Ja, würde es, und unter unseren Vorfahren gab es bestimmt auch Juden, dachte ich, aber die Nazis haben genug Stammbäume gepinselt und Schädel vermessen. Irgendetwas drehte sich in meinem Kopf, ich ging nicht darauf ein, weiß nicht mehr, was ich sagte. Hätte ich Paul Simon davon überzeugen sollen, dass ich nicht ganz oder wirklich kaum und, wenn überhaupt, dann nur ein wenig deutsch bin, und es wahrscheinlich ist, dass ich jüdische

Anteile in mir trage? Dass ich nicht bin, was ich scheine? Mir wurde schwindelig. Dr. Ritter fiel mir ein, Leiter der »Rassenhygienischen und Erbbiologischen Forschungsstelle im Reichsgesundheitsamt« in Berlin-Dahlem. Er und seine Mitarbeiterin Eva Justin besuchten auch das Lager in Marzahn. »Sie gingen von Baracke zu Baracke, von Wohnwagen zu Wohnwagen und befragten die Leute nach ihrer Herkunft.« Wer keine Auskunft geben wollte oder einfach nichts wusste, hatte Schlimmes zu erleiden. Eva Justin hatte meinen Vater, der damals noch ein Kind war, mitgenommen in das Institut für Anthropologie. Sie führte dort psychologische Untersuchungen an ihm durch. In »Das Brennglas« schrieb er darüber:

»Nachträglich erst kam mir zu Bewusstsein, dass sie ja nur einen Test an mir vollzogen hatte. (…) Es wäre besser gewesen, ich hätte eine Tracht Prügel bekommen. Die hätte ich besser verkraften können als dieses. Bis heute frage ich mich: Wie konnte sie so etwas tun (…)? So etwas belastet einen mehr als eine Strafe. (…)

Es gibt für mich keine andere Erklärung, als dass sie mich doch nicht so gern hatte, wie sie vorgab. Vielleicht hatte sie mich auch gern, hat aber gleichzeitig damit ihre Arbeit gemacht. Ich weiß es nicht. Ich habe sie ja nach dem Krieg nicht mehr gesprochen, obwohl sie in Frankfurt weiter praktizierte mit Dr. Ritter.«[4]

Dr. Ritter vertrat die Ansicht, dass es mithilfe von »rassenbiologischen« und vor allem genealogischen Methoden möglich sei, genau herauszufinden, wer »reinrassiger Zigeuner« und wer »Zigeunermischling« war, sogenannter »ZM«. Neunzig Prozent der Sinti erklärte er zu »Mischlingen«. Später, nach dem Himmler-Erlass, wurden Sinti und Roma in drei Gruppen eingeteilt: eine kleine Gruppe

»Reinrassiger«, die Himmler vorhatte in ein »Reservat« zu stecken und wie in einem Zoo auszustellen, eine Gruppe »sozial angepasster Mischlinge«, die für Zwangssterilisationen vorgesehen war, und schließlich eine Gruppe von nach »Zigeuner-Art umherziehenden Personen«. Die Nationalsozialisten hatten Mühe, Sinti als »nicht-arisch« einzustufen, denn aus Indien stammend hätten sie ja als »arisch« gelten müssen. Nach Auffassung Ritters gehörten Sinti einem »primitiven indischen Stamm« an, es handele sich also um »minderwertige Arier«, die sich auf ihrer Wanderschaft mit asiatischen Völkern, Kriminellen und Asozialen vermischt hätten. Ritter und andere Kriminalbiologen waren überzeugt, dass kriminelles und asoziales Verhalten vererbbar sei. Diese »Forschungen und Erkenntnisse« führten unter anderem zur fast vollständigen Vernichtung dieses Volkes. Über eine halbe Million Sinti und Roma hatten sich in Rauch aufgelöst, der die Himmel schwärzte, Himmel, die niemand gesehen haben will. Nein, ich ging nicht zu Paul Simon, unternahm nichts, so war es damals.

Mein Vater sagte, als ich ihm nach meiner Rückkehr davon erzählte: »Na, dem hätte ich was erzählt, ach, schade, dass ich nicht dabei war.«

Es war durchaus geplant, dass mein Vater nicht mit nach Rio de Janeiro gefahren war. Die Plattenfirma hatte etwas dagegen, wenn Vater, Bruder oder Schwester mich begleitete. Andererseits konnten sie außer ihrem Unbehagen nichts dagegen einwenden, denn sie hatten einen Vertrag mit einer Minderjährigen geschlossen.

Wie lang mein Aufenthalt in New York im Roosevelt Hospital dauerte, weiß ich nicht mehr, es muss wohl lang genug gewesen sein, um sich zu verlieben.

Ich verliebte mich zum ersten Mal in meinem Leben. In John. Er lag zwei Zimmer weiter und war drei Jahre älter. Seit ich ihn entdeckt hatte, besuchte ich ihn täglich. Er hatte langes Haar und spielte Gitarre, sah aus wie ein Hippie. Er war lungenkrank. Während wir uns unterhielten, klimperte er ständig auf seiner Gitarre. Ich erzählte ihm von mir und es kam mir so vor, als würde er mir kein Wort glauben. Vor vierzigtausend Zuschauern gesungen, in Rio de Janeiro, er dachte wohl, ich spinne. Ich sagte ihm, dass ich mit einer Frau von der Plattenfirma in New York sei und nach meiner Entlassung im Sheraton wohnen würde. Wir verabredeten, uns zu treffen, wenn auch er aus dem Krankenhaus käme, was nur wenige Tage später geschah.

Trudy verließ morgens das Hotel und erledigte ihre Geschäfte, während ich zunächst noch im Hotelzimmer bleiben musste, um mich zu schonen. Wenn sie am späteren Nachmittag zurückkam, bestellte sie den Roomservice. Steaks und Salat. Abnehmen musste ich nicht mehr. Ich war inzwischen ziemlich schlank geworden. Der Appetit war mir durch die ganze Aufregung vergangen.

Mir war langweilig alleine im Hotelzimmer und ich schaute mich im Zimmer um, fand kleine Werbepackungen mit Zigaretten, probierte sie aus und musste danach gründlich lüften. Am zweiten Vormittag rief John an. Ich war sehr aufgeregt, und als er mich fragte, ob er mich in einer Stunde abholen könne, sagte ich einfach Ja. Hand in Hand gingen wir im Central Park spazieren, ich wieder im lachsfarbenen Rohseide-Kostüm mit Lackschuhen und passender Tasche, er in Jeans, T-Shirt, mit Lederarmbändern und Amulett um den Hals. Nie zuvor habe ich mich so gefühlt: Hätte er gewollt, dass ich mit ihm fortliefe, ich hätte es wohl getan. Als er sich auf den Rasen setzte, hatte ich allerdings Bedenken, mich neben ihn zu setzen. Das Gras konnte grüne Flecken hinterlassen und dann hätte ich Trudy alles erklären müssen.

John führte mich in der Stadt herum, zum ersten Mal sah ich die Wolkenkratzer von New York, Taxifahren konnten wir nicht, das war zu teuer. Wir gingen Tee trinken und da schien es mir angebracht, ihm zu sagen, dass ich kein Geld bei mir hatte. Nichts, gar nichts. Ich sagte ihm, Trudy würde immer alles bezahlen und ich sei in Wirklichkeit arm. Er sah mich an und an mir herunter. »Ja, auch die Sachen, die ich anhabe, gehören mir eigentlich nicht«, erklärte ich ihm. Ob er es glaubte, weiß ich nicht, er bezahlte jedenfalls.

Gegen 17:00 Uhr gingen wir zurück ins Hotel, das war auch die Zeit, in der Trudy gewöhnlich kam. Sie war aber noch nicht zurück. Da ich Stunden zuvor die Zimmertür einfach hinter mir zugezogen hatte und auch nicht auf die Idee kam, sie vom Portier aufschließen zu lassen, setzten wir uns auf eine Bank vor dem Zimmer und warteten. Irgendwann kam Trudy den Flur entlang, im grauen Flanell mit weißen Lackstiefeln, die bis zu den Oberschenkeln reichten. John machte ihr sofort Komplimente, was mich ärgerte, aber sie sah einfach umwerfend aus. Sie lächelte, ließ sich nichts anmerken. Erst als wir wieder allein waren, hielt sie mir eine Standpauke in Englisch, weil ich ja besser Englisch verstehen würde, als sie bisher dachte. Eigentlich wollte sie mich am nächsten Tag zu einem Rundflug über New York einladen. Der Ausflug wurde zur Strafe gestrichen. Was ich mir denken würde, sie hätte schließlich die Verantwortung für mich. Ich erwiderte nichts.

Tags darauf rief John wieder an. Sie verbot mir, ihn zu

treffen. Ich dürfe das Hotel ohne ihre Erlaubnis nicht verlassen, schließlich sei ich erst fünfzehn und dürfe ohne ihre Einwilligung überhaupt nichts unternehmen. Ich hielt mich nicht daran. Wenn man so jung und zum ersten Mal verliebt ist, versteht man die Erwachsenen nicht.

Wir tauschten unsere Adressen aus und ich schrieb ihm auch einmal, aber es kam nichts zurück. Ich dachte sowieso, dass es aussichtslos war, denn wann würde ich je wieder nach New York kommen.

Jetzt hatte ich nicht nur einen Misserfolg und eine Operation hinter mir, jetzt wusste ich auch immerhin, wovon ich sang, war der Liebe begegnet, auch wenn ich sie gleich wieder verlor. Jedes Mal wenn er auf seiner Gitarre klimperte und sang, sagte er zu mir: »Du wirst sehen, eines Tages werde ich ein großer Star und komme nach Deutschland.« Er kam nie, und da er auch nach dem Krankenhausaufenthalt ständig hustete und sich an die Brust griff, vermute ich, dass er möglicherweise viel kränker war, als er sagte, und dass ich vielleicht auch deshalb keine Post von ihm bekam. Der Junge in dem Song »Talisman«, die B-Seite der Single »Fremder Mann«, die dann 1973 auf den Markt kam, erinnert an ihn.

Mein erster und wahrscheinlich einziger Auftritt vor einem so großen Publikum war nicht das gewesen, was man einen musikalischen Höhepunkt nennen kann, und doch war es wichtig, in Rio dabei gewesen zu sein. Diese Erfahrung veränderte meinen Blick für diese merkwürdige Welt und ihre unsinnigen Wettbewerbe. Immer wieder schickten sie mich zu Wettkämpfen und immer öfter war es erfolglos. Verglichen mit diesem Business war jeder Marathon ein Kinderspiel und doch ließen sie nicht nach in ihrem Bemühen, mich ins Rennen zu schicken. Ich singe nicht gegen jemanden, ich singe nicht für ein Land. Jegliche Schönheit der Töne verliert sich, wollten sie besser sein als die der anderen. Der Ton entsteht im Kopf. Wie kann er frei sein und schweben, wenn er einem Kampf folgt? Wie soll sich die Stimme öffnen in einer von Intrigen und Missgunst geladenen Atmosphäre? Es gibt Stimmen, die genau das können, die mit allen Wassern gewaschen sind, die sich, gerade wenn sie gegen etwas eingesetzt werden, zu Höchstleistungen aufschwingen, die ihr Fortkommen einzig im Vergleich mit anderen messen.

Meine Stimme war nicht so. Sie wurde unsichtbar, wenn ich sie jagte und zu Leistung zwang. Ließ ich sie jedoch wie aus einer Säule schweben – so hatte es der Professor mir beigebracht –, konnte sie Haut und Herzen berühren. Wenn mir das in einer Aufführung nur ein einziges Mal gelang, war es mehr, als ich mir wünschen konnte. Dass irgendetwas von dem, was ich singe, zurückbleibt, Töne einen Anker werfen, etwas von der spannungsgeladenen Ruhe im Publikum vor dem ersten Ton, das war von nun an bedeutender als jede Trophäe.

Zermürbende Enttäuschungen und Glückseligkeit wechseln, sind abhängig von einem einzigen Urteil, dem der Zuhörer. Ich richte mich darauf ein, es anzunehmen, egal wie es ausfällt.

1970 wurde ich zur besten deutschen Nachwuchssängerin gewählt. Eine neue Stimme für ein neues Jahrzehnt, so lautete der Werbeslogan der Plattenfirma. Eine Stimme, die mir eigen ist und doch nicht mir gehört, sie war einfach da. Neben der Schulung, die sie erfuhr, disziplinierte und gangbar machte für die Musik, die ihr nicht zugedacht war, hat sie etwas, was nur unsere Familie wirklich kennt, weil sie mehrfach in ihr vorkommt. Sie ist eine Brücke über einem Abgrund, über unermessliche, gefährliche Tiefen und Schrecken, eine hoffnungslose Hoffnung, eine Wunde heilen zu können, die man nicht heilen kann, die nur verschorft, jederzeit bereit, wieder aufzubrechen. Sie ist unabhängig von Worten dort, wo kein Wort ausreicht. Es ist unsere Stimme, die Stimme meiner Familie, in der sie Zwillinge hat, dunkel gefärbter oder auch kräftiger als die, die bekannt wurde und gängigen Marktmustern folgte. Wenn meine Geschwister im Publikum sitzen, gibt es jenen Moment der stillen Verbindung, den wir nie benannt haben. Wenn sie mich umarmen nach dem Auftritt, ist jedes äußere Urteil bedeutungslos.

Die gemeinsame Erfahrung ist eine einzelne, jeder von uns lebt mit ihr so oder so anders. Die schwarzen Himmel der Vergangenheit sind oft unsere Gegenwart, sie prägen unser Leben und wahrscheinlich auch die Leben derer, die nach uns kommen.

»Ihr gehört nirgends hin, ihr habt immer nur euch, achtet aufeinander, achtet auf eure Geschwister ... dass sich so etwas nicht wiederholt.« Dafür hat unser Vater gelebt. Bevor er geht, entdecken wir wieder ein Hakenkreuz an seiner Tür.

»Was geht mich die Vergangenheit an, ich möchte anders leben?« Einen Satz, den man oft hört.

Wie kannst du anders leben, wenn du die Vergangenheit nicht kennst?

The Sound of Philadelphia

Ich hatte jetzt viele Engagements. Discos, Varietés, Clubs, Tingeltangel. Mein Vater handelte die Verträge aus, ich trat auf. So wie Petra meiner Mutter im Haus und mit den Kindern half, unterstützte ich meinen Vater dabei, unsere Lebenssituation zu verbessern. Ich begriff es mehr und mehr als meine Aufgabe.

Die Verträge beinhalteten neben dem Honorar und der Spielzeit auch die örtlichen Unterbringungen. Die Zimmer, in denen wir übernachteten, waren oft schmuddelig und heruntergekommen. Sie befanden sich meist direkt über den Clubs, manchmal auch in Stundenhotels. Wir reisten mit dem Flugzeug, zweimotorige mit Propellern, von Tempelhof oder mit dem Zug vom Bahnhof Zoo aus, selten mit dem Auto.

An die Passkontrollen im Zug musste ich mich gewöhnen. Wenn wir die Nacht durchfuhren und der Zug irgendwann stehen blieb, wurde ich von grellem Licht, das mir direkt in die Augen strahlte, geweckt.

»Schauen Sie mich an, bitte!«, Uniformen, misstrauische Blicke unter Bänke, geschäftiges Suchen nach Menschen, die hier nicht sein durften. Langsame Weiterfahrt, Soldaten mit Maschinenpistolen auf menschenleeren Bahnhöfen, deren einzige Aufgabe es war, die Westzüge passieren zu lassen.

Auf der anderen Seite wurden wir von einem Discjockey, vom Veranstalter oder von einem, der den Auftritt vermittelt hatte und dafür Provision bekam, abgeholt. Zum Teil waren es zwielichtige, windige Gestalten, dem Nachtleben und Alkohol verhaftet.

Manche hatten keine Erfahrung mit dem Geschäft, das sie betrieben. Aber wir hatten ja auch nicht viel Ahnung und so ergab es sich, dass ich in den unterschiedlichsten Räumlichkeiten meine Sangeskunst vortrug. Manchmal waren sie dafür geeignet und andere Male wäre es sinniger gewesen, zu Hause zu bleiben.

Es gab jedoch auch seriöse Veranstalter. Herr Lux holte uns mit einem großen schwarzen Pullman vom Flughafen in München ab und brachte uns nach Augsburg ins Jet Set. Das Jet Set war eine Nobeldisco und auch das Publikum schien mir für die Musik, die ich damals machte, richtig. Wir wohnten in einem wunderschönen alten Hotel. Herr Lux wäre nicht auf die Idee gekommen, uns ungedeckte Schecks anzudrehen, was leider oft genug der Fall war.

Mein Vater war auch immer gewillt, den Leuten, mit denen wir zu tun hatten, zu glauben und ihnen eine Chance zu geben. Er schloss schnell Freundschaften, sprach dann mit den neuen Freunden in ihrem Dialekt. Er hatte eine große Sprachbegabung. Ich fand es lustig, wenn er sich anglich, entdeckte Seiten an ihm, die ich von zu Hause nicht kannte. In der Plattenindustrie wie im Veranstaltungsbereich freute man sich auf Otto. Ich hingegen war sehr misstrauisch.

Die Programme waren mehr oder weniger ähnlich. Bekannte oder unbekannte Sänger traten auf, ein Bauchredner, ein Artist oder ein Zauberkünstler, manchmal auch eine Stripteasetänzerin. Ich hatte zwei Auftritte pro Abend, den letzten meistens spät in der Nacht.

Mit Musikern arbeitete ich damals noch nicht. Es wäre viel zu teuer gewesen und die Musiker hätten in den Discos oder Clubs in den meisten Fällen sowieso keinen Platz gefunden. Stattdessen gab es eine Bandmaschine, über die die Tonbänder, auf denen sich die Musik und der Chorgesang befanden, abgespielt wurden. Dazu sang ich dann die Leadstimme. Das Ganze nannte man Halbplaybacks.

Die Musikanlagen waren oft eine Katastrophe. Manchmal hielt die Bandmaschine die Geschwindigkeit nicht, was zur Folge hatte, dass die Musik eierte. Der Song wurde immer langsamer und ich musste mich dem Tempo anpassen, was schwierig war, denn auch die Tonart wurde dadurch immer tiefer. Irgendwann war es nicht mehr zu ertragen und die Maschine musste abgeschaltet werden. Wenn das mitten im Auftritt geschah, wurde es kritisch: Ich musste etwas ohne Musik singen.

Das wurde jedoch vom Publikum meistens honoriert. Mein Vater nahm dann die Teac- oder Revox-Tonbandmaschinen auseinander und versuchte sie zu reparieren. Es kam auch vor, dass er Kabel löten musste, bevor irgendetwas funktionierte und man meine Stimme einigermaßen störungsfrei aus den Boxen hören konnte. Diese hingen in der Regel über dem mit Plexiglas verkleideten Tresen, hinter dem der Discjockey stand. Eine Monitoranlage, über die man die eigene Intonation während des Gesangs kontrollieren kann, gab es nicht.

Erstaunlich, wer in den Siebzigern alles glaubte, Musik aufführen zu können. Wenn wir uns beschwerten, zeigten sogenannte Veranstalter weder Verständnis noch Betroffenheit, sie wussten es einfach nicht besser.

Die Leute wollten Musik als Geselligkeit, so schwer oder unbedarft wie sie selbst. Lieder, die sie vergessen lassen und die sich vielleicht gerade aus diesem Grunde in ihre Herzen brennen. Für einen Abend entfliehen, ihren Jobs, ihren Bindungen und Verpflichtungen. Ich sang zum allgemeinen Gemurmel, zu krächzendem Kichern, zum Surren der Klimaanlage und zu derben Zwischenrufen, die ich mit lakonischen Sprüchen zu entkräften suchte. Wie die Mädchen an der Bar, die Kellner und der Discjockey war ich Teil des Ambientes und musste mir durch den Geräuschpegel hindurch Gehör verschaffen. Ich brachte ein bisschen Supremes-Feeling in verstaubte Schlager.

Nach den Auftritten setzte ich mich an einen der Tische und schrieb meinen Namen auf ein Bild von mir. Die Unterschrift hatte ich mühevoll geübt, sie hatte viele Schnörkel, ich versuchte die Schrift von Erwachsenen nachzuahmen. Schrieb Widmungen für die Gäste auf meine Autogrammkarten. Ich musste bleiben, bis selbst der letzte Gast zufriedengestellt war. Eigentlich machte es mir nichts aus, Autogramme zu geben, aber bei Betrunkenen reagierte ich allergisch.

»Anwesenheitspflicht zwischen und nach den Auftritten«, so stand es in den Verträgen. Das war neben den »Künstlerischen Weisungen durch den Veranstalter« einer der ersten Paragrafen, die ich strich, als ich selbst die Verantwortung für meinen Beruf übernahm. Ich bin Musikerin, keine Animierdame. »Persönliche Anwesenheit nach dem Auftritt«, das ist eine Zugabe zum Programm. Oft wurde ich eingeladen, ich trank jedoch keinen Alkohol. Ungewohnt, der Allgemeinheit zur Verfügung zu stehen, ihr dienlich zu sein wie eine Sache. Kann man sich das denn kaufen? Ich sitze mal an diesem, mal an jenem Tisch, dann kommt der Sekt und alle erwarten, dass ich die gefüllte Schale in die Höhe halte und lächle, was ja völlig grundlos wäre. Ich mache aber meistens ein freundliches Gesicht, auch wenn es nicht wirklich gemeint ist, vielleicht dringt es ja nach innen und es wird ein wirkliches Lachen daraus. Gerade weil ich so jung bin und auf die Bühne darf, sollte ich lächeln, Ernst wäre nicht angebracht.

In einigen Diskotheken trat ich regelmäßig auf. Bis zu sechs Mal oder mehr im Jahr. Papa Eisenstein und seiner Familie gehörte das »Sugar Shake« in Ludwigshafen. Sie wohnten über dem Club. Hatten zwei kleine Wohnungen, die man über eine Außentreppe des Hauses erreichte.

Papa Eisenstein holte meinen Vater und mich am Frankfurter Flughafen ab und wir kamen immer so rechtzeitig in Ludwigshafen an, dass wir gemeinsam zu Mittag essen konnten. Mutter Eisenstein war eine gute Köchin. Allerdings aß sie ständig, was ihrer Familie Sorge bereitete, denn sie wurde immer runder. Otto, mein Vater, und Papa Eisenstein, unterhielten sich angeregt am Tisch. Über die Geschäfte und Neuigkeiten des Lebens. Danach gingen wir meistens hinunter und probierten den Ton der Diskothekenanlage aus.

Die Eisensteins hatten zwei Töchter. Die ältere war schon verheiratet und aus dem Haus. Die zweite, Maya, war wenige Jahre älter als ich. Sie ging später nach Israel und heiratete dort. Einmal, als Maya schon fort war, besprachen Papa und Mama Eisenstein nach dem Mittagstisch eine Musikkassette für sie: »Dass es dir möchte gut gehen, dass du nicht erleben sollst, was wir haben durchmachen müssen, erleben müssen ...«

Mein Vater legte ihm eine Hand auf seine Schulter.

Aber da war es schon zu spät, sein Gesicht hatte sich bereits zum Weinen verzogen. Er hielt aber inne, denn Frau Eisenstein drückte energisch auf die Stopptaste und der Kassettenrekorder blieb mit einem lauten Klack stehen: »Biste verrückt, biste meschugge, machste das Mädel das Herz so schwer.« Sie spulten zurück, löschten und übersprachen diesen Teil mit guten Wünschen und Grüßen an Maya.

Einmal reiste ich dann allein zu einem Auftritt nach Ludwigshafen. Ich wohnte in der Nachbarwohnung von den Eisensteins, die eigentlich Mayas Wohnung war, in die jetzt jedoch alles gebracht wurde, was nebenan keinen Platz fand.

Ich wollte meine Sachen auf Bügel hängen und öffnete die Schranktüren. Der große dunkelbraune Kleiderschrank war bis zum Rand gefüllt mit Matze und Konservendosen. Für einen Moment war ich überrascht, in diesem Hause aß man keine Konserven. Alle, die in der Hölle waren und überlebt hatten, dachten, es könne noch einmal so kommen. Ich hängte meine Kleider an die Türklinken. Ich sah mich um, sah mir alte Fotos an und schlief dann ein.

Die Eisensteins waren wie Eltern zu mir. Am nächsten Tag ging die Frau mit mir einkaufen. Ich hatte rote Stiefeletten gesehen, die ich haben wollte. Die Kappe vorne war gewölbt und rund. Dazu trug ich einen Overall aus Georgette, eine Seite rot, die andere schwarz, wie ein Clown. Eigentümlich, ich trat damit abends auf.

Papa Eisenstein bekam immer feuchte Augen, wenn ich sang. Er führte mich selbst auf das kleine Podest auf der Tanzfläche und sagte mich an. Mein Vater und er umarmten sich, wenn ich fertig gesungen hatte.

Regelmäßig vor Auftritten wurde ich krank. Etwas schien sich zu wehren. Der Hals war wie zugeschnürt.

»Komm rein, schwarzer Deibel«, sagte er und seine Augen, die ewig erstaunt aussahen, weil man nicht nur unterhalb, sondern auch oberhalb der Iris das Weiß sehen konnte, leuchteten. Der Schalk wohnte darin. Fast war er so klein wie ich. Wuschelige weiße Locken umrahmten sein Gesicht, das mich ein wenig an einen munteren, klugen Raben erinnerte. Der Oberkiefer war nach vorn gewölbt und ich fragte mich, ob man auch ihm als Kind vor dem Einschlafen die Daumen verbunden hatte.

Was uns fehlt, fragte er und ich berichtete von dem Kratzen im Hals und der Sorge, wieder einmal versagen zu müssen, die bis auf wenige Ausnahmen, in denen sich Fieber und Eiterpunkte im Hals dazugesellten, immer eine Sorge blieb. Dennoch fragte ich mich auch dieses Mal, wie es möglich sein sollte, einen vernünftigen Ton herauszubekommen. Dass es möglich war, hatte ich erfahren, aber es ging wohl nicht um Erfahrung. Zuvor im Wartezimmer war mir fast übel geworden. Ein Mann hing über einer Öffnung, aus der es dampfte, und inhalierte mit kräftigen röchelnden Zügen den weißen Nebel.

Dr. Liebermann, mein HNO-Arzt, sah alles, was ich beschrieb, Geschwollenes, Gerötetes. Schob ein schmales Rohr, in dem sich ein winziger Spiegel befand, den Rachen hinunter. Dabei musste ich einen Ton von mir geben.

»Sind gerötet, aber schließen.«

Die Stimmbänder, hab sie mal gefilmt gesehen, schauen aus wie ein Lebewesen, eigenständiger, als man denken möchte. Er behandelte auch Opernsänger und erzählte mir, dass Erkrankungen dieser Art nichts Ungewöhnliches seien vor Auftritten, er müsse, so sagte er, oft abends noch in die Oper und Spritzen geben, bevor ein Tenor oder eine Sopranistin auftreten könnte. »Es sind selten die Stimmbänder«, meinte er, »vielmehr eine durch Panik entstandene Blockade.«

Ich bin erstaunt, dass es dieses Phänomen auch in der E-Musik gibt. Erinnere mich aber, gehört zu haben, dass die Callas aufgrund einer psychischen Barriere keine Bühne mehr betreten konnte. Von Professor Garay hatte ich viel über Stimmansatz, Körperhaltung und Atemstütze gelernt und erst in späteren Jahren begriff ich das Ausmaß dessen, was er mir beigebracht hatte. Werkzeug, das, wenn man es richtig gebraucht, von unschätzbarem Wert ist. Leider, man gebraucht es nicht immer richtig. Die Angst und der Kummer auf der Bühne, die man auch als Lampenfieber bezeichnet, fälschlicherweise, wie ich finde, denn man fiebert den Lampen in der Mitte der Bühne nicht entgegen, während man auf einen Auftritt wartet, man fürchtet sie. Es ist der Zweifel an der eigenen Fähigkeit: Werden die winzigen zwei Teilchen im Inneren des Kehlkopfs funktionieren, werden sie schließen, wird sich nichts dazwischen legen, ein Faden, ein Schatten vielleicht, der einen Hustenanfall auslösen könnte? Jedes Mal ist es eine Prüfung, ist es die Angst, zu versagen, Angst, das Publikum könnte einen absaufen lassen. Dieser Zustand, der, Gott sei Dank, nicht von anhaltender Wirkung ist, führt oft dazu, dass man falsch singt, nicht tonal, man presst, verweilt im Hals und versucht mit Muskelkraft den Ton zu erzeugen, was sehr schnell zu Heiserkeit führt.

Ich sang Verschiedenes, eigens für mich komponierte Lieder und Coverversionen. In der Wittelsbacherstraße gab es eine Playbackliste, aus der ich mein Repertoire zusammenstellte. Damals hörte ich viel Soulmusik und war begeisterter Aretha-Franklin-, Otis-Reding- und Percy-Sledge-Fan. Wenn wir unterwegs waren, piepste ich immer vor mich hin, leise und mit Kopfstimme. Ich übte Phrasierungen. Ich baute viel von diesen Interpretationsformen in meine Songs ein. So kamen unter anderem die vielen »Uhus«, »Ahahas« und albernen »Uh Babys« sowie nonverbale Improvisationen zustande. Zur Freude Joachim Heiders, der ebenfalls ein Faible für schwarze Musik hatte. Er sah mich gern als deutsche Diana Ross und komponierte auch aus diesen Gründen Songs, die anders waren als die Schlager dieser Zeit. Spätestens wenn der auf Marsch begründete Mitklatschrhythmus des ZDF-Hitparaden-Publikums bei unseren Songs versagte und es völlig aus dem Takt geriet, wussten wir, dass wir unserer Zeit voraus waren.

Die wirklichen Schlager, wie sie Tony Marshall oder auch Chris Roberts sangen, wurden doppelt so gut verkauft. Jahr für Jahr landeten wir einen Hit, lagen aber selten in den Top Ten, obwohl fast jeder auf der Straße unsere Songs kannte.

The Sound of Philadelphia, das war Barry-White-Musik. Ich war begeistert von seinem Stil. Es war mir dennoch damals nicht klar, dass Joachim Heider diesen adaptierte. Er kopierte den Sound und die Arrangements, in der Komposition des Liedes jedoch war er stets authentisch.

Zum Komponieren setzte er sich an den Flügel. Er spielte mit Musik und war überzeugt, dass jedes Lied, das er gerade komponierte, alles bisher Dagewesene in den Schatten stellen würde. Er wusste schon immer im Voraus, wie der Song klingen sollte. Dazu ließ er den Kassettenrekorder laufen.

Die Demoaufnahmen, die ich regelmäßig von ihm bekam, hörten sich aber entsetzlich an, denn er konnte leider nicht gut singen. Selbst Soloparts, die später ein Saxofon spielte, ließ er nicht aus, ebenso Orchesterteile, was sich noch entsetzlicher anhörte, weil sich seine Stimme dann überschlug. Er hatte eben eine blühende Fantasie. Für Peter Schirmann, unseren Arrangeur, waren diese Demobänder oft ein Ratespiel. Dennoch ergänzten sich die beiden sehr gut und Peter zauberte Streicherarrangements, die sich heute noch hören lassen können.

Eigentlich begann es schon 1974, als Joachim Heider den Song »Er ist nicht wie du« schrieb. Bei diesem Lied orientierte er sich an dem Groove und dem Songablauf von Aretha Franklins »Spanish Harlem«. Heider hielt sich bei dieser und nachfolgenden Kompositionen nicht mehr an Vers, Refrain und Bridge und brach damit die starren Formen vorheriger Songstrukturen auf. Verglichen mit dem, wie junge Bands und Musiker heute vorgehen, mag man das belächeln. Aber wir haben erste deutsche Popgeschichte geschrieben, auch wenn manch einer heute noch diese Songs in die Schubladen des deutschen Schlagers legt, was mir inzwischen einerlei ist. Diese Abweichung vom bis dahin gängigen Stil, sofern es überhaupt Erklärungen für ein Phänomen wie Kult gibt, mag unter anderem ein Grund für die über Jahrzehnte anhaltende Popularität dieser Songs sein.

Mein Vater konnte mit dieser Musik nichts anfangen, mehr noch, er mochte die vielen Soulphrasierungen, die ich nun in meinen Gesang legte, nicht. Auch die engen Höhen der Aretha Franklin, die jetzt neben den Supremes mein Vorbild war, ärgerten ihn. Ich habe es auch übertrieben. Die Wirkung seiner Kritik aber hielt bei mir nur so lange vor, bis das Licht auf der Bühne anging, dann vergaß ich alles, machte, was ich wollte. Wenn ich damit Erfolg hatte, blieb die Standpauke aus und mein Vater freute sich über die Komplimente, die man ihm machte. Heute finde ich seine Vorbehalte verständlich, ich hatte mir etwas angeeignet, vielleicht sogar übergestülpt. Andererseits diente jedes neue Vorbild und die Beschäftigung mit ihrer Gesangstechnik einer intensiven Schulung und Vergrößerung der eigenen stimmlichen Möglichkeiten. Die Befürchtungen meines Vaters waren insofern unbegründet, als ich schon eine eigene Identität meiner Stimme besaß. Das jedoch hatte ich nicht erarbeitet, das war ein Glücksfall.

Radio war damals alles. Wer oft genug im Radio gespielt wurde, konnte davon ausgehen, einen Hit zu landen. Meine Lieder wurden gut gespielt und die Plattenfirma schickte mich regelmäßig auf Sendertouren. Interviews mit Radiomoderatoren. Ich erinnere mich nicht an viele, aber an die von Radio Luxemburg. Dort arbeiteten Frank Elstner, »Die großen Acht von Radio Luxemburg«, und später auch Thomas Gottschalk, der, nie um ein Wort verlegen, schon damals jede Komplikation oder Panne mit Leichtigkeit und Charme meisterte. Und an Lord Knut, »Schlager der Woche«, und den Sender Freies Berlin mit Jürgen Jürgens. Sie alle, auch die, an die ich mich nicht erinnere, bekamen bei Interviews wenig aus mir heraus. Ich war zurückhaltend, schüchtern, wenn ich ein Mikrofon vor der Nase hatte. Das wurde mir oft als Arroganz ausgelegt.

Fernsehsendungen, in denen Musik präsentiert wurde, gab es damals nur zwei wichtige: die »Hitparade« und »Disco«. In beiden Sendungen musste man wirklich noch singen. Die Macher von »Disco« begriffen sich als progressiver und wollten sich deutlich abgrenzen, deshalb war es auch schwieriger, dort aufzutreten. Hier sah man Bands wie Sweet, Smokie oder auch T. Rex. In dieser Sendung war es nur für alle deutschsprachigen Sänger und Sängerinnen Pflicht, live zu singen, während die internationalen Bands zum Playback mimten. Mit den Studioproduktionen der internationalen Bands aber konnten die Mixe der ZDF-Tontechniker kaum konkurrieren.

Viele in der Branche waren deutschsprachigen Produktionen, die es ohnehin schwer hatten, nicht besonders gewogen. Verstehen konnte ich das, denn der Einheitsbrei der deutschen Schlagermusik war, neben der simplen musikalischen Machart, darauf angelegt, sich unabhängig von dem, was in der Welt geschah, mit ihr zu arrangieren und die gute Laune nicht zu verlieren. Ein einlullender, zufriedener Eierkuchen. Im Vergleich dazu war T. Rex vielleicht eine Revolution, sie klangen auf jeden Fall interessanter. Aber nicht jeder, der von Revolution singt, ist ein Revolutionär. Auch die meisten Texte der englischen Bands waren Gefühlsduseleien. Zappa trat jedenfalls nicht dort auf.

Der Plateau aus Wildleder

Ich bestimme nicht, ich werde bestimmt, kann mich nicht abwenden, es scheint, als sei ich selbst der einzige Zufall. Dabei wird doch das Erlebte ein Teil von mir. »Teenagegirl mit Zauberstimme«.

Ein Mann mit einem großen Strauß Rosen holt mich vom Flughafen ab, irgendeinem Flughafen. Ein Bart säumt sein Gesicht, brauner Anzug, von links nach rechts gekämmtes Haar, der Scheitel viel zu tief, soll Fehlendes überdecken, Haut blitzt durch akkurate, festgeklebte, grau melierte Strähnen. Er hat eine Diskothekenkette. Drei oder vier Clubs, irgendwo im Norden, mehr Land als Stadt, vielleicht in einer Kleinstadt. Ein paar Tage sind wir unterwegs, beschäftigt. Auftritte. In diesem Club einmal, in einem anderen zweimal und so weiter. Wie's beliebt, mein Herr. Ich nehme die Blumen und wünschte, er hätte keine dabei gehabt.

Seine Freundin ist sechzehn, wie ich, wirkt ein wenig traurig, aber sie ist schön, blonde Locken, sehr modisch gekleidet. Sie zeigt mir ihren Kleiderschrank. Er hat sie aus dem Elternhaus geholt, kauft ihr alles, sagt sie. Der Herr kümmert sich auch tagsüber, lädt zum Essen ein und geht mit uns spazieren.

Ich bleibe stehen vor hohem Schaufenster, es ist noch hell draußen. Schuhe wie Eselshufe gefallen mir, er kauft sie unverzüglich. Sie sind zu groß, es gibt sie nur in 37, und diese Größe habe ich nicht, noch nicht, und ich werde sie auch nie bekommen. Seit ich vierzehn bin, bin ich keinen Zentimeter mehr gewachsen. Mit vierzehn begann alles und alles nimmt mich mit, aber ich bleibe stehen.

Als er mir die Schuhe überreicht, fühle ich mich schuldig. Werde sie so oder so bezahlen müssen. Danke, mein Herr, zu groß, mein Herr.

Abends vor dem Auftritt friere ich wieder. Weißer Chiffon legt sich wie ein Hauch über Unterkleid, über Haut, bedeckt den Oberarm, endet mit einer Rüsche oberhalb des Knies. Mit einem weichen Pinsel stäube ich losen Puder über Wangen, Nase, Kinn. Das cremige, glänzende Lipgloss riecht nach Erdbeeren, schmeckt aber nicht so. Ein winziger Abstellraum hinter der Theke der Disco. Bierkästen, silberne, zerbeulte kleine Fässer, Aufkleber, Plakate, ein blinder, verschmierter Spiegel mittendrin, aufgehängt für den letzten prüfenden Blick.

»Middle of the Road« dröhnt aus den Boxen, die unter der Decke hängen: »Where's your mama gone ... far, far away ...«

Er steht neben mir, fragt, ob ich friere, scheint gerührt. Mir ist nicht kalt, es ist nur Lampenfieber.

Die meisten meiner Lieder sind auf Deutsch, das ist ein Problem, einige wenige englische Coverversionen habe ich eingebaut, damit kriege ich sie, danach hören sie sich auch das Deutsche an.

Merkwürdige Witzchen, die ich bei Kollegen aufgeschnappt habe, bilden eine Art Unterbrechung zwischen den Stücken, sollen Übergänge oder Moderation sein. Noch habe ich kaum eigene Songs. Viel von Manuela ist dabei. Auch Titel von Severin und von Marion Maerz. Wir arbeiten alle für dieselbe Plattenfirma und denselben Verlag und die Lieder werden dadurch mehrfach ausgewertet. So haben sie auch das erste Album gemacht. Nur »Fremder Mann« und »Mr. Paul McCartney« wurden für mich geschrieben. Manuela hat ihrerseits viele englische oder auch amerikanische Hits eingedeutscht. »El condor pasa« von Simon & Garfunkel oder »When a Man Loves a Woman« von Percy Sledge, das jetzt »Wenn es Nacht wird in Harlem« hieß.

Es war ein Kampf mit den deutschen Worten, man musste immer wieder englische Worte einfließen lassen, um das Vertrauen und die Akzeptanz des Publikums zu gewinnen. Was für ein Unsinn! Inhaltlich unterschied sich kaum etwas, es ging um Liebe, immer wieder Liebe.

Auf ein Podest abgestellt von starken muskulösen Armen wie eine Puppe. Direkt über meinem Kopf grelle, bunte Scheinwerfer. Lassen das Make-up schmelzen, glänzen, nass werden. Tropfen kitzeln auf der Haut, laufen herab, vorbei an der Nase.

Ich verbeuge mich artig, bemüht, zu gefallen, damit es keine Klagen gibt, keinen geschäftlichen Verlust. Vielleicht ein Re-Engagement, das ist das Beste, was passieren kann.

Der Plateau aus Wildleder mit schwarzen Riemchen und vorn offen maß zehn Zentimeter. Die Meinung der Menschenmenge jedoch, durch die ich zur Bühne geschoben wurde, blieb unverändert: »Och Gott, ist die aber klein.«

Der Herr war beglückt, dass ich seine Schuhe trug. Stellte mir Fragen, weiß nicht mehr, wozu, aber auch, ob ich fortwolle von zu Hause. Er könne mir viel bieten.

Wie oft ich wohl in seinen Clubs auftrat? Als er einen

Brief an meine Eltern schreibt, in dem er sie bittet, mich ihm zu überlassen, und ihnen versichert, dass es mir an nichts mangeln solle, trete ich nicht mehr bei ihm auf.

Die Eltern waren erstaunt. Ich war es nicht, ich wusste, dass die Schuhe eine in mich getätigte Investition waren. So schnell kann sich eine Sorge erledigen.

Ein Engel für Auschwitz

Der Engel blutete und das Blut vermischte sich mit Farbe. Nadelstich für Nadelstich, Blau und Grün dominierten. Der Engel war ungefähr zwanzig Zentimeter lang, hatte ein bodenlanges Gewand und ziemlich große Flügel. Mein Vater glaubte an Gott, und die anderen Motive, die der glatzköpfige Tätowierer ihm anbot, schienen ihm ungeeignet.

Es war vormittags und wir gingen die Reeperbahn entlang. Am Abend zuvor war ich in einem der vielen Clubs, die es in Hamburg gibt, aufgetreten. Ich war sechzehn oder siebzehn, er begleitete mich, wo immer ich auftrat, handelte Verträge aus, sorgte dafür, dass ich rechtzeitig ins Bett kam, und ging dann selbst meistens noch aus.

Jemand musste ihn gestern Abend wieder angesprochen haben auf diese Nummer, die er, solang ich ihn kenne, auf seinem Unterarm trug. Als Kind empfand ich sie wie ein Merkmal, wie etwas, das einfach zu ihm gehörte. Ich wunderte mich nicht darüber. Sie wurde zum Mahnmal, je älter ich wurde und je mehr ich über die Nummer erfuhr. Er kannte sie auswendig, musste sie auswendig kennen, denn es gab keine Namen mehr dort, wo er herkam.

»Z sechzig vierundachtzig meldet sich zur Stelle«, Hände an die Sträflingshose gelegt. »Man hatte zum Sträflingsanzug eine Kappe auf, und immer, wenn ein SS-Mann vorbeiging, egal wer das war, musste man sofort die Mütze vom Kopf reißen, die Hände anlegen und marschieren und die Augen auf ihn ausrichten und dann die Nummer ansagen, (...) Und er guckte auf die Nummer. Wenn er sich die notierte, war man fällig.«[5]

Ich verglich sie manchmal mit den Nummern anderer Leute, die uns besuchten und die am Ende einer Feier oft weinten und umkippten wie mein Vater. Es lag etwas Vertrautes darin, die Anwesenden griffen sofort ein, halfen, jeder schien zu wissen, worum es sich handelte.

Die Frauen hatten keine Kinder, suchten sich Lieblinge in unserer Familie, denen sie ihre Zuneigung und Aufmerksamkeit schenkten.

Onkel Eichwald ließ sich die Nummer herausoperieren. Ich fragte ihn erst kürzlich danach. Er ist schon sehr alt und der letzte Überlebende unserer Familie. Vorsichtig, fast beiläufig sagte ich: »Tatta ließ sich einen Engel darübertätowieren, hast du diese Nummer noch?«

»Oh, Daiju (Mütterchen), das muss aber 'n großer Engel gewesen sein.«

»Ja.«

»Ich hab meine gleich zwei Jahre nach 45 herausoperieren lassen, beim Doktor, djinä (weißt du).« Er zeigt mir seinen Unterarm.

»Das sieht aber gefährlich aus«, rutscht es mir heraus.

»Ja, das ging ganz tief rein, weißt du, aber nutzt doch nix, soll ich das jedes Mal erklären?«

Er war Solotänzer. Seine jüdische Großmutter bestand darauf, ihn auf eine Tanzschule zu schicken, nachdem sie sein Talent bemerkt hatte. Seinem Erfolg wurde bald ein Ende gesetzt, denn er durfte nicht mehr auftreten, kam ins

Lager. Ich möchte ihn mehr fragen, aber ich will nicht, dass er sich erinnert.

Die Fotos in den Schaukästen der Tattooläden auf der Reeperbahn, ich betrachtete sie: Manche Körper waren fast vollständig tätowiert, sie wirkten auf mich wie wandelnde Landkarten oder auch, als würde sich das Adernetz nicht unter, sondern auf der Haut befinden. Irgendwie auch wie Suchbilder.

Mein Vater sagte: »Mir reicht's jetzt, jeder spricht mich auf diese Nummer an: Immer wieder muss ich erzählen, erklären. Ich lass mir jetzt 'n Engel darübertätowieren, was meinst du? Einen großen Engel.«

Ich sagte nichts und er fragte nicht wirklich, er teilte seinen Entschluss mit. Ein Engel für Auschwitz, dachte ich. Das Verbot, das er mir erteilt hatte, fiel mir ein: Rede nicht darüber, sage, mein Vater sieht so dunkel aus, weil wir aus Ungarn stammen. Niemand will diese Geschichte hören. Niemand will mit dieser Vergangenheit konfrontiert werden. Sicher, sie reden vom Krieg und wie schlecht es ihnen ging, keiner jedoch will gewusst haben, dass es Konzentrationslager gab und wie viele Menschen dort durch den Schornstein gingen. Es wird deiner Karriere schaden, wenn sie es wissen. Du wirst keine Platten mehr verkaufen.

Ich hielt mich an dieses Gebot, viel zu lang. Erst Mitte der achtziger Jahre konnte ich darüber reden. Beklommen, musste dabei immer wieder Pausen machen. Dem voraus ging die politische Arbeit meines Vaters, die er Anfang der Achtziger begann. Er gründete die Berliner Sinti Union und erhielt 1998 das Bundesverdienstkreuz für seine ehrenamtliche Arbeit. Sein öffentlicher Umgang mit seiner Leidensgeschichte führte zu Fragen der Journalisten in meinen Interviews. Fragen, denen ich mich stellen musste und auch wollte, denn er ist mein Vater.

Der Unterarm war voller Blut. Der Glatzköpfige in Leder wischte es mit einem Lappen immer wieder fort, damit er das Bild erkennen und weiter daran arbeiten konnte.

Ich fragte: »Tut's weh?«

Mein Vater lächelte: »Piekt 'n bisschen.«

Am nächsten Tag ist der Arm so angeschwollen, dass er ihn kaum bewegen kann. Ab jetzt wird er im Sommer kurzärmlige Hemden tragen.

Tokio und Sofia

Festivals a la Grand Prix d'Eurovision de la Chanson fanden auch in anderen Ländern statt und man lud mich immer wieder ein, daran teilzunehmen, oder die Plattenfirma bot einen Beitrag von mir an. So fuhr ich Anfang der siebziger Jahre nicht nur nach Rio, sondern auch zum zweiten Internationalen Songfestival nach Japan und zum »Goldenen Orpheus« nach Bulgarien.

»Love Is Taking a Holiday« hieß der Titel, den Dieter Zimmermann, der auch Songs für Katja Ebstein schrieb und damals sehr erfolgreich war, zu diesem Anlass komponiert hatte. Er, mein Vater und ich flogen gemeinsam vom Ostberliner Flughafen Schönefeld nach Tokio.

Wie immer auf Reisen war ich still und in mich gekehrt, ich verließ Berlin ungern und taute erst auf, wenn es wieder heimwärts ging. Die beiden Männer verstanden sich gut, schätzten einander wie Platzhirsche in unbestimmter Waffenruhe. Dieter Zimmermann war bodenständig, geradezu, hatte dunkelblondes schulterlanges Haar, das sich wellte und trug eine Hornbrille, Cowboystiefel, Jeans und Jackett. Schon im Flugzeug tranken mein Vater und er um die Wette und tauschten Vertraulichkeiten.

»Otto, ick versteh dit nich, wieso hat'n so'n Mädchen wie Marianne keen Freund?«

»Weiß ich auch nicht.«

»Mit der is doch allet in Ordnung, is doch ne Süße? Vielleicht hat dit Mädel ja keene Jelegenheit, ick meine, du bist ja ooch immer dabei, wie soll die denn ...«
»Ja, nee, ja.«
»Meinste denn, die hat noch nie 'n Freund jehabt?«
»Ja, nee, du, weiß ich auch nicht.«
Ich stellte mich schlafend, und je mehr ich zuhörte, desto weniger wollte ich so etwas wie einen Mann.

Das Hotel in Tokio war ein Luxuskasten. Jeden Tag wurden die Telefonsprechmuscheln von mit Mundschutz bewehrten Damen des Hauspersonals ausgetauscht. Bis in die späte Nacht sah ich mir Filme mit Pappmonstern und Godzillas an und in den Kaufhäusern verneigte man sich.

Kayoko, eine dreiundzwanzigjährige zartgliedrige, aber für japanische Verhältnisse relativ große Frau, wurde uns vom Festival-Komitee als Hostess zugeteilt. Sie kam aus gehobenem Hause und studierte Philosophie.

Wir gingen gemeinsam einkaufen. Sie zeigte mir ein Geschäft, in dem es ausschließlich Kimonos gab. In prachtvollen Farben, aus erlesenen Stoffen und mit handgearbeiteten Stickereien. Blumen, Drachen, Schmetterlinge, Kimono ist nicht gleich Kimono. Er bezeichnet Stand und Anlass. Wie mir Kayoko erklärte, bestimmen Form und Länge der Ärmel den Förmlichkeitsgrad. Aber auch an Stoffen, Mustern und Farben könne man erkennen, zu welchem Anlass er vorgesehen sei. So sei Seide der wünschenswerte und gelte als der festlichste Stoff, Baumwolle hingegen als lässig. Dieses traditionelle, kaftanartige Kleidungsstück ist nur in einer Größe erhältlich. Die Art des Bindens entscheidet über die eigentliche Kleidergröße. Meine Statur war hier in Japan Norm. Das Gefühl,

ZDF-Hitparade, Sommer 1972

Marianne und Otto Rosenberg vor dem Café Kranzler in Berlin, 1972

Marianne Rosenberg mit Fanpost

1971

1971

Marianne Rosenberg und Joachim Heider, Frühjahr 1972

Erste Fotosession im Hause Meisel, Dezember 1971

Rio de Janeiro, 1972

1971

1974

nicht mehr ausschließlich nach oben schauen zu müssen, wenn ich mit jemandem sprach, war neu, nicht besser, nicht schlechter, anders und verblüffend.

Das Geschäft sah aus wie ein Lager. Große rechteckige Schachteln, in denen sich die Kimonos befanden, waren bis unter die Decke aufeinandergestapelt. Die alte Frau, die uns bediente, holte mit einem Haken Kiste um Kiste herunter. Dabei lächelte sie fortwährend, nichts war ihr zu viel.

Mir erschien die Anprobe wie eine Zeremonie. Ich hatte mich auf Kayokos Rat hin für einen seidenen, sonnengelben Kimono entschieden, dessen aufgestickte Schmetterlinge mit Goldborten verziert waren und ins Lilafarbene übergingen. Wie alle Kimonos bestand er aus einem einzigen Ballen Stoff und war handgearbeitet. Das Unterkleid glich der Form des Kimonos exakt, war jedoch aus minderem roséfarbenen Stoff. Die Bänder des weißen Kragens wurden in der Taille gekreuzt und vorne zugebunden. Ein breites, elastisches Stretchband hielt die überschüssige Länge in der Taille zusammen. Darüber kam dann der Kimono mit seinen verschwenderischen Stoffmassen, zu weit, zu lang, Durchschnittsgröße. Er wurde mit einer edlen Kordel so gebunden, bis er passte. Dieser Wust von Stoff, so empfand ich es als Europäerin zumindest, wurde nun von einem unwesentlich bescheideneren Obi verdeckt, einem riesigen edlen Kummerbund. Dort, wo sich bei manchen Menschen ein Hohlkreuz befindet, wurde ein viereckiges, kleines Kissen eingehängt. So, dass es keine Taille mehr gab und der Körper die gewünschte gerade, durchlaufende Form erhielt. Das Kissen, ich weiß nicht mehr, wie man es nennt, sah aus wie ein zu klein geratener eleganter Rucksack. Es war aus rot glänzendem

Satin und mit einer Orchidee bestickt. Die Sandalen, die man dazu trug, waren aus Plastik, nicht aus Holz, wie ich zunächst dachte. Die Strümpfe waren kleine Stoffschuhe, die man mit drei metallenen Haken an der Ferse schloss. Zwischen großem Zeh und dem zweiten war eine Einbuchtung, damit der Riemen der zierlichen, gewölbten Latschen, die es in allen Regenbogenfarben gab, hindurchpasste. Jetzt fehlte nur noch das weiße Make-up. Mein Haar war wie das von Kayoko dunkelbraun und kerzengerade. Ich betrachtete mich im Spiegel.

Dieser Kimono sollte um die 3000 DM kosten, was mir wahnsinnig teuer vorkam, aber Kayoko meinte, es gäbe Kimonos, die erheblich teurer seien. Sie vergaß aber zu erwähnen, dass bei diesem Preis das Zubehör, die Sandalen, das Unterkleid, Socken und Bänder, nicht inbegriffen war. Auf Schmuck und Tasche habe ich verzichtet. Die gesamte Ausstattung bestand aus etwa zehn bis zwölf Teilen, die alle auf eine bestimmte Weise angelegt werden mussten. Wie sollte ich das jemals allein anziehen?

»Musst du nicht«, wandte Kayoko ein, »dafür gibt es professionelle Kimono-Anlegehilfen, die haben eine Lizenz und die kann man buchen. Sie arbeiten meistens in einem Frisiersalon, kommen aber auf Wunsch zu dir nach Hause.«

»Aha, toll, lass sie mir bitte auch mit einpacken.«

Kayoko und ich machten uns mit den Schachteln auf den Weg ins Hotel und die alte Frau mit dem Pergamentgesicht beugte, immer noch lächelnd, ihren kleinen Rücken, was wir auch taten.

Mein Vater schlug die Hände über dem Kopf zusammen zusammen, als er erfuhr, was ich ausgegeben hatte. Weil ich aber für mich persönlich immer nur sehr wenig

Geld beanspruchte, freute er sich schließlich mit mir und wollte, dass ich alles vorführte, was eine Katastrophe war, denn Kayoko hatte keine Lizenz als Kimono-Ankleidedame.

Das Festival genoss eine hohe Aufmerksamkeit in den Medien. Täglich wurde über die Teilnehmer berichtet. Die japanischen Musiker hatten eine Präzision, wie ich sie nie wieder erfuhr. Nach einigen Proben mit dem vierzig Mann starken Orchester begann die Show. »Endlich« kann ich nicht sagen, denn ich hätte mich am liebsten wieder einmal in Luft aufgelöst. Auch damals schon starb ich vor jedem Auftritt mindestens einmal.

Dieter Zimmermann und mein Vater redeten geflissentlich auf mich ein, sagten mir, was ich bei den Proben alles falsch gemacht hätte und was ich tun und auch vermeiden müsse, um zu siegen oder zumindest auf den vorderen Plätzen zu landen. Ich landete irgendwo, bekam jedoch auch diesen Glasstein, auf dem steht, worum es ging, und den man sich in den Schrank stellt zum Beweis, dass man dabei gewesen ist.

Nach der Show gab es einen großen Empfang und Jackson Five spielten. Ich war ein Fan von ihnen und hatte einige ihrer Langspielplatten. Michael sah noch wie Michael aus und selbst der kleinste Spross der Jacksons, der Perkussion imitierte mit seinen kleinen geschwinden Händen, war begabt bis in die Fußspitzen. Wir durften schon beim Soundcheck dabei sein, und ich war beeindruckt von ihrer hohen Musikalität. Michael Jackson war vielleicht fünfzehn oder sechzehn, nur wenige Jahre jünger als ich.

Obwohl ich nicht zu den Gewinnern gehörte, interessierte sich eine japanische Plattenfirma für mich und nahm mit mir und diesem wunderbaren Orchester zwei Songs in einem Studio auf. Mit Kayoko übte ich die Aussprache. Sie übersetzte mir die Songtexte. Erklärte, dass es um Märchen und um Liebe ginge. Im Grunde wie immer, dachte ich, und doch, irgendetwas war wirklich märchenhaft daran.

Das Orchester und ich wurden gleichzeitig aufgenommen, ein Aufnahmeverfahren, das längst aus der Mode gekommen war und vielfach in den Vierzigern praktiziert wurde. Wir spielten von jedem Song etwa drei bis vier Takes. Meine hohe Stimme und die japanischen Worte verschmolzen wundersam, so als hätten beide aufeinander gewartet. Von meiner Aussprache war man verblüfft und der Komponist der Stücke war sehr stolz, als ich vom Aufnahmeraum in den Regieraum trat. Danach lud uns der japanische Plattenboss zum Essen in sein Puppenhaus. Frauen näherten sich in geduckter Haltung und stellten fremdartige Speisen auf niedrige Tische. Die fremden Laute zu singen fiel mir nicht schwer, die unbekannten Speisen jedoch bekam ich nur schwer hinunter.

Als wir längst wieder in Deutschland waren, erschien die Platte in Japan und wir erhielten ein Belegexemplar. Es wurde kein Hit. Die Aufnahmen habe ich wie vieles im Leben verloren. Als jedoch Rosa von Praunheim einen Film über mich drehte, hatte ich sie noch. Rosa hatte ein Faible für Eigentümlichkeiten und war entzückt von »Sayonara«. Er wäre noch entzückter gewesen, hätte er von jenem Kimono gewusst, aber ich war ja nie in der Lage, ihn allein anzuziehen. Einzig zum Geburtstag meines Vaters trug ich ihn, jedoch ausschließlich das Überkleid und den Kragen.

Noch im selben Jahr fand das Spektakel »Goldener

Orpheus« in Bulgarien statt. Wir flogen nach Sofia und von dort ans Schwarze Meer. An die Les Humphries Singers kann ich mich erinnern. Sie hatten in Deutschland große Erfolge, aber für welches Land sie auftraten, weiß ich nicht mehr. Da aber Jürgen Marcus auch dort war, scheint es unwahrscheinlich, dass drei Beiträge aus Deutschland vorgesehen waren, so nehme ich an, Les und seine Gruppe sangen für England.

Das Hotel, ein hässlicher Plattenbau, lag direkt am Strand. Karge, dunkle Zimmer mit Betten wie Pritschen und grauen, kratzenden Decken. Die Plastikarmaturen der Dusche waren ständig kaputt, und das Badewasser von Jürgen Marcus, der Tür an Tür mit mir wohnte, bahnte sich einen Weg unter meiner Tür hindurch. Der Strand war gesäumt von Restaurants und Buden. Man trank bis zum Morgen und spekulierte, Gewinner, Verlierer, wer wird was sein?

Wie immer ging ich früh zu Bett. Wie immer wurden Tauglichkeit und verschiedene Erfolgsstrategien diskutiert und wie immer landete ich irgendwo, nur nicht dort, wo ich sollte. Es war derselbe Song wie in Tokio. Vielleicht war es ein guter Song, ich habe ihn danach nie wieder gesungen. Wettbewerbssituationen holten nicht gerade das Beste aus mir heraus. Sie sind wie Schnappschüsse.

Für den eigentlichen Grand Prix de la Chanson, den »wahren«, »d' Eurovision«, war ich ausschließlich in Vorentscheidungen nominiert. Auch dort fiel ich gnadenlos durch. Das Besondere der europäischen Variante jedoch war, dass die Lieder, die ich hier vortrug, Hits wurden. »Er gehört zu mir« hatte hier Uraufführung und gleich im Anschluss folgte »Tout Peut Arriver Au Cinéma«, der Song, der auf Deutsch »Lieder der Nacht« hieß und für das kleine Großherzogtum Luxemburg ins Rennen geschickt wurde. Er erreichte die gleichen Verkaufszahlen wie »Er gehört zu mir«.

Vielleicht sollte ich mal wieder eine Vorentscheidung bestreiten, durchfallen und einen Hit landen. Eine ernsthafte Überlegung ist das nicht. Aber möglicherweise könnte ich das als Antwort verwenden, wenn ich, wie so oft, nach einem jener Geheimrezepte gefragt werde: »Wie machen Sie das, so viele Jahre erfolgreich zu sein?« Die Frage sollte lauten: Wie macht die Gesellschaft das, dass sie sich nach so vielen Jahren an jemanden erinnert?

Ich habe einen Flop, einen Hit, einen Flop, einen Hit, einen Flop, einen Flop, einen Flop ... dann 1990 mit »Ich denk an dich« wieder einen Hit. Ist lange her, dass ich einen Hit hatte, aber ich hatte so viele Hits, dass es nicht schwerfällt, die viel größere Anzahl an Flops zu gestehen. Ein Hit ist ein Hit, ist Erfolg. Aber das muss nicht bedeuten, dass es sich um gute Musik handelt. Kann sogar bedeuten, dass es recht flache Musik sein könnte. Ich habe nichts gegen Erfolg, aber dass ich über Jahre hinweg erfolgreich war, ist Unsinn, ich bin erinnerbar und vielleicht sogar in guter Erinnerung. Und das schon mehr als fünfunddreißig Jahre lang. Was will ich mehr?

Halt, ich hatte auch einen, nein, sogar zwei Flops, die beim Grand-Prix-Vorentscheid vorgestellt wurden. Einer davon hieß »Blue-Jeans-Kinder«. Es gibt nicht viel in meinem Leben, was ich bereue, aber diesen Song hätte ich nicht singen sollen. Das sagt nichts über die Autoren Ralph Siegel und Bernd Meinunger aus, denn sie waren ein erfahrenes, erprobtes Grand-Prix-Team und gewannen 1982 sogar den internationalen Wettbewerb. Machten vor, wie's gehen kann. Aber nicht jeder Erfolg ist kleidsam oder kompatibel oder essbar, nicht jeder Imagetransfer ist ein guter Kompromiss. Für mich jedenfalls war es einfach die verkehrte Hausnummer.

Ralph Siegel stellte sich während der Aufnahmen des Songs neben mich und wies mich mit seinen Händen und einer schmerzlichen Mimik an, die zum Song passte, der von der Jugend in den sechziger Jahren handelte, was aber im Text nicht wirklich herauskam. Ich kannte ja nun Alt-68er, Ulrich Enzensberger, den »Chefideologen der Kommune 1«, und Dieter Kunzelmann oder auch Fritz Teufel, die waren ganz anders.

Ein Dirigent beim Singen im Studio, das hatte ich noch nie erlebt, das irritierte mich, brachte mich aus dem Konzept. Eigentlich war das Ganze ziemlich unromantisch. Ich ließ mich von der Plattenfirma erpressen, diesen Song zu singen und an der Ausscheidung teilzunehmen. Das machen Plattenfirmen, wenn die Umsätze nicht stimmen. Dann ist es nicht mehr relevant, ob die Musik passend ist, denn der Verlust muss wieder ausgeglichen werden. Ich bin darauf reingefallen. Was auch hätte ich antworten sollen, als sie sagten: »Die beiden sind ein Erfolgsteam und mit denen erreichen wir mindestens den dritten Platz.« Es stimmte ja, bisher.

Als hätte ich diesen Zirkus noch nie erlebt, war ich entrüstet, als man die Bühnengarderobe gemeinsam mit mir auswählen wollte. So fuhr ich dann mit Ralph Siegel in einer großen schwarzen Limousine durch München, auf der Suche nach einem passenden Outfit. Das hatte ich seit ZDF-Hitparaden-Zeiten nicht mehr erlebt. Da wurde einfach anders gearbeitet, da in Bayern oder in Sachen Grand Prix. Ich weiß es nicht, aber es schien, als wäre die Zeit stehen geblieben. Das war das Komplettprogramm. »Ick bin ein Schtar, holt mich hier raus.« Auf diesen Satz wäre ich so damals nicht gekommen. Ich will nicht undankbar sein, nein, meine Nase blieb meine Nase und auch sonst war noch alles dran. Es ist mir mit Sicherheit besser ergangen als so manchem Container-Star in späteren Zeiten. Letztlich blieb ich nur irritiert und verwundert über mich selbst, dass ich mich all dem noch einmal ausgesetzt hatte.

Den zweiten Flop beim Grand Prix haben Jo Heider und ich einige Jahre zuvor gleichermaßen verbockt. Hier hielten wir uns nicht an die Formel: »Platziere dich nicht und hole dir den Hit«, und schuld daran waren beide: ich, weil ich mir das Haar unmittelbar vor der Sendung kurz schneiden ließ, eine scheußliche Zwanziger-Jahre-Frisur, für die mein Gesicht mehr als ungeeignet war, und er, weil er ein Klagelied komponierte, dessen theatralischer Text, ich weiß nicht mehr, wer den verbrochen hatte, seinesgleichen suchte. Merkwürdigerweise bereue ich nicht, »Ich werde da sein, wenn es Sturm gibt« gesungen zu haben, auch wenn ich den Auftritt im Nachhinein als lustig bis lächerlich empfinde.

Hitparade

»Wenn alles vorbei ist, das Herz so leer und tausend nicht gelebte Träume, wenn du auf nichts mehr wartest, und Stille macht dich stumm, dreh dich noch mal um, um zu sehen.« Gedankenverloren liegen meine Finger auf dem kleinen weißen Klavier, das ich zum achtzehnten Geburtstag bekam, während ich dieses Thema im Kreis spiele und diese Zeilen immer wieder singe, wie ein Mantra.

Ich habe mich noch einmal umgedreht, es war 1982, und habe das kleine schüchterne Mädchen gesehen. Mit dicken Kullerknien in einem weißen Minikleid, dessen Taschen mit Perlen bestickt waren. Das Mädchen, das mit einer unglaublichen Naivität und Inbrunst jene Lieder sang, die immer das eine Thema hatten: den Prinzen, auf den sie wartete und den sie nicht bekommen konnte. Artig und ungelenk verneigte sie sich am Ende des Liedes mit einem Knicks und lächelte dieses unberührte Lächeln, wie es wahrscheinlich nur Unberührte lächeln können.

Zehn Jahre hatte es gedauert, bis ich an den Punkt gelangte, zu sehen. Sehen, was passiert war mit mir. Zu viele Menschen, die mir sagten, was gut oder schlecht für mich sei. Dreißigjährige Männer, die die Fantasien und Sehnsüchte von Backfischen nachzuempfinden suchten, um sie über ein Medium in die Herzen Tausender Teenager zu jagen. Ich war ein gutes Medium. Ich war ein Backfisch.

Dreizehn Jahre alt, als ich meine erste Schallplatte aufnahm. Träume von der großen Liebe, der wahren Liebe, die, die nie mehr vergeht, die, die es so, wie ich sie mir vorstellte, nicht gibt und die noch lange auf sich warten lassen sollte.

Joachim Heider war von 1970 bis 1978 mein Produzent. Er schrieb auch die meisten Lieder für mich. In seinen Songs, die mich fast so berühmt werden ließen wie Harald Juhnke oder Götz George, kamen die genial banalen Zeilen vor wie »Wir sind wie Sand und Meer«, »Eine von uns beiden muss nun gehen« oder »Wie mein Name an der Tür«. Ein kindlicher Mann, Mitte zwanzig, der mich Mariannchen nannte und liebevoll mit mir umzugehen wusste.

Eines Tages verliebte ich mich in ihn, obwohl ich irgendwo gehört hatte, dass man Beruf und Liebe nicht vermischen sollte. Er bemerkte es gar nicht. Also sang ich seine Lieder für ihn und all die anderen Männer, in die ich von Zeit zu Zeit verliebt war und die es nicht bemerkten. »Du wohnst drüben, Nummer sieben, und oft seh ich dich, du stehst am Fenster, wie zum Greifen nah, und ich möchte dir nur zu gern mein Leben geben ...« – »Fremder Mann«, mein Leben geben. Damals, als ich es sang, sah es wohl so aus, als würde ich mein Leben für einen Mann geben, auch das würde sich ändern. Ich sang aus Sehnsucht. Aus Sehnsucht nach der Sehnsucht und aus Liebe, die mir den Kopf verdrehte, obwohl ich noch nicht genau wusste, was es eigentlich damit auf sich hatte. Ich dachte, Liebe wäre etwas, was man lernen könnte. Aber je mehr ich darüber erfuhr, desto weniger wusste ich, was das war, Liebe. Wohlbehütet in meinem Dornröschen-Turm, den ich mir ersungen hatte, blieb kein Raum für die Liebe und für mich. Abgeschirmt, weil ich bekannt geworden war, weil ich ein

Mädchen war, weil ich keinen Schatten mehr hatte, wie eine Schnecke ohne Haus, die nun beschützt werden musste. Ich sang für den Lehrer, denn ich ging ja noch zur Schule, für den Jungen, der mir den ersten Kuss gab und den mir meine Freundin ausspannte, und wenn es keinen gab, für den ich singen konnte, dachte ich mir einen aus. Ein Trauerkloß von einem Teenager mit treuen braunen Augen, die jeden unsicher anlächelten.

Drei Tage Probe. Danach konnte ich die zwölf oder dreizehn Titel auswendig. »Schubi, damm, damm«, »Du hast noch Sand in den Schuhen von Hawaiiii«, auch die Bewegungen dazu. Ein Mitarbeiter der Hansa-Musikproduktion holt mich ab, aus Berlin-Reinickendorf. Es regnet und er rast mit mir über die lackierte Stadtautobahn in die Oberlandstraße. Ein Capri, Sicherheitsgurte gab es noch nicht.

»20 Uhr, 14 Minuten und 29 Sekunden, und das war eine Sendung aus dem Studio 1 der Berliner Union-Film, von Ihrem ZDF.« Der Mann, der diesen Satz ins Mikrofon schreit, schafft es, dass Millionen Menschen für ihn und seine Sendung am Samstagabend zu Hause bleiben. Hunderte Male flimmert sie über den Bildschirm und die, die nach ihm kommen, schaffen es nicht, die Einschaltquoten zu halten. Na, was wusste ich damals von Quoten? Kaum zu glauben, aber ich wusste nicht einmal, wohin wir fuhren. Eine Fernsehsendung mit meiner ersten Single »Mr. Paul McCartney«. Das zweite Mal, dass ich beim Singen gefilmt wurde, davor für eine Sendung, die »Drehscheibe« hieß. Sie wollten den Song der B-Seite drehen: Abends, ich lief am Europa-Center entlang, von Schaufenster zu Schaufenster. Lernte, nur die Lippen zu bewegen, synchron zum Playback, das auf dem kleinen tragbaren Uher-Report-Tonbandgerät abgespielt wurde. Der Tontechniker lief unsichtbar für die Kamera neben mir her. »Stand by Your Man«, ein Tammy-Wynette-Song, und ich sang die deutsche Version, »Wer Liebe sucht, der muss auch Liebe geben«. Alle waren sehr freundlich. Wir waren ein kleines Filmteam auf der Straße, Leute blieben stehen, guckten, ich fror und lächelte.

Es gab damals ja nur drei Fernsehsender und die Sendungen begannen erst am Nachmittag. Immer wieder samstags die »Hitparade«. Ich trat in einer der ersten Folgen auf. 1969 hatten Truck Branss und Dieter Thomas Heck die Idee. »Karamba, karacho, ein Whisky, karamba, karacho, ein Gin.« Ein wenig wie ein Zirkus: Holzbänke nach oben klettern, warten auf den Einsatz. Wann ist es so weit? Kann ich den Text? Unten ein beleuchtetes Schachbrett. Die Figuren, in der Ausflugskantine des Geländes umringt von Autogrammjägern, Superstars. Die Uhr, die grotesken, schwarzen Zahlen, die der Moderator nie aus den Augen lässt, zusammengeschraubte Metallröhren, auf denen riesige Fotos der Mitwirkenden angebracht sind.

Eleganter, höflicher Rex Gildo mit seinem Manager, den ich zunächst für seinen Butler hielt. »Love a little bit, Belinda, oh, come on and kiss a little bit, Belinda«, hat das Tanzen gelernt, das sieht man. Singen muss man selbst, ohne sogenannte Führungsstimme, da ist nichts auf dem 38-Sekunden-Band außer der vorproduzierten Musik.

»Rainer, fahr ab.« Rainer fährt.

»Zwölf Mal schrieb ich dir, doch alleine sitz ich hier, und ich denk an dich die ganze Zeit.«

»Was soll die Tasche!« Knarrende tiefe, viel zu laute Stimme.

Ich kann ihn nicht sehen. Jemand kommt die wenigen Metallstufen hinauf, nimmt das kleine weiße Lacktäschchen. Wo hätte ich es lassen sollen? Die Garderobe konnte ich nicht abschließen.

Eine Lederjacke um die Schultern, der Kragen hochgeschlagen, graues volles Haar bis in den Nacken, Zigarette im Mundwinkel. Strenger Blick, über dem sich geschwungene Brauen heben. In seinen Augen entdecke ich etwas wie Schalk oder Ironie.

Er wusste, was er spielte, und spielte seine Rolle perfekt. Ein Dompteur, ein Regisseur, wie man ihn sich vorstellt, wenn man noch nie einen gesehen hat. Er nutzte seine Macht. Er fummelte vor versammelter Mannschaft bei den Proben an Reißverschlüssen und Knöpfen herum, die er auf- und zumachte, man hatte gefälligst währenddessen weiterzusingen. Wenn er meinte, mit Kragenaufstellen, Öffnen, Schließen oder Herumzupfen nichts retten zu können, wetterte er mit sonorer Stimme durchs Mikrofon: »Was ist das denn?«

Gewöhnlich war ich im falschen Outfit angetreten. Ich hatte zu viele Hollywood-Filme gesehen und ließ mir später Kleider schneidern, wie Katharine Hepburn oder Judy Garland sie trugen, zur Belustigung der trügerischen Promotion-Damen der Plattenfirmen, die neben oder hinter ihren Stars auf den Bänken saßen und feixten. Irgendwie fühlte ich mich immer deplatziert, was jedoch nie zu einer Angleichung führte, es sei denn, sie wurde erzwungen. Alle im Studio kicherten hinter vorgehaltener Hand und tuschelten.

Die meisten meiner Kollegen waren im Durchschnitt zehn Jahre älter als ich und sie hatten Respekt vor ihm. Es wäre mir nicht eingefallen, ihm zu widersprechen, wenn ich mit der Kostümdame in einschlägige Boutiquen geschickt wurde. Das Schlimmste, was dabei herauskam, war ein gestreifter Jeansanzug, in dem ich aussah wie ein Sträfling und »Warum gerade ich« sang.

Das Kabel des Mikrofons einmal um die Hand geschlungen, falls man stolperte, was leicht passieren konnte bei den Treppen und Wegen durch das Publikum hindurch, die einem auferlegt wurden. Beim ersten Mal musste ich nur die winzige Treppe zum Schachbrett hinauf und stehen bleiben, schwer genug.

Das war also die Traumfabrik. Ich bleibe für mich, ungewollt allein, die Kleene, werde kaum beachtet. Viele sind Freunde. In der Maske lassen sich die Frauen Wimpern ankleben, wie Ricky Shayne sie hat, der eines Tages mit einem roten, glänzenden Lamborghini bis zur Studiotür vorfährt.

»Na, kleine Schwester, wie alt?«

»Sechzehn.«

»Ach, immer noch zu jung«, hebt die Arme, lacht.

Auch mir kleben sie Haare auf die Augen, sie pieken und ich kann nicht gut sehen damit. Augen, gemacht, um gesehen zu werden. Ich sage nichts. Alle werden geschminkt.

Der Einzige, der sich durch nichts beeindrucken ließ und verschlafen auf den Bänken herumlag, war Ricky Shayne, in den ich übrigens auch verliebt war. Wenn es um seine Musik ging, wachte er auf. Er hatte den Blues in der Stimme. »Na, kleine Schwester, wie geht's.«

Hey, Mann, bemerkst du eigentlich nichts, hätte ich am liebsten gesagt, aber er hatte eine wunderschöne französische Freundin, eine Gazelle, und wenn ich eines nicht war, dann eine Gazelle, das wusste ich genau. Da war nix mit »Eine von uns beiden muss nun gehn«, »Marleen« war noch Lichtjahre entfernt. Abgesehen davon, dass ich für ihn schwärmte, gefiel mir seine entspannte Haltung, die er zum Showgeschäft hatte.

Christian Anders hat mir auch gefallen, nicht als Mann, sondern weil er anders war. Verrückt, wie er seine Shows zelebrierte. Er inszenierte sich, überzog. Als sein Erfolg nachließ, ging er nach Amerika und moderierte als langhaariger Guru und Seelenheiler TV-Shows.

Eine Aura aus Selbstsicherheit, Eitelkeit und Versagensangst umgibt das Gelände. Eine eigene Welt mit eigenen Gesetzen. An der Größe der Trauben, die sich auf dem Weg zwischen Kantine und Studio um sie bilden, ist ihr Marktwert zu erkennen. Ich beneide sie und bleibe doch auch befremdet von dieser Welt, in der ich mich fortan bewegen und verhalten soll.

Roy Black umringt von Mädchen, sie lieben ihn. Autogramme sammle ich nicht, an meiner Wand hängen die Stones und die Beatles, Paul McCartney, den ich in meinem Song anflehe, mir zu schreiben. Mick Jagger hätte ich spannender gefunden, aber das Lied war schon fertig und man hat mich nicht gefragt.

»Mr. Paul McCartney, weißt du, wie ich leide«, das Kleid schwarz-weiß, ausgestellter Glockenrock, Lackschuhe, auch schwarz-weiß. Es war das erste Mal, dass Trudy mich herrichten ließ. Ich weiß noch, wie es war, als ich sie kennenlernte. Man brachte mich vom Büro ihres Mannes Peter Meisel in ihres. Mitten im Raum ließ man mich stehen. Sie stand von ihrem Schreibtisch auf, ging um mich herum und betrachtete mich von allen Seiten. Dabei schüttelte sie ungläubig den Kopf und sagte: »Unmöglich, das muss alles geändert werden.« Die Mitarbeiter, die etwas von mir abgerückt waren, folgten aufmerksam ihren Anweisungen. Und ich, die ich extra für dieses erste Vorstellungsgespräch in einer Plattenfirma meinen goldenen Lurexanzug angezogen hatte, den ich beim Nachwuchswettbewerb getragen hatte, entnahm ihren Worten, dass ich offensichtlich noch zu retten sei.

Kameras richten sich auf mich, dort, wo das rote Licht angeht, in diese soll ich schauen. Ich tue das leider nicht immer rechtzeitig und deswegen soll ich lieber gar nicht hineinschauen. Das Lied ist aus, ich habe es geschafft, erfahre aber, dass es nur eine Probe war und dass wir drei Tage hier sein werden. Etwa zwölf Teilnehmer treten auf, später werden es weniger sein, die Sendezeit wird immer kürzer werden. Man kann uns zweimal wiederwählen, mit einer Postkarte. In späteren Jahren gibt es Skandale, man behauptet – ich weiß nicht, ob es je bewiesen wurde –, Peter Orloffs Oma habe Hunderte von Karten für ihn geschrieben, anderen Stars und Sternchen wirft man vor, ihre Fanklubs zum Einsatz gebracht zu haben. Den Maschinen traut man, Media-Control beendet 1977 alle Diskussionen um Falschspielerei.

Auf Flughäfen bin ich inzwischen zu Hause. Neuerdings packe ich mit Liste. Zu viel habe ich stehen gelassen. Einmal einen Koffer mit Auftrittsgarderobe, hat sich wieder angefunden, war noch alles da. Ich hatte schon befürchtet, im gelben Wollkleid mit Gürtel und Lederstiefelchen auftreten zu müssen, wie in Rainer Holbes Starparade, dem »Wetten, dass ...?« der Siebziger.

Das Kleid für die Sendung wurde angefertigt, war aus Chiffon, leicht wie eine Feder, ausgestellt, und hatte Blumen auf der Brust, ein Babydoll. Es wurde aus der Garderobe gestohlen. Dazu ein Schuh von Rainer Holbe und ein

Hemd von Michael – Schanze oder Holm. Junger, gelockter Michael Schanze, sang sanft am Flügel in der Bar im Maritim, um ihn herum einige Macher wichtig nickend, galt als großes Talent. Mein Vater sagte noch: »Nein, nimm das Kleid mit«, die Garderobiere versprach abzuschließen. Ein Fan sei es gewesen, habe von jedem, der in der Show auftrat, eine Kleinigkeit genommen. Wie Schneewittchen.

Mein Kostüm war keine Kleinigkeit. Die Zeit bis zur Show war knapp und ich konnte nicht einfach auf ein zweites Paar Schuhe zurückgreifen oder mir ein neues Hemd kaufen. Also, das gelbe Wollkleid, Mini mit Rollkragen, in dem ich angereist war. Das war das erste und einzige Mal, dass ich in dieser Sendung aufgetreten bin. Das geklaute Kleid wirkt im Nachhinein ebenso grotesk wie das gelbe, aber so oder ähnlich müssen meine Sorgen 1974 ausgesehen haben. Sorgen, mit denen ich mich nicht lange aufhalten durfte. Bühnengarderobe ließ ich von nun an nicht mehr aus den Augen, schleppte alles ins Hotel und wieder zum Veranstaltungsort, stellte sogar Wachen auf. Ein immer wiederkehrender Traum war, dass mein Auftritt nahte und ich nichts anzuziehen hatte. Na, was kann es Schlimmeres geben.

Eine Sprengung des Schminkkoffers, den ich auf dem Flughafen Frankfurt, oder war es Hannover, stehen ließ. Ich stelle mir vor, wie Sicherheitsexperten um die metallene Box herumschlichen und sie schließlich zur Zerstörung freigaben. In Windeseile musste ich mir neues Schminkmaterial besorgen. In so einem Ding befindet sich von Swarowski-Steinen über Haartressen, Farbpaletten, Echthaarpinsel, Nähsets, einem Antiallergikum und homöopathischen Kügelchen zur Förderung der Konzentration alles, was man glaubt nicht entbehren zu können, bevor es auf die Bühne geht. Auch Schmuck und die genähten kleinen Täschchen für den Sender des Mikrofons.

Ein anderes Mal war der gesamte Inhalt des Make-up-Koffers auf dem Rollfeld ausgekippt und Splitter vermengten sich mit Sand, Nagellack und Fettschminke zu einem übel riechenden Brei.

Der letzte ging in der ZDF-Hitparade hoch, als es sie noch gab. Man hatte mir statt eines beleuchteten Spiegels einen Scheinwerfer in die Garderobe gestellt. Dieser wurde zu heiß, platzte neben meinem Ohr, sodass ich stundenlang einen Pfeifton hörte, weswegen ich das Set verließ. Bis zum Abend hatte es sich wieder gegeben und ich konnte auftreten. Die Schminkutensilien waren mit Scherben übersät und nicht zu gebrauchen, man half mir in der Maske des ZDFs aus.

Ich hatte mir instinktiv immer eine distanzierte Haltung zu der Welt bewahrt, die ich nicht als die meine begriff. Nicht allein der Altersunterschied und die Art der Musik, mit der ich im Allgemeinen nichts anfangen konnte, machten mich zur Außenseiterin. Ich lebte auch anders als die meisten meiner damaligen Kollegen. Ich ging zur Schule, nicht auf die Partys nach der Show, sondern ins Bett. Eines war vielleicht doch klar: wie ich nicht werden wollte. Das, was ich sah, war nicht die Glamourwelt, in die ich mich geträumt hatte. Ich schwärmte für Stars der vierziger und fünfziger Jahre, für eine Welt, die es längst nicht mehr gab. Jane Russell und Marilyn Monroe kreisten in meinem Kopf, Hollywood, »When Love Goes Wrong, Nothing Goes Right«.

Irgendwann kommen »Conny Kramer« und Juliane Werding, ich bin nicht mehr so allein, habe jemanden, mit dem ich mal reden kann. Auch Ramona, die in den Achtzigern zusammen mit Penny McLean Silver Convention gründet, wird meine Freundin. Jetzt ist es in den Drehpausen nicht mehr so langweilig, wir schwatzen und gehen zusammen in die Kantine.

Man sitzt seinem Status entsprechend, weiß lackierte, bayerisch wirkende Holz-Paravents trennen Sitzgruppen voneinander. Kameramann sitzt kaum einmal am Tisch des Regisseurs und auch die »Helferlein« mit den roten Hemden, die einen befreien, wenn man sich zwischen den Sitzbänken mit dem Mikrofonkabel verheddert hat, bleiben meist unter sich. Das Essen ist einfach, berlinisch, »ne Dicke mit Salat« oder Kohlroulade. Alkohol in Maßen, erst abends stürzen sich einige wie Verdurstende darauf, und das auch lieber in der »Todeszelle«, wie sie die Bar im Schweizer Hof nennen, wo alle Nichtberliner wohnen.

Ich darf da nicht rein, muss ins Bett, sehe am nächsten Tag Fraternisierende, Schlurfende, belustigt über kollektives Stöhnen, im Maskenraum in Zahnarztstühle sinken, nach den blauen Tropfen verlangend. Den Kopf zurückgelehnt, erwartet man das Strahlen der Augen in neuem Glanz. Gesund sind sie nicht, die blauen Tropfen, aber sie zaubern ein Weiß ins Auge, wie es nur Kindern eigen ist. Die kleinen, rot gestrichelten Landkarten um die Iris herum verschwinden gänzlich. Muss ähnlich wie Hämorrhoidensalbe funktionieren, die Gefäße ziehen sich zusammen. Hämorrhoidensalbe, sagt ein Maskenbildner, könne man sich auch auf die Tränensäcke schmieren, sie würden deutlich zurücktreten.

Katja Ebstein wäscht ihr wundervoll rotes Haar kopfüber im Friseurbecken. Sie hat noch ihre gebogene, etwas zu lang geratene Nase, die sie wie eine indianische Zauberin erscheinen lässt und die sie Jahre später in eine winzige Stupsnase verwandeln wird. Sie ist ein Star, schnodderig, berlinisch. »Na, Kleene, is doch allet nich so schlimm, du machst dit schon.«

Manuela ist mädchenhaft brav, flatternde Zunge hinter Schneidezähnen, wenn sie das RRRRR spricht. Ich nehme mir vor, meine berlinerische Sprache nur zu privaten Zwecken einzusetzen, denn ich möchte keinen Sprachtrainingskurs besuchen müssen.

Katja ist eher ein Vorbild für mich, ich wünsche mir ihre Selbstverständlichkeit, nicht nur auf der Bühne. Sie ist eine Fee, eine Sirene, deren Stimme mich fortlockt aus selbstherrlichem Zirkus. Später begegne ich auch Gitte. Jahre danach, als sie längst auf anderen Bühnen unterwegs ist und Jazz singt, erinnert sie mich immer noch an Giulietta Masina, clowneske Melancholie. Ich sah den Film »La Strada« als Kind.

Doch, es gab sie, die sogenannten Schlagersängerinnen, die ungeahntes Potenzial und Können hinter maßgeschneiderten Kommerzmasken verbargen und sich reduzierten, um von dem leben zu können, was sie am liebsten taten: singen. Weder Gitte noch Katja waren Schlagersängerinnen. Die echten waren anders. Chris Roberts, so schien es mir, war eine echte männliche Schlagersängerin, hingegen Howard Carpendale legte in Live-Konzerten Stücke auf die Bühne, die man hinter »Schubi, damm, damm« kaum vermuten konnte.

Als in den Achtzigern Trio, Fräulein Menke und Hubert Kah kamen, ging es nicht mehr um echt oder unecht, und das war auch gut so. Es ging auch nicht mehr um Singenkönnen oder nicht, die Deutsche Welle hat die Schubladen gut durcheinandergebracht und einen Begriff darüber gesetzt, der viel versprach und wenige übrig ließ. Einige Branchenhaie verunsicherte sie jedoch erheblich.

Die Deutsche Welle hat auch mich weggefegt, genauer gesagt, Nena übernahm meinen Part, so wie ich den Platz von Manuela eingenommen hatte. Ein neues deutsches Fräuleinwunder. Immerhin hat es mich zehn Jahre lang als erfolgreiche, wenn auch vielleicht unechte Schlagersängerin gegeben. Natürlich, ich sang noch mit Extrabreit »Duo Infernal«, aber ich war ganz klar überrollt worden und das kam meinen Plänen entgegen.

Ich erinnere mich, dass ich schon »Marleen« nicht mehr singen wollte. Wieder die Geschichte einer jungen Frau, die einem Mann hinterherhechelt, den sie nicht bekommt. Es war der Anfang vom Neinsagen. Von hier aus, wahrscheinlich dem Höhepunkt dieser Karriere, ging es nun stetig bergab und ich schaute zu.

Alle, die damit zu tun hatten, wurden nervös. Marianne Rosenberg war ein Unternehmen, und ich war Marianne Rosenberg. Ich bekam Besuch vom damaligen Produktmanager der Phonogram. »Wie«, so fragte er mich besorgt, »soll es weitergehen?«

Ich hob die Schultern und das war nicht gelogen. Ich wusste es nicht. Was ich wusste, war, dass ich mich nicht endlos wiederholen konnte und wollte. Dennoch gab es ein oder zwei Alben in bewährtem Sound und Look und Erfolge mit Coverversionen internationaler Lieder, »Heart of Glass« von Blondie beispielsweise war ein solcher Titel oder auch »The Winner Takes It All« von Abba, auch Barbra Streisands »Woman In Love«. Das waren alles noch Erfolge, aber der Umsatz hatte sich bereits deutlich verringert. Ich begriff, dass die einzige Möglichkeit, über mich verfügen zu können, darin bestand, wertlos zu erscheinen für die anderen. Wenn ich nicht mehr umsetzte, würden sie nicht mehr interessiert sein und loslassen.

Als ich diese Welt betrat, damals mit vierzehn Jahren, erzählte man mir: »Stell dir vor, es sind Kohlköpfe.« Wie wenig die Menschen und deren Köpfe im Zuschauerraum mit Kohl gemein hatten, zeigte sich nun noch einmal sehr deutlich. Die Leute hatten sehr wohl bemerkt, dass ich aus den Geschichten meiner Lieder herausgewachsen war und nichts mehr stimmte. Ich war eine Hülle, die brav die Paragrafen ihrer Verträge erfüllte. Prince hat sich in genau der gleichen Phase seiner Karriere »Slave« auf die Wange gemalt, aber das war später, viel später.

Es galt zu erreichen, dass die Optionen in den Verträgen, die eine Verlängerung bewirkten, nicht gezogen wurden. Und die würden nicht gezogen bei Misserfolg. So sang ich weiterhin alles, was mir angeboten wurde vonseiten der Firmen. Ich brauchte nichts zu tun, als so weiterzumachen, und es würde sich von allein erledigen. Die Musik war ein Abklatsch dessen, was es bereits von mir gab, und kam an die ursprünglichen Fassungen nicht mehr heran. Es war ähnlich, aber schlechter. Ich war nicht mehr das Mädchen, das jedes Wort glaubte, das es sang.

Aus der Mode gekommen, freute es mich, dass einige Deutsche-Welle-Stars meinen Namen als musikalischen Wegweiser nannten, dazu gehörte auch Ideal. Was der Kopf der Band Ideal, der eindeutig Annette Humpe war, nicht wissen konnte: Ich strebte eine Arbeitsweise für mich an, die für Annette von Anbeginn ihrer Karriere selbstverständlich war. Mit ihr kam eine neue Art von Frau in das Business, die sich nicht länger zum Kehlkopfknecht degradieren ließ. Was für sie selbstverständlich war, musste ich gegen das zum Gewohnheitsrecht gewordene Herrschaftsprinzip hart erkämpfen. Vielleicht war es aber auch so, dass sie ihre Karriere erst viel später begann und sie selbstbewusster, gefestigter war, als ich es mit vierzehn sein konnte.

Ohne schlechtes Gewissen stahl ich mich aus vertraglichen Bindungen, die mich inzwischen mehr als strangulierten. Ich überließ das Feld anderen und machte mich auf den Weg nach Fresenhagen.

Was kosten bei euch die Eier?

Ich war jetzt die älteste Tochter im Haus. Frank und Petra hatten geheiratet. Vielleicht würde ich ja auch bald heiraten und fortziehen. Immer noch flog ich wie ein aufgeregtes kleines Vögelchen, das seine Jungen versorgt, von Tempelhof aus raus und rein. In dieser Zeit und auf diesem Flughafen traf ich eines Tages Ilja Richter, der später erzählte, er sei der erste Mann in meinem Leben gewesen und dass »Er gehört zu mir« für ihn gedacht war. Ich habe das Lied ja nicht geschrieben, weder den Text noch die Musik, und hätte ich ihm eine Liebeserklärung gemacht, dann nicht in dieser Form. Er sprach mich an, wie er mir später mitteilte, mit dem »Segen« seiner Mutter, da ich ein nettes Mädchen sei. War ich auch und er war ein netter Junge. Ein Junge aus einer anderen Welt.

Er sah aus wie der Sohn von Theo Lingen, trug Nadelstreifenanzüge mit Weste. Ich sah ihn in Schwarz-Weiß, wie die Filme in Kindertagen mit Heinz Rühmann und Hans Moser. Er war meistens mit seiner Mama unterwegs, die oft mit ihm lernte und mit ihm an seinen Moderationstexten für die ZDF-Sendung »Disco« arbeitete.

Es gab viele Parallelen, die durchaus für eine längere Verbindung gesprochen hätten. Wir trafen uns von nun an öfter, denn er fragte, ob wir uns nicht einmal verabreden wollten. Na gut, wir wollten. Auf die Idee, dass er mir

Avancen machte, kam ich nicht. Erst als wir beide einmal bei einer Rundfunksendung im Europa-Center auftraten, »Zweites Frühstück« mit John Hendrik im I-Punkt, und er gekränkt erklärte, er würde mir nicht länger nachlaufen, war ich verwirrt und verwundert.

Er war ein jiddischer Prinz und schien dafür geeignet, mich aus meinem Turm aus Ruhm und Fürsorge zu befreien. Fünf Jahre älter als ich, schlaksig, intelligent, hatte Charme und die ihm eigene Art von Humor, die ich mochte. Wir gingen zusammen in die »Wühlmäuse« zu Georg Kreisler oder ins Theater.

Er galt als mein Bräutigam. Holte mich mit dem Taxi ab und brachte mich wieder nach Hause. In seinem blauen Jugendzimmer in der Bleibtreustraße las er mir Tucholsky vor: »An die Berlinerin«. Auch Friedrich Hollaender. Er wurde nicht müde beim Vorlesen. Nie mehr gab es einen Mann in meinem Leben, der mich so liebevoll und mit Begeisterung in den Schlaf gelesen hat. Darin war er tatsächlich der Erste.

Männer in seinem Alter lasen nicht vor. Sie trugen Jeans, Sweatshirts und Turnschuhe oder Cowboystiefel und hatten einen Führerschein. Ilja trug Mokassins, hatte, soweit ich mich erinnere, eine Taschenuhr und ging ins Café Schilling. Das neben dem Kaufhaus des Westens lag und Treffpunkt älterer Damen war, die hier ihre Hüte spazieren führten. Er war kein Mann, in den man sich verlieben konnte, er war kurios, kindlich und alt zugleich. Das gefiel mir. Er las viel, gern und mit der Hochachtung und Ehrfurcht derer vor dem geschriebenen Wort, die die Schule vorzeitig abbrechen müssen. Mit neun stand er bereits als Schauspieler auf der Bühne.

Dass ich Else Lasker-Schüler lese, jedes ihrer Worte in

mich aufsauge, erschreckt ihn. Sein großer Bruder meint, das sei zu schwer für mich. Unser Haus hat einen richtigen alten Dachboden, ein Spitzdach. Ich liebe es, allein dort oben zu sein und zu lesen. Über die Lebensgeschichte der Lasker-Schüler weiß ich damals nichts. Später, als ich sie erfahre, empfinde ich es als vermessen, dass ich mich damals in ihren Worten wiedererkannte. Ihre Sprache wurde lebendig, wenn ich sie las, und ich fühlte, dass sie mein tiefstes Innerstes spiegelte.

»Ich will das Grenzenlose
Zu mir zurück
Schon blüht die Herbstzeitlose
Meiner Seele,
Vielleicht ist's schon zu spät zurück.
O, ich sterbe unter euch!
Da ihr mich erstickt mit euch.
Fäden möchte ich um mich ziehen
Wirrwarr endend!
Beirrend,
Euch verwirrend,
Zu entfliehn
Meinwärts.«[6]

Ich öffne die kleine Dachluke, schaue hinaus, es hat geregnet, ich atme tief, irgendwo da draußen wartet etwas auf mich und das hat nicht mit einem Mann zu tun. Auch die grelle, bunte Welt ist es nicht, eher die rauschenden Wipfel der Bäume im Wind. Ich forsche nach Sinn und Zweck meines Daseins. Vielleicht macht das ja jeder junge Mensch. Ich dachte doch tatsächlich, dass die Liebe der Sinn des Lebens sei, wie dumm von mir, aber was sollte es denn sonst sein? Irgendwann werde ich all die Dinge tun, zu denen es nie kam.

Wir tauschten unsere Halsketten und versprachen uns einander. Unser Lieblingssatz war »Was kosten bei euch die Eier?«, aus einer Geschichte, die Iljas Mutter erzählte, von zwei jüdischen Familien, die in benachbarten Dörfern lebten und die sich gegenseitig ihre Kinder versprochen hatten. Die beiden Teenager trafen sich zum ersten Mal. Auf einer Bank sitzend, hielt das Mädchen die Stille nicht länger aus und fragte den Jungen schließlich: »Nu, was kosten bei euch die Eier?«

Unsere Familien mochten sich. Ich war ein Fan der Richters, Iljas Schwester Janina wurde meine beste Freundin. Wir fuhren sogar gemeinsam in die Ferien. Das war bisweilen sehr anstrengend, denn noch war nicht klar, wer das Regiment übernehmen würde: mein Vater oder seine Mutter, die ihren Yorkshireterrier in den Hotels meistens in der Tasche herumtrug. Die Aussicht, von meinem Vater wie ein Sohn behandelt zu werden und vielleicht sogar seinen Weisungen folgen zu müssen, dürfte für Ilja kein Grund zur ungeteilten Freude gesesen sein. Ich glaube, seine Mama hätte das nicht gerne gesehen.

Am Ku'damm, Ecke Leibnizstraße, im Iduna-Haus hatten wir eine Wohnung besichtigt, die uns zusagte. Daraus wurde nichts, denn die Richters hatten sich entschlossen, nach München zu ziehen. »Mit deiner Mutter ziehe ich nicht zusammen«, sagte ich.

»Was hast du denn gegen die Mama?« Die Empörung war groß und sein Papa sagte: »Eine Frau, die ihren Mann liebt, zieht mit ihm überallhin.«

Überallhin vielleicht, aber nicht mit seinen Eltern. Da kann ich ja daheim bleiben. Ich dachte doch, wir würden ausziehen, und er gefiel meinem Vater so gut, die ganze Familie mochte ihn.

Er verabredete sich mit mir in einem Restaurant am Ku'damm. Es war ein Abschied, ich wusste, dass wir uns nicht wiedersehen würden. Ich legte das Halskettchen, das er mir geschenkt hatte, auf den Tisch, ein Clown hing daran mit wunderschönen Rubinen. »Er war kein schöner Mann, doch er war ein Mann, so ein Mann, von dem ein Mädchen träumen kann.« Zeilen aus einem Lied auf einer Langspielplatte von mir, die Ilja damals auf sich hätte beziehen können. Es war auch nicht von mir erdacht, aber es passte besser zu ihm als ausgerechnet »Er gehört zu mir«. Überhaupt, gar nichts hab ich gedacht, als ich dieses Lied sang, mir gefiel die Barry-White-Musik und ich konnte mir vorstellen, dass es Menschen gibt, die genauso fühlen, aber ich hätte es anders ausgedrückt.

Die große Liebe war es nicht, denn wie ich heute weiß, stand sie mir noch bevor. War er ein Freund, ein großer Bruder, der mir helfen sollte auf meinem Weg? Ich hatte mich an seine Gegenwart gewöhnt. Auch an die lustigen Sprüche.

Zweiundzwanzig war ich nun und wohnte noch bei meinen Eltern. Der Prinz war fort und ich musste sehen, wie ich ohne Mann aus dem Haus kam. Lächerlich heute, aber damals Realität. Ungewöhnlich in unserer Familie. Ohne Mann. Welchen Grund gibt es da, das Elternhaus zu verlassen? Für mich gab es einige und es schien mir überfällig. Ich musste herausfinden, wer die Frau war, die ich sein sollte. Die Frau, die so lieb von den Plakatwänden lächelte, wie viel von ihr war ich?

Auf dem Höhepunkt des Erfolgs von »Marleen« zog ich aus, gegen den Wunsch meines Vaters. Er ließ es zu, aber er wollte eigentlich, dass ich blieb. Ich nahm die Hochzeit meines jüngeren Bruders zum Anlass, ihm meinen Entschluss mitzuteilen. »Ich ziehe mit ihnen«, sagte ich, »du brauchst dich nicht zu sorgen, ich bin ja dann nicht allein.«

Janosch, seine Frau und ich zogen in ein vornehmes Viertel von Berlin. Nach Dahlem, ins Grüne, in ein Villenviertel. Hier wohnten Rechtsanwälte, Banker und Unternehmer, alle, die etwas Besseres waren oder sein wollten. Auch die amerikanische Armee hatte hier ihr Hauptquartier. Die beiden suchten sich bald eine neue Wohnung in der Nähe und ich musste dem Elternhaus täglich versichern, dass ich noch lebte.

Die Wohnung war teuer. Aber an Geld mangelte es mir nicht. Es war eine Wohnung über zwei Etagen mit Parkett und Garten. Die erste und einzige Wohnung, die ich jemals einrichtete. Mit Plüschgarnitur und englischem Couchtisch und Sekretär, beigefarbenem Teppichboden und Glasregalen, in die ich lauter Schnickschnack stellte wie Porzellanrosen oder goldfarbene Mokkatässchen. Riesige Bose-Boxen auf Metallständern, über die ich Dean Martin, Al Martino und Sammy Davis Jr. hörte. Ein weißer Flügel, einige Palmen – auch im Bad, in dem ich ungestört meiner Lieblingsbeschäftigung nachgehen konnte, stundenlang baden bei Kerzenlicht und Wein, Träume und Schäume an mir vorbeiziehend. Die Verbindung zur Außenwelt stand neben mir und holte mich mit schrillem Geläut ab und zu in die Realität zurück. Danach schminkte ich mich, föhnte meine berühmte Außenrolle, die inzwischen jedes zweite Mädchen trug, verpackte meine Weiblichkeit in strenge weiße Seidenanzüge und stürzte mich ins Berliner Nachtleben oder in das, was ich damals dafür hielt. Nobeldiscos mit Pianoplayer und Champagner an der Bar. Langweilige Nächte, in denen ich mich meistens betrank. Bevor der Morgen graute, fuhr ich allein nach

Haus. Männer nahm ich nie mit. Es langweilte mich nicht nur, wie sie wie ein Raubtier um die Beute herumschlichen, ich fand es auch erbärmlich. Den alten 280 SL, den ich inzwischen fuhr, parkte ich mit Hängen und Würgen in der Garage, begab mich in mein Schlafgemach, zog blitzschnell die Samtvorhänge zu und schlief bis in den Nachmittag. Dann setzte ich mich an besagten Flügel – zum Leidwesen der Nachbarn – und machte Fingerübungen. Diese Fingerübungen führten dazu, dass ich bald wieder ausziehen musste, wegen Lärmbelästigung.

Eigentlich war es wie Urlaub, aber ich konnte die freie Zeit nicht genießen, wusste nicht, wie ich sie verbringen sollte. Bisher hatte ich nie eigene Entscheidungen getroffen, eigene Ideen gehabt und Fehler gemacht, für die ich verantwortlich war. Und so waren nur die Tage, an denen ich auftrat und mein Vater mich in Dahlem abholte, geregelt.

Freunde hatte ich kaum. Bevor ich auszog, gab es meine Familie und die Arbeit. Janina blieb meine einzige Freundin. Sie war Erzieherin und Synchronsprecherin. Auch sie hat in der Kindheit als Schauspielerin gearbeitet, sich jedoch bald den Fängen der Mutter entzogen, die sich dann auf Ilja konzentrierte, der ohnehin ihr Star war. Ich besuchte Janina in dieser ersten Zeit meines Alleinseins oft. Sie wohnte am Winterfeldtplatz. An Samstagen gingen wir dort auf den Markt, setzten uns dann vor das Slumberland und rauchten. Dann kletterten wir auf ihr Hochbett und frühstückten, plauderten und lachten viel.

Zurück in meiner Wohnung, war ich so einsam wie die junge Frau in den Artikeln der Zeitungen und den Liedern, die ich sang, als ich noch gar nicht einsam war. Wer nicht unterscheiden kann zwischen seinem Selbstbild und dem Bild, das die Öffentlichkeit von einem hat, ist verloren. Und wer nur noch für die Öffentlichkeit und sein Image lebt, ist es auch. Na und, das wusste ich doch, ich war nicht in der Rolle verschwunden und ich glaubte sie auch nicht. Trotzdem, daran gewöhnt, immer von Menschen umgeben zu sein, erschreckte es mich, dass ich mit mir allein war. Im Begriff, die Fäden, an denen ich hing, zu kappen, wusste ich nicht, was meine Ansprüche und Träume waren und wie ich das herausfinden sollte. Seit frühester Kindheit war meine Wachsamkeit geschärft für die Erwartungshaltungen und Befindlichkeiten anderer. Die Erfahrungen hatten mich nur eines gelehrt, dass das Kleid, das man mir überstülpte, nicht passte und dass ich ins Bodenlose fiel, wenn ich daran herumriss. Ich konnte nicht einfach die Stadt wechseln und neu beginnen. Die Leere und das Image hätten mich begleitet. Es ging nicht um Selbstverwirklichung, nicht darum, wer ich sein wollte, ich hatte kein bestimmtes Bild von meiner Person. Ich hatte kein Spiegelbild, keinen Schatten mehr und gehörte nirgends dazu. Und ich glaube, nur darum geht es im Leben, um Dazugehören. Ich begann mich zu verkleiden und versuchte, meinen Schulabschluss nachzuholen. Eigentlich war es gleichgültig, was ich unternahm, nach einer Weile glaubte man immer zu wissen, wer ich war, nur ich, ich wusste es nicht. Ich gab aber nicht auf, es herauszufinden. Das äußerte sich nicht so aktiv, wie es sich anhört. Mein Vater war inzwischen schwer erkrankt und wir arbeiteten nicht mehr zusammen. Zunächst begann ich die beruflichen Angebote zu prüfen. Ich schlug die aus, die vielleicht lukrativ waren und nach vorn wiesen, denn sie führten zurück in die Sackgasse.

Der Biss

Auf der Bühne war ich allein, auf mich gestellt. Auf Reisen war ich es auch, war mit mir, obwohl ich nie allein reiste. Die Außenwelt nahm ich kaum wahr. Alles Schöne wie Abstoßende verblasste, hatte einen Schleier, durch den es nicht zu mir dringen konnte. Einzig die unausweichlichen Momente nicht, in denen ich der Beurteilung anderer ausgesetzt war. Ihren Maßregelungen und Lobeshymnen. Beobachtet, abgeschätzt, durchleuchtet. Sie bestanden auf ihrem gönnerhaften Recht zu kommentieren. Vergaßen, dass auch ich sie beurteilte, noch konnte ich es und bemühte mich, es nicht zu verlieren. Bekannt geworden, fürchtete ich, erkannt zu werden, und wurde ich nicht erkannt, sorgte ich mich.

Mein mangelndes Interesse an Geld war willkommene Dummheit. Ich sang nicht für Geld, ich verdiente es, weil wir es brauchten. Meine inbrünstige Hingabe auf der Bühne hatte nichts mit Geld zu tun. Unter Scheinwerfern wurde ich kindlicher und zerbrechlicher, als ich es ohnehin war. Discobesitzer, Plattenbosse, Regisseure, Produzenten, sie alle wollten herrschen, steuern, wegweisen, Fäden ziehen, wähnten sich als Schöpfer, deren Ansprüche und Geschmack maßgeblich waren. Verfingen sich in den Netzen ihrer Eitelkeiten, Selbstüberschätzungen und Erfolgsgier. Ihre Rollen beschränkten sich nicht auf Tonstudios oder TV-Kulissen, sie lebten sie. Berater, wo ich keinen Rat suchte, Freunde kaum, und doch wollte ich immer wieder glauben, mir begegneten Freunde, sie verwandelten sich.

Anfänglicher Euphorie über Chart-Erfolge folgt Selbstzerstörerisches, ich rutsche immer tiefer rein und kenne den Weg hinaus nicht. Ich halte meinen Kopf hin für das, was sie geschaffen haben. Bin ich das? Ich kann nicht vergleichen, vorher war ich ein Kind. Identifikation klafft, ist nur vorübergehend möglich. Ich funktioniere, wie lange noch?

Als die Umsätze schwinden und meine Verwertbarkeit fraglich scheint, beginnt man endlich loszulassen. War die Tür vielleicht die ganze Zeit offen und habe nur ich es nicht bemerkt? Hatte ich selbst überhaupt die Möglichkeit der Wahl? Und wie bedingt war denn diese Wahl? Ich war doch dem Unvermeidlichen ausgesetzt, wie sollte ich da wählen? Wie konnte ich denn lernen, Nein zu sagen, ich hatte ja nie Ja gesagt?

Unwillkürlich fügte ich mich, konnte die Feindschaft eines Menschen, dem ich nicht zu Willen war, nicht ertragen. Anderen gegenüber war ich zufrieden, wenn ich mich nicht widersetzte, doch mir selbst gegenüber nicht. Das wuchs und ich machte mich dafür verantwortlich. Nie habe ich mich widersetzt, nie war ich über die Stränge geschlagen oder gar durchgebrannt. Ach, wäre ich doch nur einmal durchgebrannt, hätte ich doch nur einmal den Willen anderer in die Richtung meines Willens geführt! Ich wünschte mir nichts sehnlicher, als dass alles vorüber sein sollte. Irgendwann ist doch immer alles vorbei, sagte ich mir. Alles, was sich in den Jahren zuvor ohne eine äußerliche Reaktion in mir angesammelt hatte, brach nun aus mir heraus. Auf Bühnen will ich mich nicht mehr darstellen, nicht mehr den Blicken ausgesetzt sein.

»Nollendorfplatz«, sage ich und steige in das Taxi, bin die Treppen hinuntergehüpft vorm Sender Freies Berlin gegenüber dem Funkturm. Toupierte schwarze Haare, kurz und abstehend, wie ein Punk, Edelpunk. Bin die ganze Zeit mit dem Paternoster rauf- und runtergefahren und hatte jedes Mal Angst, den Ausstieg zu verpassen.

»Sarah, Saraaaah«, ruft Marianne Enzensberger, die sich im Film Sylvana nennt, hinter mir her. Ich spiele einen Vampir, sie auch. Äußerlich sind wir gegensätzlich, innerlich verbündet, malen unsere Träume in ähnlichen Farben, während wir völlig unterschiedliche Wege gehen. Rosa von Praunheim dachte das gewiss nicht, als er Enzi mich als ihren Gegenpart für den Film »Der Biss« vorschlug.

Als ich sie das erste Mal sehe, ist sie noch blond und hat einen Zopf oben auf dem Kopf, gehalten mit bunten Kinderspangen. Ledermini, elegante Hauslatschen und ein grelles Shirt. Auf fast jedem ihrer Finger trägt sie einen Ring. Zu diesen Ringen gibt es Geschichten, sie sind von Freunden, Geliebten, Künstlern. Schöneberg, ich klingle, sie öffnet und scheint verblüfft, sieht mich mit ihren blauen, geschwärzten Augen an. Später erzählt sie, dass ihre Vorstellung von einer Schlagersängerin eine andere war. Sie ist aufgelöst, weil ihre Telefonmaschine nicht funktioniert, ich repariere sie im Handumdrehen. Wir reden, über den Film und darüber, was ich zu tun habe. Geld gibt es wenig, Low-Budget-Produktion.

»Ich komme nicht wegen des Geldes.« Obwohl ich inzwischen welches gebrauchen könnte. Die Reserven sind aufgebraucht, den Löwenanteil des letzten Plattenvertrags, den ich Anfang der achtziger Jahre unterschreibe, weil ich noch daran glaube, innerhalb des Systems verändern zu können, bringt ein Steuerberater durch, indem er mir sagt, ich müsse Werte schaffen und mich um eine Altersvorsorge bemühen. Dieses Bemühen, dem ich nach mehrfacher Bearbeitung in jugendlichem Leichtsinn nachgab, kostet mich den Rest meines Vermögens und einige Anwälte, Ärzte und Kollegen die Existenz. In der Presse lese ich, dass ein Familienvater sich erschossen hat. Das Steuerersparnismodell ging nicht auf. Ich bin mit Schulden davongekommen. Der Steuerberater ist über alle Berge. Wahrscheinlich auf den Bahamas. Weder die Kollegen, die auch von ihm hereingelegt wurden, und ich noch unsere Anwälte können seiner habhaft werden. Er hat diese Form der Beratung nicht schriftlich fixiert. Dafür aber von beiden Seiten kassiert. Die Bank erlässt mir, dank eines Gesprächs mit meinem Anwalt, die Schulden, bis ich wieder verdienen werde. Sie müssen noch Jahre warten, aber sie bekommen es. Bis Mitte der neunziger Jahre muss ich dafür bezahlen, dass mich Geld nicht interessierte.

Enzi holt Knäckebrot und Teewurst aus dem Schrank, streicht Senf auf Käse und wir essen mit Genuss »Du darfst«-Produkte und schmieden Pläne.

Für einen Film, in dem sie Anita Berber spielen soll, färbt sie sich die Haare rot. Mit ihrer Band Unlimited Systems tritt sie im SO 36 und auf anderen Berliner Szenebühnen auf. Ich mache ihr Make-up und berate sie gesangstechnisch. Zeige ihr die Schönheit ihrer leiseren Töne, denn bis dahin hatte sie ins Mikrofon geschrien und es so dicht an den Mund gehalten, dass das Rot ihrer bemalten Lippen verschmiert war. Schneidere an ihren Kostümen herum, während sie sie am Leib hat, mit Tacker und Scheren, Folien und Nieten. *Science-Fiction goes Punk*, so sieht sie dann aus, ein wenig wie vom Mond, wir spielen wie Kinder. Spielen ist gut, auch ich lerne viel von ihr. Später gründen wir unsere eigene Band und nennen uns Rouge et Noir. Unser Vorbild sind B52. Wir singen Songs von männermordenden Lolitas, Hexen, die kleine Kinder fressen, und erotischen Motorradfahrern, über die wir mit unseren spitzen Stiefeln hinwegschreiten. Diese Songs sind allegorisch, provokant, nicht gemacht für die Vertreter der Plattenindustrie, die uns manchmal bei Konzerten überheblich belächeln.

Wir haben unsere eigenen Wohnungen, aber leben viel zusammen. Ulrich, ihr Mann, ist unser Vertrauter, ihn fragen wir um Rat, mit ihm erörtern wir unsere Themen, laden ihn ein in unsere Sendung bei »Radio 100«, einem unabhängigen Berliner Radiosender. Als Professor Meinrad ist er der Sachverständige unserer Rundfunkshow. Wir haben beinharte Fans gewonnen, die jede Sendung aufzeichnen. Der Radiosender wird später Energy heißen, doch lange bevor das passiert, springen wir ab, lassen uns nicht normen, spielen und senden, was uns gefällt und, vor allem, was zu unseren Themen passt. Viele Songs entstehen für Rouge et Noir und auch für mich, vieles davon bleibt unveröffentlicht und einiges findet erst Jahre später den Weg in die Industrie.

Ich lerne einen weiteren Freund von Enzi kennen, Max Goldt. Er spielt einen Liebhaber in »Der Biss«, ich fahre mit ihm in ein halb verfallenes Schloss bei München. Ich mag ihn, schminke ihn und viele andere für den Film. Er ist ein schöner Vampir. Als Rouge et Noir singen wir auch einen Song von ihm: »Frauen in Frieden und Freiheit«. Ich schleppe Farben, Fläschchen und Pinsel in einem Werkzeugkoffer durchs Schloss, denn ich spiele nicht nur mit in diesem Film, ich bin auch für die Maske zuständig und für einen Teil der Musik. Gerd Pasemann, der Gitarrist von Unlimited Systems und der Partner von Max bei Foyer des Arts, vertont »Menschenblut«, »Rhapsodie in Blut«, einen Text von Goethe aus dem Anhang von Faust I. »Wo fließet heißes Menschenblut, der Dunst ist allem Zauber gut, die schwarz und graue Bruderschaft, sie schöpft zu neuen Werken Kraft ...« Ich stehe auf dem Altar in einer kleinen verfallenen Kapelle des Schlossgeländes und singe. Ergeben hängt die Schar der Vampire an meinen Lippen. Heroische Gesten in schwarzem Gewand. Das Kleid stammte noch aus der Zeit von »Ein Kessel Buntes«, man lud mich zu DDR-Zeiten mit »Marleen« in diese Sendung ein.

Veränderung, Leidenschaft und Lust auf Neues soll der Biss übertragen und so beißt sich Enzi durch den Film, bis sie erkennt, dass ich, Sarah, die Vampirkönigin und ihre Untertanen Verräter der Ideale von einem besseren Leben sind und weder sich noch die Gesellschaft ändern wollen.

Aus dem süßen kleinen Schloss an der österreichischen Grenze mit herunterhängenden Seidentapeten und bizarren Kronleuchtern werden nach unserem Dreh Eigentumswohnungen für Bessergestellte.

»Haste mal 'ne Mark?«, ein bleiches, abgemagertes Mädchen mit desillusionierten Augen fragt mich, als ich am Nollendorfplatz ins Auto steige. Ich kenne sie. Sie steht öfter hier, gerade habe ich einen ihrer Freier, der vor mir hielt, mit wildem Gehupe und Ausdrücken davongejagt. Ich bin außer mir vor Wut, die ich für die Männer empfinde, die hier halten und die Not der Mädchen, die noch Kinder sind, ausnutzen. »Angebot und Nachfrage, was?« Sucht, Strich, Tod.

Es stinkt in dieser Straße, in die ich gezogen bin. Was sich hier abspielt, wussten andere besser als ich, ich sah es erst, als ich hierhin gezogen war. Von Dahlem zum »Nolli«. Um die Ecke am Winterfeldtplatz, auf dem samstags Markt ist, wohnen Freunde, auch in besetzten Häusern.

Der den Talmud tanzt

Die Männer, auf die es in meinem bisherigen Leben ankam, hießen aus irgendeinem unerfindlichen Grund Michael. Vielleicht war es der Jahrgang. Sie hatten einiges gemeinsam, sie wollten die Welt verändern. Sie zwirbelten ihre Locken, Wellen oder Rastahaare, drehten ihre Zigaretten und strahlten jene Ruhe und Verständigkeit aus, die mich anzogen. Ich weiß nicht, war ich es oder das Leben an sich, das ihnen am Ende unserer Zeit die Sicherheit und Ruhe nahm. Mich haben sie verändert, und wenn sie müde wurden und sich mit der Welt arrangierten oder auch erkannten, dass mancher Traum nicht lebbar war, habe ich kämpferisch die Freiheit eingeklagt, die sie zuvor propagierten.

Mein Michael aus den achtziger Jahren arbeitete in einem kleinen Anarchobuchverlag. Auch er war nicht reich. Nebenher fuhr er Taxi. Er studierte den Talmud, obwohl er kein Jude war. Ungewöhnlich, gewiss. Ich verließ für ihn den Mann, der nicht Michael hieß und mich fragte: »Wollen wir heiraten oder soll ich mir einen Porsche kaufen?«

»Kauf dir einen Porsche.«

Ich besuchte Michael oft in Kreuzberg und las Bakunin, um zu verstehen, womit er sich beschäftigte. Vieles, was ich las, leuchtete mir ein und ich suchte eine Anwendung auf das reale Leben, was nicht immer leicht war. Er wohnte am Winterfeldtplatz. Die Endstation vieler Demonstrationen und Meile der besetzten Häuser. Die Straßen, die zu diesem Platz führten, waren gut verriegelbar durch Mannschaftswagen der Polizei.

Eines Tages – ich war aus Köln von einer Fernsehshow zurück nach Berlin geflogen, Michael hatte mich abgeholt und wir fuhren in seine Wohnung – gerieten wir in eine Abschlusskundgebung auf dem Winterfeldtplatz, ich mit meinem Samsonite-Koffer, den ich hinter mir herzog wie einen Hund an der Leine, und den obligatorischen High Heels, die ich selbst im Wald noch trug. Wir verloren uns in der Menge und ich begann zu laufen, weil alles lief. Ich hörte ihn rufen: »Nicht rennen! Nicht in den Hauseingang!«

Die Polizisten hatten Knüppel in der Hand, Barrikaden hatte ich keine gesehen und Steine waren auch noch nicht geflogen. Der »Napoleon von Berlin«, ein untersetzter CDU-Innensenator mit großen Ambitionen und zuweilen gefährlichen Fantasien, hatte seine Methoden, einem das Demonstrationsrecht zu verleiden. Das Vorgehen gegen Andersdenkende, gegen Demonstrierende, die von Passanten am Straßenrand mit faschistoiden Sprüchen begleitet wurden, machte mich zornig. Gleichermaßen gingen mir die kollektive Allmacht der Genossen und die linke Kleiderordnung auf den Senkel. Links zu sein, Staat und Ordnung infrage zu stellen galt irgendwie auch als schick.

In dieser Zeit ging ich öfter zu Demonstrationen, begleitete den »Schwarzen Block« und teilte politische Inhalte desselbigen, immer mit High Heels, was anstrengend war, und die bei den Genossen ebenso wenig gern gesehen waren wie die Schminke in meinem Gesicht. Viele Revoluzzer waren eben auch nur Spießer.

»Du hast den Farbfilm vergessen, mein Michael«, singt Nina Hagen, noch zu ihren DDR-Schlagerzeiten. Der den Talmud studierte, mochte dieses Lied.

»Er war's«, ein dicker weißer Pfeil führt zu einem Bild des Michael, der mit der Justiz tanzte. Gleich auf der ersten Seite der bekannten Tageszeitung sieht man, wie er, mit zwei zugeschnürten Bücherkisten aus der U-Haft entlassen, das Berliner Gefängnis in Moabit verlässt. Die *Bild*-Schlagzeile bezeichnet die Vaterschaft unseres Sohnes, nachdem keiner von uns bereit gewesen war, das private Ereignis in der Presse zu erläutern. 1984 wurden er und ein weiterer Journalist als Herausgeber der Zeitschrift *Radikal* wegen angeblicher Unterstützung von terroristischen Vereinigungen zu zweieinhalb Jahren Haft verurteilt. Statt wieder ins Gefängnis zu müssen, wurden beide auf der Liste der Grünen symbolisch ins Europaparlament nach Straßburg gewählt. Damit wurde der Übergriff der deutschen Justiz gegenüber zwei linken Journalisten zu einem europäischen Thema. Der Rechtsausschuss dieses Parlaments bestätigte ihre Immunität als Abgeordnete. Somit wurde das demokratische Grundrecht der freien Meinungsäußerung auf europäischer Ebene gewahrt und der Auslieferungsantrag der deutschen Justiz zurückgewiesen. Die *Radikal* galt in diesen Jahren immer mehr als das wichtigste Sprachrohr der autonomen Szene in Berlin und hatte auch überregional eine große Bedeutung.

»Freiheit für Micha«, auch in weißer Schrift auf die Yorckbrücken und die Dächer von Kreuzberg gesprüht, aus dem Flugzeug sichtbar. Ich lerne ihn kennen, als das »A« von Micha entfernt ist, zuerst eingekreist, dann übermalt. »Freiheit für Mich« steht jetzt da. Er ist klug, redegewandt und schnell. Mittelpunktgewohnt. Als wir uns einige Zeit später in Schöneberg im Pinguin-Club wieder treffen, wirkt er ruhiger, vielleicht auch nachdenklicher. Wir unterhalten uns über Vorbildfunktionen, Pressefreiheit, Medien, er glaubt zu wissen, wie ich mich manchmal fühle und dass ich nicht besonders scharf darauf bin, in der Zeitung zu stehen. Ich folge dem Klang seiner sonoren Stimme, verliebe mich in ihn, nicht an diesem Abend, aber an anderen. Beginne seinen schwarzen Jeep zu suchen vor Clubs, in denen er sein könnte. Gehe hinein, als sei es ein Zufall. Meine »zufälligen« Inszenierungen und ein Lied, das ich ihm widme, auf einer Musikkassette, die ich in seinen Briefkasten werfe, bringen ihn schließlich zu Fall und mich abwechselnd in den Himmel und auf die Palme. Widerborstig ist er. Wir bleiben uns selten etwas schuldig, die verbalen Degen immer einsatzbereit. »Gerade das macht unsere Liebe so anders.«

Das Uschi-Obermaier-Rainer-Langhans-Syndrom macht uns interessant für die Presse, aber wir »woll'n was tun, was nicht in der Zeitung steht«. Und wer den Song »Wilde 13« von Fehlfarben kennt, weiß, wie ich das meine. Es ist nicht viel geblieben aus dieser Zeit, zumindest nicht für uns. Die Revoluzzer sind müde geworden. Ein wenig Anarchie im Kopf jedoch brauche ich immer noch zum Leben.

Rio Reiser

Anfang der achtziger Jahre lernte ich Rio Reiser kennen. Damals war Claudia Roth noch Managerin der Ton Steine Scherben. Die Agitrockband, die von Lastwagen herunter auf Demos spielte und Häuser besetzte, waren sie jedoch nicht mehr. Das besetzte Georg-von-Rauch-Haus, das spätere Künstlerhaus Bethanien am Mariannenplatz in Kreuzberg, das war 1971, da trat ich noch in der »Hitparade« auf und wusste nichts von den Scherben, nicht einmal, dass es sie gab.

Als ich mit dem, der den Talmud studierte, in seinem alten Daimler, den wir »die Heckflosse« nannten, auf der Suche nach neuen Einflüssen durch die Lande fuhr, hörte ich Live-Kassetten der Scherben, das war 1979. Auf unserer Kofferraumhaube prangte eine riesige Plakette »Atomkraft? Nein danke«, und wir wurden an den innerdeutschen Grenzen regelmäßig herausgewinkt, untersucht und umgekrempelt.

Ich kannte das Ton-Steine-Scherben-Repertoire inzwischen gut und besorgte mir die Telefonnummer. Ein Anrufbeantworter lud mich ein, meinen Namen und den Grund meines Anrufs zu hinterlassen. »Hallo, hier ist Marianne Rosenberg, ich möchte euch gern kennenlernen.« Am nächsten Tag bekam ich ein Fax: »Liebe Marianne, die

Scherben freuen sich, mit dir zu arbeiten.« Ich war baff. Das hatte ich mir gewünscht, aber nicht erwartet. Die Bereiche Schlager und Rock waren damals strikt getrennt, zwischen den Musikern, in der Branche und in den Medien. Der Begriff Pop war erst langsam im Kommen. Es gab eigentlich nur Schlager und Deutschrock. Daher hatte ich schon eine gewisse Scheu, in Fresenhagen anzurufen.

Der den Talmud studierte und ich blieben auf dem Weg in das kleine Kaff nahe der dänischen Grenze im Wald stecken, wir waren wohl zu früh abgebogen. Es war Silvester und schon Abend. Die Reifen hatten sich im Schnee festgefressen und ich legte Fußmatten unter die Hinterräder, die bereits durchdrehten. Endlich funktionierte es. Mit viel Getöse und einer Wolke von Abgas waren wir freigekommen und erblickten in der Ferne ein Licht. Wie Hänsel und Gretel gingen wir darauf zu und schließlich zeigte man uns den richtigen Weg zu »David Volksmund«, so hieß das Label der Ton Steine Scherben, das sie gegründet hatten und auf dem ihre Langspielplatten erschienen.

Die Scherben hatten wenige Nachbarn und die Höfe lagen weit auseinander. Wir waren erleichtert, als wir angekommen waren. Es war ein kleines Bauernhaus mit Quergebäude, das früher wohl ein Stall gewesen war. Rio begrüßte uns an der Haustür und gab mir seine zierliche Hand. Er wirkte jungenhaft. Lanrue, der Gitarrist der Scherben, war auch da, mit Hut und Jackett, sah aus wie auf der Bühne.

Wir setzten uns auf die Holzbänke in der Küche, dem zentralen Besprechungsraum, und tranken Wein. Rio brachte mich immer wieder zum Lachen und ich wünschte mir eigentlich mehr Ruhe, um ihn aufmerksamer betrachten zu können. Wie konnte ein so schmächtiges Bürschlein eine so kraftvolle, raue Stimme hervorzuzaubern? Wo nahm er das her? Und wie konnte ich so blöde Sätze denken? Ich wusste doch, dass ein Stimmumfang nicht von Gestalt und Statur abhing, ich dachte es trotzdem. Ich hatte mich in diese Stimme verliebt. Jetzt traf ich den, dem sie gehörte, und seine unvermutet charmante Art und die fortwährende Ironie verwirrten mich so, dass ich nicht nachkam, alles zu registrieren, woran ich mich jetzt gern erinnern würde.

Er hatte noch langes Haar, das ihm links und rechts ins Gesicht fiel. Turnschuhe, Jeans, ein Hemd, das wie eine Bluse aussah, und ein schwarzes Jackett. Er war von hagerer, zierlicher Gestalt, hatte Kinderfüße, die ich, wenn er Keyboard spielte, betrachtete und mir aus unerfindlichem Grund einprägte wie seinen Gang, er hob die Ferse zu schnell und zu hoch, federte beim Gehen. Er spielte barfuß, trat oft auch barfuß auf. Große, wache blaue Augen, vielleicht zu groß, einen winzigen Höcker auf der schmalen Nase. Und eben diese Stimme, von der man glauben konnte, sie habe bereits ein Leben hinter sich.

Sein Zimmer sah aus wie ein Jugendzimmer. Bücherregal, Bett, Klavier, Gitarre in der Ecke, kleiner Buddha auf dem Schreibtisch, der vor dem winzigen Fenster stand. Ich schaute hinaus, um mir vorzustellen, was er sah, wenn er schrieb. Er blickte auf den Garten. Ein unspektakulärer Garten mit Bäumchen, vielleicht Apfelbäume. Genau dort wurde er eingegraben. Ich war nicht dabei, wollte nicht sehen, wie er in die kalte Erde gesenkt wird. Heute noch ist es nicht zu fassen, dass er nicht mehr lebt, er war erst sechsundvierzig.

Da saßen wir also in der Küche und plauderten und ich versuchte, mich vorzustellen, meinen sogenannten Werdegang ein wenig zu umreißen. Erzählte, dass ich endlich vertragsfrei und auf der Suche nach Neuem sei und dass mir die neuen Bands wie Depeche Mode und Heaven 17 gut gefielen, die gerade ihre ersten Hits hatten. Rio kannte viele Songs von mir. Verschmitzt sang er mir Albumtitel vor, an die ich mich selbst nicht mehr erinnerte. »Der Sommer zweiundsiebzig war ein Erlebnis für mich, wir tranken Erdbeerbowle und grillten Steaks auf Kohle ...« Je weniger ich mich erinnern wollte, umso lauter und eindringlicher krähte er diese Songs, die mir ulkig erschienen. Die Scherben betreuten in den siebziger Jahren Fürsorgezöglinge, die sie aus Heimen holten, Teenies, und diese hörten meine Alben rauf und runter, erzählte er. Ich war einigermaßen erstaunt, allenfalls hätte ich gedacht, dass er einige meiner Hits kennt.

Wir machten Musik zusammen, gingen auf Partys, traten gemeinsam auf, rauchten, tranken und redeten viel über die Musikbranche, die einen auffrisst und von der man doch nicht lassen kann. Als die letzte Platte der Scherben abgemischt wurde, besuchte ich sie im Studio. Für mich eine faszinierende Atmosphäre, so ganz anders, als ich es früher erlebt hatte. Nach der Trennung der Band zog Rio mit seinem Freund Misha wieder nach Berlin-Kreuzberg. Jetzt trafen wir uns öfter, im Café M, im Dschungel, der Berlin-Bar, im Pinguin-Club und in unseren Wohnungen. Der den Talmud studierte und ich verstanden uns auch mit Misha gut und so luden wir uns gegenseitig ein, veranstalteten kleine Partys, die Enzi und ich ausrichteten. Ein bunter Haufen, ich erinnere mich, wir lachten so viel in dieser Zeit. Ich lernte einige Freunde von Rio kennen, auch die Mädels von Carambolage, Elfi, Britta und Angie, mit denen ich später bei einer Show von mir im Metropol auftrat. Funky, der Schlagzeuger der Scherben, spielte mit uns. Die Jungs vom Scherben-Freundeskreis standen vor der Bühne und johlten. Wir hatten unglaublich viel Spaß.

Rio war auf der Bühne ungewöhnlich und einzigartig. Er ging bei jedem Auftritt an seine Grenzen, verausgabte sich jedes Mal, als sei es das letzte Mal. Ich kenne keinen, der so sehr Seele war, so heimwehkrank klang wie er, wenn er sang. Er spielte nichts, er war es einfach. Auch die Art, wie er Sprache in der Musik benutzte, war neu und anders und faszinierte mich. Ich wollte, dass er nie aufhörte, »Wenn ich mir was wünschen dürfte, käm' ich in Verlegenheit, was ich mir denn wünschen sollte, eine gute oder schlechte Zeit«. Marlene Dietrich sang er gern zu fortgeschrittener Stunde, wenn wir schon mehr getrunken hatten, als gut für uns war. Setzte sich ans Klavier und wir warteten sehnsüchtig auf die zerbrochenen, verlorenen Töne, die aus der Tiefe seines Innern zu kommen schienen.

Wenn wir gemeinsame Auftritte hatten, wusste ich nie, ob er wirklich kommt. Einmal rief mich ein Freund kurz vor einem Auftritt an und sagte: »Rio kann nicht kommen, er ist gestern Nacht ausgerutscht und auf das Gesicht gefallen, er kann so nicht auftreten.« Ungläubig legte ich auf. Am nächsten Tag traf ich ihn mit geschwollener, abgeschürfter Nase: »Ich hatte beide Hände in den Taschen«, kommentierte er trocken.

Wir nahmen verschiedene Songs auf und Rio gab mir ein Tonband mit Demoaufnahmen. Darauf befand sich der Titel »Für immer und dich«, ein Song, den er später selbst aufnehmen würde, aber noch war seine Solokarriere weit entfernt.

Ich suchte mir Songs aus, die rebellischer waren und niemals Hits wurden. Ich wollte mein Genre verlassen und »Für immer und dich« war mir zu sentimental, vielleicht auch zu dicht an den Liebessongs, die ich selbst gesungen hatte.

Beide wollten wir ans andere Ufer. Wir trafen uns in der Mitte des Sees und begutachteten uns mit Neugier, aber auch Ehrfurcht. Einmal im Leben eine Million Tonträger verkaufen, das wollte er. Er brauchte Geld, der Hof in Fresenhagen war wie ein verfressenes Lebewesen, das nie satt wurde, die Scherben hatten Schulden. Mit »König von Deutschland« gelang es ihm dann auch Anfang der Neunziger. Ob es eine Million wurde, weiß ich nicht, aber sein Erfolg als Solokünstler war groß und er hatte Hits, war in den Charts.

Die Leute, die alles einordnen, hatten links wie rechts Probleme mit uns, verstanden nicht, was wir voneinander wollten, uns interessierte das nicht. Wir freuten uns, wenn wir etwas zusammen aufnahmen, uns begegneten. Rio war nicht der Typ von Mann, der mir weiche Knie machte, aber ich liebte ihn. Einmal, wir saßen mit Freunden in einer großen Runde am Tisch, sagte er: »Marianne singt die Wahrheit«, alle lachten laut und ich, etwas rot geworden, lachte verlegen mit. Er meinte aber genau das, was er sagte, und blieb ernst.

Hamburg-Mümmelmannsberg fiel mir ein, Horst Königstein drehte dort einen Film über mich, es ging um das Phänomen meiner Musik. Kneipen, in denen die Frauen der Straße meine Musik in Musikboxen drückten und weinten, die Kids aus den Trabantenstädten, die Fürsorgezöglinge, die Schwulenszene, ich war die Sängerin der Ausgestoßenen, der Randgruppen, des einfachen Volks, der Bunten und Verrückten. Wie die Umsatzzahlen zeigten, waren das viele in diesem Land und ich gehörte dazu, war ihre Heldin.

Als Rio das damals sagte, hatte ich eine große Distanz zu diesen Liedern aufgebaut. Ich wollte nichts mehr damit zu tun haben, sie waren vergangen. Oder ich wollte, dass sie Vergangenheit sind, während ich permanent damit konfrontiert wurde und mich mit Leibeskräften bemühte, Marianne Rosenberg um die Ecke zu bringen. Banalitäten, »Eine von uns beiden muss nun gehen«, wo sollte darin die Wahrheit liegen? Früher, als ich sie sang, glaubte ich jedes Wort. Später schämte ich mich für die Lieder, die ich zwar nicht verbrochen, jedoch gesungen hatte. Ich begriff nicht, dass da vielleicht doch mehr war, dass die Menschen ihre eigenen Geschichten mit diesen Liedern hatten, die sie begleiteten.

Nachdem ich Rio in den Clubs und Kneipen, in die wir gingen, immer wieder kleine Geschichten erzählt hatte, die er in Songtexte fasste, traf ich Wolf Maahn, einen damals angesagten Deutschrock-Produzenten. Er arbeitete auch mit Edo Zanki, den ich ebenfalls sehr schätzte, seine Musik klang erdig, rockig. Maahn mochte meine Stimme, aber ich hatte das Gefühl, er hatte Angst, sich mit Schlagerkacke zu bekleckern. Als ich ihm jedoch erzählte, dass ich mit Rio Reiser arbeitete, nahm er in Köln drei Songs von mir auf, von denen zwei veröffentlicht wurden: »Komm flieg mit mir durch die Nacht« und der Ton-Steine-Scherben-Song »Lass uns 'n Wunder sein«. »Ich will heute Nacht nicht allein sein«, ein Covervorschlag von Wolf Maahn und ein wundervoller Song, zu dem Rio die deutsche Version schrieb, wurde leider nie veröffentlicht. Die Single war ein Testballon, denn auch die Plattenfirma EMI wollte wie schon Wolf Maahn ihr Deutschrockimage nicht aufs Spiel setzen.

An einem der Abende nach der Produktion sah ich mir Herbert Grönemeyer an, der auch bei EMI war. Er wurde als Geheimtipp gehandelt und sein erstes Album war bereits auf dem Weg in die Charts. Bei ihm war es nicht die Stimme, die mich faszinierte, es war das, was er sang und was von Jahr zu Jahr wuchs. Ich habe ihn nie näher kennengelernt, aber wir grüßten uns respektvoll und wohlwollend, wenn wir uns sahen. Er wusste genau, was er wollte. Ich hingegen war eine Suchende.

Zehn Jahre später trafen wir uns wieder im alten Tempodrom-Zelt in Berlin, wo Freunde und Kollegen im Rahmen einer öffentlichen Veranstaltung von Rio Abschied nahmen. Wenige Tage zuvor war er gestorben. Benommen wartete ich mit vielen anderen Musikern hinter der Bühne auf meinen Auftritt. Die Scherben spielten mit mir drei Songs. »Der Traum ist aus«, »Land in Sicht« und »Lass uns 'n Wunder sein«. Wie ich überhaupt singen konnte, ist mir heute schleierhaft, ich hatte keine Tränen, ich hatte Wut und brüllte mehr ins Mikrofon, als dass ich sang. Bei »Der Traum ist aus« stimmte das Publikum in die Zeile »Dieses Land ist es nicht« lautstark mit ein, so wie es das immer machte, wenn Rio das Lied sang. Und das war der Moment, in dem ich fast die Nerven verloren hätte, ich war kurz davor, das Mikrofon auf den Boden zu werfen und wegzurennen.

Ich stand so unter Schock, dass ich zu keiner Form der Trauer fähig war. Außer auf dieser Beerdigungsveranstaltung habe ich nie wieder Lieder von ihm gesungen und ich konnte mir auch von ihm keine mehr anhören. Es schien mir wie ein Ausverkauf seiner Seele. Viele Jahre nach seinem Tod nahm ich dann »Für immer und dich« auf, weil ich das Lied, das Rio 1984 für mich gedacht hatte, endlich doch singen wollte.

George Glück war unser gemeinsamer Manager. Rio schleppte mich zu ihm, obwohl ich ihm versicherte, dass ich gerade dabei sei, im Kollektiv zu arbeiten, ähnlich wie er es früher getan hatte. Von Management und Vermarktung wollte ich nichts wissen. Ich suchte nach Vertrauten und Gleichgesinnten.

»In der Musik gibt's keine Demokratie, lass den Unsinn, du brauchst einen Manager, schreib alles auf, was dir einfällt, was dich berührt, du lernst beim Schreiben.« Rio war anders.

Das andere Ufer habe ich nicht erreicht, ich schwamm immer vor und zurück, auch weil ich das Gefühl hatte, es erwarte mich lediglich eine andere Uniform. Alle wollten nur das Gleiche, Erfolg mit dem, was sie taten, sich spüren, nur die Vorzeichen waren andere. Allmählich glaubte ich zu begreifen, dass es gar nicht wichtig war, anzukommen, weil es kein Ziel gab. Was wollte ich denn, lichtscheu, wie ich war, glaubte ich wirklich die Mitte einer Bühne sei mein Platz im Leben? Und wenn ja, warum verabscheute ich dann Fotoapparate und Kameras, die mir oft wie auf mich gerichtete Waffen erschienen? Viele Fragen hatte ich und ich hatte zum ersten Mal Zeit, ihnen nachzugehen.

Jetzt bekam ich den eigentlichen Zusammenbruch, den eine deutsche Boulevardzeitung Jahre zuvor propagiert hatte, als ich mich noch bester Gesundheit erfreute. Die Frequenz eines Hochleistungssportlers. Panikattacken suchten mich heim. Es gab genug, wovor man sich fürchten konnte. Aber nichts außer einem wilden Tier, das dich zu fressen droht, hätte jene Herzfrequenz gerechtfertigt. Körperliche Ursachen fanden sich nicht. Eine Therapie lehnte ich ab. Ich bin normal, ganz normal, sagte ich mir.

Ausgestreckt auf einem Teppichboden, dessen orangefarbene Muster allein schon Kreislaufstörungen verursachten, redete ich beruhigend auf mich ein und versuchte dem immer wilder werdenden Herzschlag entgegenzuatmen. Man verschrieb mir Betablocker, ich warf sie weg, es war nicht das Herz.

Ich habe durchgehalten, ja, das habe ich, es gab immer einen Grund, Bewährtes zu reproduzieren. Gewartet habe ich, nicht gekämpft, und was fang ich an mit der neu gewonnenen Freiheit? Sie macht mir Angst. Die wenigen um mich Versammelten sind Freunde, sie helfen mir. Immer wieder die bange Frage: »Ist das normal, geht es wieder weg?« Die Antwort »Ja, hatt' ich auch mal, keine Sorge, geht wieder weg« genügt mir, ich glaube sie wie ein Kind. Denke aber irgendwie auch, ich könnte ein Hypochonder sein, und so behandeln die Ärzte mich auch. Kaum dass ich mich an etwas gewöhnt habe, sucht der Körper sich ein neues Betätigungsfeld. In der WG bei meinem Freund bekomme ich regelmäßig vor dem Einschlafen Erstickungsanfälle. Etwas in meinem Hals ist so groß, dass ich es nicht wegschlucken oder ignorieren kann. Enzi begleitet mich zu Doktor Rosenbaum und der schlägt ein Buch auf. Ich lese Globus Hystericus. Enzi liest es auch. Es ist, was es scheint. Sie lacht laut und steckt mich damit an. Doktor Rosenbaum lacht auch, sagt aber, dass es ein sehr unangenehmes Phänomen ist: »Geht aber wieder weg, viel Stress gehabt, was?«

»Ja, ich hab zu viel Zeit, jetzt.«

Zwischen Auren und Phänomenen mache ich immer

wieder Musik. Mit für mich sehr interessanten Leuten. Mal mit Rio, mal mit Annette, mal mit Enzi, mit Manne Praeker von Spliff, mit Gerd Pasemann von Unlimited Systems und Foyer des Arts. Mit Rio und Blixa Bargeld trat ich in der Berliner Schaubühne auf. Zu dritt sangen wir »Somewhere Over the Rainbow«. Selbstverständlich kannte ich die Neubauten und ihre Musik. Als jedoch der ganze flippige Musikerhaufen auf der Bühne probte, erkannte ich Blixa nicht. Er war im richtigen Leben viel bleicher und schmächtiger als auf Leinwänden. Ich erinnere mich und wir haben später oft darüber gelacht, in der Probe sagte ich zu Rio gebeugt: »Erstens läuft dem immer die Nase und zweitens singt der falsch, muss der unbedingt mitsingen?«

»Mensch Majanne, dit is Blixa«, zischelte mir Rio ins Ohr und ich hielt augenblicklich den Mund. Bei Blixa war es nicht von Bedeutung, ob er tonal richtig lag oder nicht, er hatte andere Formen der Ausdruckskraft geschaffen, die mich beeindruckten.

Von Jim Rakete erfuhr ich anlässlich einer Fotosession mit Extrabreit, dass es eine neue Band gab, die sich Nena nannte und die er für Erfolg versprechend hielt. Wenige Wochen später traf ich Nena in der Post in der Marburger Straße. »Marianne, hast du schon gehört«, rief sie laut und aufgeregt durch die Post, »wir sind Nummer eins!« Sie freute sich wie ein Kind.

»Nee, toll!«

Ich interessierte mich nicht mehr für die Charts, alles schien weit weg und fremd. Dieses Jahrzehnt hatte für mich wenig mit »in« oder »out« oder Mode zu tun. Es war eine Auseinandersetzung mit dem Leben. Mit dem anderen Leben. Eine neugierige Suche nach dem, was es außerhalb der Welt noch gab, in der ich bekannt war und

Erfolg hatte, die mir jedoch leer erschien. Meine Arbeiten mit denen, die Freunde wurden, waren nicht erfolgreich und blieben zum Teil sogar unveröffentlicht.

Die Medien hatten aber meine Abkehr vom Schlagerpop bereits dokumentiert. Ich wurde jetzt auch in der *taz* erwähnt. Andere Schlagworte wie Rockröhre waren nun zu lesen. Die eigentlichen Früchte unserer Arbeit flossen später in das Album »Uns verbrennt die Nacht« ein. Rio und Enzi schrieben die Texte dafür, mit denen der Produzent manchmal überfordert schien, und Annette blieb bis heute Freundin und stille Beraterin.

»Die Komplizinnen«

Enzi und ich waren zum doppelten Lottchen geworden. Jede von uns nahm die andere mit in ihr Leben, in den Kreis, in dem sie sich bewegte. Meine sogenannte Szene gab es nicht. Ich hatte dem Schlagergeschäft den Rücken gekehrt und war auch dort fremd geblieben. Aber ich nahm sie mit in meine Familie und zu den Leuten, die mir jetzt begegneten oder die ich ganz gezielt aufsuchte. Wir sitzen in einem winzigen Aufnahmeraum auf dem Boden, Enzi und ich, und singen Chor für einen Song von Misha. Rio produzierte dieses Lied für seinen Freund und Lebensgefährten: »China ist weit, wie weit bist du«, die Jungens fragen uns, ob wir sie gut hören, und Rio macht Vorschläge, wo wir was singen könnten. Das Haus ist rund, im Sixties-Stil, befindet sich in Dahlem.

Während Manne Praeker uns aufnimmt, bereitet Rio unser Abendessen vor. Als das Essen auf dem Tisch steht, flüstert mir Enzi ins Ohr: »Ich glaube, ich hab einen Schlaganfall.« Ich hatte schon bemerkt, dass sie sich während des Singens ans Ohr griff und mich dabei mit Kinderaugen ansah. Ich habe nicht weiter darauf geachtet, denn ich hielt uns beide inzwischen für Hypochonder. Alle naselang hatte eine von uns unbekannte, unerklärliche Symptome, bei denen wir einen möglichen, plötzlichen Tod nie ganz ausschlossen. Sie ist ganz weiß im Gesicht und tut mir fürchterlich leid, aber ich muss trotzdem lachen, wegen der Härte ihrer Diagnose.

An Essen ist nicht mehr zu denken. Sofort fallen mir die Tropfen ein, die ich ihr vor einigen Monaten verabreicht habe. Sie hatte eine Kreislaufschwäche, als wir gerade einmal wieder unsere Sendung »Rouge et Noir« vorbereiteten, und ich wollte ihr Goldtropfen verabreichen, ein homöopathisches, harmloses Mittel. Ich habe aber die Flaschen verwechselt und gab ihr stattdessen etwas, mit dem man nur gurgeln darf, und das ausschließlich in verdünnter Form. Ein rotes X war über ein Feuerzeichen gemalt. Heute erzählt sie, es sei ein Totenkopf gewesen, der rot durchgestrichen war. Als sie den Löffel Zucker mit den Tropfen eingenommen hatte, konnte sie kaum sprechen, so brannte ihr der Hals. Sie bat mich, ihr die Flasche zu reichen, und da sah ich es und sie sah es auch. Ihr bleiches Gesicht lief rot an. Von Kreislaufschwäche konnte keine Rede mehr sein. Sie ließ sich zurück aufs Sofa fallen und schloss mit allem ab. Ich rief die Giftnotstelle an, und erst als man mir sagte, es sei nicht lebensgefährlich und ich solle ihr Milch zu trinken geben, beschloss sie wieder zu leben.

Rio meint, sie solle mal etwas essen, aber Enzi kippt zur Seite und bekommt Gleichgewichtsstörungen. Wir legen sie auf die Rückbank meines Autos und ich fahre mit ihr ins Gertraudenkrankenhaus in Wilmersdorf, in dem ich bestens bekannt bin. Da alles mit dem Ohr begann, halte ich es für notwendig, nach einem HNO-Arzt zu fragen. Dieser wird zu Hause aus dem Bett geklingelt, denn es ist inzwischen schon 2:00 Uhr nachts. Bis der Arzt eintrifft, durchsuche ich meine Tasche nach Q-Tips und Tempotaschentüchern, denn Enzis Make-up ist völlig verschmiert. Außerdem riecht sie nach Alkohol, wir haben Rotwein getrunken. Ich begutachte sie, nachdem ich das Schwarze unter ihren Augen entfernt und den Lippenstift abgewischt habe.

Die Schwingtüren am Ende des Ganges fliegen auf und der Arzt schaut mich übernächtigt und sichtlich gereizt an. Ich zeige auf Enzi und sage: »Nein, nicht ich, sie, sie hat Gleichgewichtsstörungen und ein lautes Geräusch im linken Ohr.«

»So, so, ein Hörsturz?«

Ich ziehe die Schultern hoch. Es war nicht sehr lange her, dass er nachts geweckt worden war und in die Klinik fahren musste wegen eines angeblichen Hörsturzes, der sich bei mir als eine Mittelohrentzündung herausstellte. Ich kann nicht ernsthaft verlangen, dass es glaubhaft klingt, wenn ich sage, genau das habe Enzi jetzt auch.

Sie bekommt Nasentropfen und Antibiotika und wir verlassen aufrecht die Klinik, setzen uns beide in den vorderen Teil des Autos und bekommen einen Lachkrampf. Der Chor für den Song »China ist weit« ist gut geworden. Trotz des »Schlaganfalls«, wie Rio dann später ironisch hinzufügte.

Als Nächstes wurde unser Gesang in Amsterdam gebraucht. Marc, ein verrückter holländischer Musiker, hatte Aufnahmen von uns gehört, die wir mit dem Gitarristen von Unlimited Systems gemacht hatten. Es stimmte, was Rio sagte, unsere beiden Stimmen hatten einen sehr seltenen, perfekten Schmelzpunkt. Marc ließ uns bestimmt zwei Stunden lang die Zeile »Malcolm is dead« singen. Dabei durften wir kein Vibrato haben. Vieles in jenen Tagen geschah aus Freude an der Musik, aus Übermut. Geld war kein Thema, auch Umsätze oder Karriere nicht.

Vielmehr diskutierten wir unsere Ideen zu Texten und Musik, überlegten, mit wem wir spielen wollten.

Wir reisten viel herum. Manchmal mit Enzis klapprigem Toyota-Bus, aber meistens mit meinem alten Daimler, ich hatte damals nie Autos, die jünger waren als zehn Jahre. Ein Mercedes war in der Szene natürlich immer ein Problem, entsprach nicht der politischen Korrektheit. Aber ich fragte mich, was der Unterschied war zwischen dem alten BMW-Motorrad mancher linientreuer Genossen und einem alten Benz.

Wir wohnten selten in Hotels. Enzi hatte eine Unmenge von Bekannten und Freunden. Die meisten davon waren Musiker, Filmer, Maler, Punks oder auch Fotografen und Szenegrößen. Erfolgreiche wie Erfolglose. Nachts in den Wohnungen erzählten wir uns, wie es war, erzählten uns aus unserem Leben und glaubten, dass uns nichts etwas anhaben konnte.

Wir sangen auf öffentlichen Geburtstagen, spontan in Cafés, akustisch, ohne Begleitung, was in der *taz* kommentiert wurde mit einem Satz wie: »Hier in diesem Café sangen Marianne und Marianne ihre melancholischen Lieder, rau, aber herzlich.« Wir traten auf dem Berliner Tuntenball auf. Joachim Heider besuchte mich nach der Show hinter der Bühne, er schien etwas mitgenommen, denn unsere Lieder beschrieben ja immer sehr selbstbewusste Frauen: »No man like a man is a man for me«. Wir betonten Frauenpower und hatten gleichzeitig eine Gruppe von Männern um uns, die an uns glaubten, mit uns aufnahmen, uns fotografierten und managten.

Der Kampf gegen Aids war ein Thema geworden. Wir unterstützten die Stiftungen mit Musikeinlagen auf den ersten Galas und Benefizveranstaltungen. Eine davon fand im Theater des Westens statt. Wir zogen durch die Frühstücksprogramme der TV-Anstalten, um sie zu bewerben. Dort präsentierten wir uns mit dem »Barbara-Song« von Kurt Weill: »Ja, da kann man sich doch nicht nur hinlegen ...« Gemeinsam mit anderen Musikern, darunter Edo Zanki und Silly, suchten wir nach einem Lied, das die Aidskampagne begleiten sollte.

Für »Radio 100« gingen wir mit unserer Sendung zum Thema Ausländerfeindlichkeit live auf die Funkausstellung. Die Deutlichkeit unserer Aussagen und auch die Ironie, die in manchen Beiträgen mitschwang und das Thema offensichtlich auch für Menschen zugänglich machte, die sich für gewöhnlich kaum damit beschäftigten, blieben nicht unbeachtet. Radio DT 64 lud uns kurz nach dem Mauerfall nach Ostberlin ein, wo wir eine unserer Sendungen machten.

Wir nahmen Demos für Rouge et Noir auf und drehten Videoclips für die Musik. Der Idee zu dem Song »Le Rouge et le Noir« liegt der Roman von Stendhal zugrunde. Ich schminkte Gerd Pasemann, als sei er drei Tage tot, er sah schrecklich aus. Dann nahmen wir einen großen mit Silberfolie beklebten Teller, wie man ihn im Catering für kalte Platten verwendet, schnitten in der Mitte ein größeres Loch aus und legten ihn Gerd wie einen mittelalterlichen Kragen um den Hals. Enzi und ich, beide in lange, schwarze Gewänder gehüllt, setzten uns in eine Kutsche und Gerd kniete zwischen uns, den Kopf nach hinten geneigt. Wir hielten den Teller so, dass es aussah, als läge sein Kopf darauf.

Wir finanzierten alles selbst und *with a little help from our friends* und hatten dadurch auch jede künstlerische Freiheit, auch die Freiheit, einzustampfen und etwas

Neues zu beginnen, wenn ein Projekt nicht in die Nähe dessen kam, was wir erdacht hatten.

Einmal in diesen Jahren kamen auch unsere Väter zum Einsatz. Sie erzählten aus unserem Leben in einem Film, den Nina Gladitz über uns drehte. Wir machten ein Casting und suchten kleine Mädchen, die unsere Kindheit nachspielen sollten. Enzi war ein Flüchtlingskind, sie floh, als sie zwölf war, mit ihren Eltern in den Westen. Nina Gladitz wurde die »Riefenstahl-Nina« genannt, denn sie hatte über die Aktivitäten der Regisseurin im Dritten Reich einen Film gedreht, gegen den Leni Riefenstahl prozessierte. Die Riefenstahl empfand sich völlig falsch dargestellt und war sich keiner Schuld bewusst. Ihre Filme hätten schließlich nur der Kunst gedient. Mein Vater erzählte mir, dass einige unserer Verwandten in dem Film »Tiefland« mitgespielt hatten. Das hieß nicht, dass sie danach frei waren, sie mussten wieder zurück ins Lager. Der Film über Enzi und mich hieß, wie kann es anders sein, »La Rouge et la Noire«.

Als wir in der Berliner Volksbühne auftraten, enttäuschten wir die Erwartungen im positiven wie im negativen Sinne. Manche Leute waren total überrascht und begeistert, andere überrascht und wütend. Wir polarisierten. Wir waren nicht mehr achtzehn und machten Girlie-Pop vermischt mit hartem Rock'n'Roll, und wir waren noch nicht vierzig und sangen abgeklärte Chansons. Wir hatten viel Spaß und waren mit großem Ernst dabei. Am Schluss des Auftritts sangen wir »Love Your Muscles«, einen ironischen Song über männliche Vorzüge. Dann fuhren wir mit einem Motorrad von der Bühne.

Einmal hatten wir die Idee, auf der Bühne bei Schwarzlicht aufzutreten. Wir besorgten uns Kostüme mit Neonfarben und auch Schminke, die erst im Schwarzlicht zur Wirkung kamen. Unsere Proben mit der Musik liefen gut, aber die Zeit vor der Show war zu knapp, um auszuprobieren, ob die optischen Ideen funktionierten. So sahen wir den Effekt erst, als wir auf der Bühne standen. Mitten im Gesang schauten wir einander an. Der Anblick war grotesk, Enzi sah aus wie Moritz von »Max und Moritz«. Ein roter Puschel auf dem Kopf, denn wir hatten auch Farbhaarspray benutzt. Vom Gesicht sah man nichts, außer die Augen und den Mund. In diesem Moment sagte sie zu mir, und das hätte sie nicht tun sollen: »Du siehst ja aus wie der Sarottimohr.« Ich hatte eine Dauerwelle und ein Stirnband, eine Frisur wie aus dem Musical »Hair«. Die Lippen hatte ich großzügig umrandet mit diesem Spezialstift, im Tageslicht sah das aus wie ein Nichts. Ab sofort war alles verloren, denn ich konnte mir das Lachen nicht länger verkneifen und ich treffe keine Töne, wenn ich lachen muss. Bemüht, Enzi nicht anzuschauen, richtete ich meinen Blick so starr wie möglich ins Publikum, aber es half nichts. So unvermittelt, wie sie mit diesem Satz rausgeplatzt war, sang Enzi weiter, ich kriegte mich nicht mehr ein und verdarb letztlich den ganzen Auftritt. Als wir von der Bühne gingen, lachte ich immer noch. Wenn ich es nicht durfte, das war schon als Kind bei mir so, musste ich lachen und konnte nichts dagegen tun.

Im Tempodrom kamen Enzi und ich auf die Idee, mit Masken aufzutreten. Aus welchem Grunde, ist mir heute schleierhaft. Die Augenlöcher der Masken waren jedoch an Stellen, wo unsere Augen nun mal nicht lagen. Erst beim dritten Lied fiel uns ein, dass man sie auch wie eine Sonnenbrille nach oben schieben kann, statt permanent zu stolpern. Selbstverständlich gab es viel mehr Auftritte ohne Zwischenfälle, ohne dass Enzi mit einem ihrer spitzen Absätze in den Dielen der Bühne stecken blieb, unbeirrt aus den Schuhen herausschlüpfte und in Strümpfen dastand. Ohne dass Charles beim Umzug zwischen den Shows am Reißverschluss meines Kleides herumzerrte, ihn zerstörte und das Kleid im Rücken schließlich mit Gaffaband zuklebte, sodass keine »Pirouetten« mehr für mich drin waren und ich zwei Stunden ausschließlich dem Publikum zugewandt spielen musste. Die Pannen bleiben in Erinnerung, wahrscheinlich auch, weil man sie sich gegenseitig immer wieder erzählt und weil die peinlichsten Momente im Nachhinein immer die lustigsten sind.

Die Mauer stand noch, als wir uns inkognito mit Ostberliner Musikern trafen, um in einer ehemaligen psychiatrischen Klinik gemeinsam zu musizieren. Das Publikum bestand aus Leuten, die es durch Mundpropaganda erfahren hatten. Enzi spielte Rock mit Unlimited Systems und ich Jazz mit dem Gitarristen von PVC. Zweifellos gewagt, aber das Publikum war begeistert. Einige Monate später suchten wir die Künstleragentur der DDR auf. Sie befand sich in der Krausenstraße. Jahre zuvor war ich wegen vertraglicher Verhandlungen mit dem Metropoltheater und dem Friedrichstadtpalast zusammen mit meinem Vater dort. Enzi und ich verfuhren uns trotz Stadtplan auf den Knien. Als wir endlich davor standen, zeigte ich auf ihr Haus, das gegenüber in der Lindenstraße lag. Wir hätten »mit 'm Stein dahin schmeißen« können, wäre die Mauer nicht dazwischen gewesen.

»Hymne an eine Schlampe«, Enzis Buch, wurde uns gleich beim Pförtner abgenommen. Die Frau, die vor Jahren schon für die Künstler, auch die aus dem Westen, so sie im Osten arbeiten wollten, zuständig war, hörte sich unsere Vorstellungen an und sagte dann: »Meine Damen, glauben Sie im Ernst, es blieb uns verborgen, dass Sie mit Ihrem Programm bereits hier aufgetreten sind? Wissen Sie, dass das illegal ist? Sie können uns nicht hinters Licht führen.« Wir sollten unsere Musik dalassen, sagte sie, und auch das Buch, von dem sie Kenntnis hätten, man würde uns anrufen, wenn es einen Rahmen gäbe, in den wir passen würden. Na, jut, man rief uns nicht an und die Frau war wohl noch nett, denn sie verwendete keine Worte wie »Sie kennen wohl die Geflogenheiten der DDR nicht«.

Für Enzis Buch, das ich herausgegeben hatte, organisierten wir eine »Schlampennacht« in der Villa Kreuzberg. Das Ambiente hatten wir selbst gestaltet. Wir spannten Wäscheleinen und hängten abgetragene Kleidungsstücke daran, zeigten Filme wie »Barbarella« und »Modesty Blaise«. Enzi sang den gleichnamigen »Schlampensong« und ich verkleidete mich als Monsieur Jacques und sang »Du lässt dich gehn« von Charles Aznavour. Das Publikum kam mit Lockenwicklern, in Unterröcken, mit schiefen Absätzen und verschmiertem Lippenstift. Nur die Männer wussten nicht, was sie anziehen sollten.

Zu Weihnachten kellnerten wir für Knackis und am Afrikatag, der eigentlich Afrika-Hunger-Tag heißen müsste, gingen wir nach dem Auftritt mit Sammelbüchsen durchs Publikum. Wenn wir nicht für soziale Zwecke arbeiteten oder Studioalben aufnahmen, komponierten wir. Enzi Text, ich Musik. Später machten beide beides. Wir gaben uns gegenseitig Hilfestellung, lernten voneinander.

Eines Tages beschlossen wir, dass nur Frauen in unserer Band spielen sollten. Das hatte kein System, wir hatten nur einfach noch nie ausschließlich mit Frauen gearbeitet und wollten das ausprobieren. Wir zogen uns zurück, fuhren zu Rio und den Scherben und übten dort Gitarre und Bass. Vom Gitarrenspiel mit meinem Bruder in der Kindheit hatte ich noch einige Kenntnisse und Enzi war fleißig, übte, auch wenn ich Pause machte. Ich weiß nicht mehr, warum wir aufgaben und es nie zu einer Show kam, in der wir auch die Instrumente spielten. Nachts lagen wir lange wach und schmiedeten Pläne. Ich war dann gar nicht mehr müde und weckte Enzi, wenn sie eingeschlafen war, mit einer interessanten Frage, über die sie wieder munter wurde. Über ihre Ausführungen und Erörterungen bekam ich dann die nötige Bettschwere.

Es belustigt mich heute, festzustellen, dass wir auch Feiertage immer nutzten, um etwas zu veranstalten. Wenn wir keine Party machten, bei der wir selbstverständlich auch musizierten, fuhren wir dorthin, wo wir sicher sein konnten, dass etwas aufgeführt wurde. Wir besuchten die Leute der Hamburger Hafenstraße. Marianne und ich verbrachten in einem dort aufgebauten Zelt umgeben von Pogo tanzenden Punks eine Silvesternacht. Dabei lernte ich Margit Czenki kennen. Die Filmerin und Künstlerin ist eine Uraltbekannte von Enzi. In Margits Wohnung sangen wir dann zur Gitarre und zur Feier des Tages »Ein Schiff wird kommen« von Melina Mercouri. Das war die Zeit, in der uns »Die goldenen Zitronen«, die damals eine kleine Punkband waren, Tapes für unsere Sendung bei »Radio 100« schickten. Wir spielten ihre Musikkassetten immer gern und auch die Red Hot Chilli Peppers, die damals noch ein Szene-Tipp waren.

Margit fragte mich, ob ich Interesse hätte, in ihrem Film »Die Komplizinnen« mitzuspielen. Ich hielt mich nicht für eine gute Schauspielerin. Mich interessierte jedoch alles, was neu war und anders als das, was ich bisher gemacht hatte. Ich spielte eine Friseuse, die ihren Mann vergiftet hatte und wusste, wie man an einige Vergünstigungen im Knast kam. »Ich konnte nicht mit ihm leben und er sollte nicht ohne mich leben, ich habe ihn geliebt«, sagte ich im Film. Zu Ende gedacht war das vielleicht die Story von »Marleen«, die zwar auch nicht die meine war, die ich jedoch ganz glaubwürdig verkörpert hatte.

Gedanklich mit der Rolle befasst, versuchte ich mir vorzustellen, ob es mir möglich wäre, aus Liebe zu töten. Ingrid van Bergen, die ich bei Rosa flüchtig kennengelernt hatte, fiel mir ein. Sie hatte eine wundervolle, verrauchte Sprechstimme mit viel Körper und mit einer Härte, die für mich die Verletzlichkeit ihrer Seele zeigte. Ich kannte sie seit meiner Kinderzeit, hatte sie in den sechziger Jahren in den Edgar-Wallace-Verfilmungen »Der Rächer« oder »Das Geheimnis der Narzissen« zusammen mit Klaus Kinski gesehen. Sie erschien mir mysteriös und divenhaft. 1977 erschoss sie ihren Liebhaber im Affekt, der Prozess löste einen Medienrummel aus und es dauerte einige Jahre, bis sie wieder an ihre Schauspielerkarriere anknüpfen konnte. Rosa verpflichtete sie damals für den Film »Horror Vacui«, in dem auch Lotti Huber mitspielte, die jede Party bei Rosa in ein Erlebnis verwandelte. Wenn Ingrid das passieren konnte, konnte es doch jeder Frau passieren, so sie im rechten Augenblick eine Waffe zur Verfügung hat, dachte ich. Ein absurder Gedanke, meine Rolle hatte damit gar nichts zu tun, eine Giftmischerin handelt doch vorsätzlich. Ich beschloss, dass kein psychologischer Einstieg in die Rolle notwendig war, denn es ging gar nicht um die Tat, es ging um die Haftbedingungen der Frauen.

»Herzchen« wurde ich von den Mitgefangenen genannt. Pola Kinski und Therese Affolter waren Knastkameradinnen und angenehme Kolleginnen. Pola hat faszinierende, stechende, grelle Augen, die Augen ihres Vaters. Sie spielte die Hauptrolle. Gedreht wurde in der Jugendstrafanstalt in Hamburg-Neuengamme.

Von meinem Vater wusste ich, dass mein Onkel hier ermordet wurde, erschossen, auf der Flucht. Die Strafanstalt war früher ein Konzentrationslager. Ein Mahnmal für die Opfer des Faschismus ist neben der Anstalt aufgestellt, ich schau es mir nicht an, andere erzählen es.

Wir fuhren mit einem Kleinbus in die Anstalt, und Tor um Tor schloss sich hinter uns. Als das letzte Tor ins Schloss gefallen war, fühlte ich eine Enge im Brustkorb, egal wie viel Luft ich einsog, sie reichte nicht. So also fühlt es sich an, gefangen zu sein, und das, obwohl ich wusste, dass ich abends wieder rausfuhr.

Eine Szene, in der die Tür einer Zelle hinter mir geschlossen werden sollte, konnte ich nicht drehen, obwohl Margit mir versicherte, dass sie sogleich, nicht mal eine Minute später wieder geöffnet werde. Die Strafanstalt war nicht mehr voll belegt, nur einige wenige Flügel waren noch bewohnt. Die Frauen und Mädchen sollten verlegt werden. Der Trakt, in dem wir drehten, war leer. In den Werkstätten waren Maske und Garderobe aufgebaut.

Filmen heißt warten können, ich konzentrierte mich auf meine Texte und wurde geschminkt. Endlich war ich dran und Margit besprach mit mir die Szenen. Ich folgte ihren Anweisungen und sie schien zufrieden. Der Film lief 1988 in den Off-Kinos.

Im selben Jahr wurde eine Fernsehserie produziert, die sich »Rivalen der Rennbahn« nannte. Dieter Bohlen hatte den Auftrag für die Filmmusik erhalten und fragte verschiedene Künstler an, mit denen er arbeiten wollte. Über meinen Manager erfuhr ich, dass er gern einen Song mit mir aufnehmen würde. Ich befand mich gerade in Israel, genauer gesagt in Haifa am Meer, als »You're My Heart, You're My Soul« aus den Boxen dröhnte. Irgendwie passten die Mollharmonien zum Strand und das Timbre der schmachtenden Stimme des Sängers schaukelte im Glitzern der Wellen, die alle gleich aussehen und doch jedes Mal anders sind.

Als ich zurück nach Deutschland kam, war es ein Riesenhit. Ob er nun nur diesen oder schon mehrere Hits hatte, als er anfragte, oder sogar schon Goldstatus erreicht hatte, weiß ich nicht mehr. In jedem Falle sorgte er für Gesprächsstoff und war kontrovers.

Als ich im Freundeskreis davon erzählte, gab es Gelächter. Auch ich lächelte. Er war für uns eine Kuriosität. Weder meine Freunde noch mein Manager glaubten an eine Zusammenarbeit. Gerade das jedoch übte einen besonderen Reiz auf mich aus. George erzählte mir, dass sich die Frauen im Musikbusiness darum reißen würden, von Herrn Bohlen produziert zu werden, und Bohlens damalige Gattin bestätigte das: »Alles, was Dieter anfasst, verwandelt sich in Gold«, piepste sie mir auf einer Aftershowparty ins Ohr. Ich war nicht scharf darauf, mich in glattes, lebloses Gold zu verwandeln. Die Schublade, die ich verlassen hatte, war noch halb geöffnet und ich steckte schon wieder in einer neuen, als eine Art schillernde Szenefigur mit Deutschrock-Touch. Was, wenn ich tatsächlich einen Song mit ihm aufnahm? Die Verwirrung wäre perfekt, vielleicht kann ich entkommen und, wann immer es beliebt, Stilistiken und Genre wechseln. Was ich dachte, war naiv.

Der Maschine kann man nicht entkommen. Einzig du begibst dich nicht hinein. Ansonsten frisst sie dich. Früher oder später. Dritte Möglichkeit, du entspannst dich, nimmst sie nicht als deine Realität, lebst mit ihr und lässt dich auch dann nicht aus der Ruhe bringen, wenn deine Verwandten oder deine Freunde einen Nervenzusammenbruch beklagen, den du nie gehabt hast, weil sie *Bild* mehr glauben als dir. Ich war im Krankenhaus, was bei bekannten Leuten nicht verborgen bleibt, ich glaube, es waren wieder einmal diese unsäglichen Nierensteine, die mich seit meinem vierzehnten Lebensjahr quälten. *Bild* ließ sich nicht davon abbringen, dass ich mich »für die Familie kaputt geschuftet hatte«. Da muss man entspannt bleiben und das war ich auch, denn mir fehlte ja nichts außer den lästigen kristallenen Steinen.

Ich sagte zu George, ich wolle mir die Titel anhören und mir gegebenenfalls einen aussuchen. »Okay«, sagte er und warnte mich ein wenig vor dem skrupellosen Autor: »Egal was du änderst, sein Name wird in jedem Falle darauf stehen.« Ich sorgte mich nicht, meine Absichten waren nicht finanzieller Art. Ich sah in ihm weder eine gute Partie noch einen zukünftigen Produzenten. Es war ein Schachzug. Was Kokolores war, denn die Fans waren lediglich irritiert und die Medien hatten meine Independentzeit kaum wahrgenommen, für sie schien alles beim Alten. Einzig in Berlin fiel meine Abtrünnigkeit auf.

Seine englischen Texte suchten ihresgleichen, so weit würde ich das Spiel nicht treiben können. Noch bevor ich die Songs hörte, wusste ich das. Ich sprach darüber mit Enzi. Wir einigten uns, dass wir auf das Autorenrecht und die Tantiemen pfeifen, in jedem Falle jedoch stilistisch und inhaltlich retten würden, was zu retten war.

Branchenintern erzählte man sich, dass Dieter Bohlen »machtbesessen« sei und Leute im Studio niedermachen würde. Dazu gehören zwei, dachte ich, ich geb dir zwanzig Minuten. Dieters Welt. Ich empfand einen milden Spott für ihn und eine Gleichgültigkeit gegenüber weltlichem Erfolg, Luxus oder Geld. Er schien das zu spüren, aber nicht zu verstehen.

Die Aufnahmen dauerten etwa vierzig Minuten. Er war sehr freundlich, vorsichtig, fast ehrfürchtig. All die unangenehmen Voraussagen konnte ich nicht bestätigen. Er nahm die Takes, bei denen die Stimme noch warm war und lebte. Nicht abgesungen und ausdruckslos und durch Technik gestemmt. Wir redeten kaum. Ich hatte George gebeten, ihn auf Abstand zu halten, denn es stand im Raum, dass er mein nächstes Album produzieren würde, was nicht meine Sache war.

Auf einer seiner vielen Goldverleihungen fragte er mich: »Was hast du eigentlich, ich bin doch ein schöner Mann.«

Dieser Satz erschien mir zunächst sehr mutig, dann aber auch wieder nicht, weil er ja nur sagte, was er glaubte. Ich antwortete nicht, Schönheit ist relativ, und vielleicht verhinderte mein überraschtes Unverständnis für sein Interesse an einer Frau wie mir ja den Blick auf etwas Schönes. Wie sollte ein Mann wie er verstehen, dass ich weder an seiner Arbeit noch an seinem Geld und auch nicht an ihm als Mann interessiert war? Er hatte schon Blut geleckt, war daran gewöhnt, dass man ihm die Stiefel putzte, dass man alles kaufen kann, und ich glaubte zu ahnen, dass er sich nur noch eines wünschte, künstlerische Anerkennung.

Der Song verkaufte sich gut, George und ich kamen mit einem Plus in unseren neuen Vertrag, noch bevor wir das Album »Uns verbrennt die Nacht« veröffentlicht hatten.

Blaue Fliesen

Die Regale des Konsums waren leer gefegt. Einen Apfelentkerner aus Plastik und einen Nussknacker haben wir noch gekauft. Enzi erstand ein FDJ-Hemd, eine weiße Bluse der Jungen Pioniere und Pionierhalstücher. Das alles wollte niemand, damit kostümierte sie sich dann bei den Performances von Florian Trümbach, einem Berliner Künstler, der Wachs- und Fiberglasskulpturen fertigte und den sie später heiratete.

Doch, es wird schon Möglichkeiten gegeben haben, die sogenannten Ausländerkonten der ehemaligen DDR in blaue Fliesen umzuwandeln. Kollegen wussten, wie man das machte. Der offizielle Kurs jedoch war lachhaft. In der Behrenstraße befand sich ein großes Bankgebäude und dort lagerten die Gagen, die ich für meine Auftritte in der DDR bekommen hatte. Die Kaufkraft des Geldes war begrenzt und man durfte auch nicht alles ausführen, sodass ein Teil übrig blieb. Ich ging mit Freunden des Öfteren zum Essen, aber das Geld war immer noch nicht aufgebraucht. Auch in den sogenannten Exquisitläden, in denen es westliche Waren gab, konnte ich nicht alles ausgeben und kaufen um des Kaufens willen. In wenigen Tagen würden die Scheine nur mehr das Papier wert sein.

Enzi und ich gingen zum Alexanderplatz. Das Geld in der Tasche, wir hatten alles abgeholt. Einige Tausender waren es noch, wir ließen sie uns in kleineren Scheinen geben, Fünfziger und Hunderter. Wir gingen unter die Brücke. Bettelnde saßen dort, auch Romafrauen mit ihren Kindern.

Wir hatten vor, bei »Radio 100« eine Sendung zu machen über die katastrophalen Lebensumstände von Romafamilien im Süden Jugoslawiens und in Rumänien. In der Ostslowakei hatte man dafür gesorgt, dass Romafrauen keine Nachkommen mehr bekommen konnten. In einer groß angelegten Untersuchung sollte nun überprüft werden, ob der Tatbestand des Genozids gegeben war. Die Studie belegte lediglich, dass das Prinzip der Freiwilligkeit verletzt worden war: Den Frauen war nicht mitgeteilt worden, welche Konsequenz der Eingriff hatte, dem sie sich unterziehen mussten. Darüber hinaus hatte es als Anreiz eine Prämie in Höhe von 25 000 Kronen für die Ärmsten der Armen gegeben. Wir berichteten über hungernde Romafamilien, deren kranke Familienmitglieder nicht behandelt wurden, deren Kinder keine Schule besuchen durften, die von Rechtsradikalen verfolgt und gehetzt wurden, und darüber, dass die, die in dieses Land geflüchtet waren, ungeahnte Panik auslösten. Man schrie nach Änderung des Asylparagrafen. Freilich war das in den Tagen deutsch-deutscher Vereinigung kaum ein Thema, von dem man Notiz zu nehmen schien. Aber Notiz nahm man von der Anwesenheit der Roma, die ein winziges Häufchen Volk im Vergleich zu den 750 000 im Jahre 1989 aufgenommenen sogenannten Deutschen aus Osteuropa und der DDR waren. Dies führte zu einer Mobilmachung gegen die Roma.

Rathäuser und Schwimmbäder werden vorsorglich geschlossen, die Oberstadtdirektionen sehen den sozialen Frieden gefährdet. Eine Bürgergemeinschaft blockiert eine Straße, um den Aufbau der Zelte für Romafamilien zu verhindern. Die Liste ließe sich fortsetzen. Proteste gegen »Dreck, Kriminalität, Lärm, Musik«. Wütende Ablehnung. Eigner von an Romaunterkünfte angrenzenden Grundstücken beklagen sich über Wertminderung ihres Besitzes. Beamte in den Stadtverwaltungen sind überfordert. Fragen nach mangelnder Voraussicht und fehlenden Konzepten der kommunalen Flüchtlingspolitik wagt niemand mehr zu stellen. Außer Asylarbeitskreisen und einigen Pfarrern diskutiert hier keiner mehr. An den unangepassten Roma eskaliert der Konflikt um die Flüchtlinge. Dass wir zu diesem Thema ungeahnte O-Töne der umstehenden Passanten am Alexanderplatz vor dem Konsum bekommen würden, konnten wir nicht wissen.

»Haste die Zigeuner jesehn? Dreckpack«, hören wir, »jeht doch hin, wo ihr herjekommen seid.«

»Gehen Sie doch rüber«, schreit Enzi und fragt die Frau, ob sie denn wisse, wo die Flüchtlinge herkommen und warum sie gekommen seien.

»Interessiert mich ja nich, wo die herkommen, dit war hier früher nich so, wäre ja noch schöner, wenn hier jeder bettelt. Sie wär'n sich ooch noch umgucken, hier is man ja seines Lebens nich mehr sicher.«

Ich schaue mich um, Menschen wie Ameisen, jeder schleppt irgendetwas irgendwohin. Die meisten gehen vorbei an den Bettlern, die nicht ausschließlich Roma sind. Manche haben einen ausgerollten Schlafsack und Plastiktüten bei sich, leben auf der Straße. Ich ziehe das Bündel aus der Tasche, verteile wahllos. Die Kinder zerren ihre Mütter vom Bürgersteig, ziehen sie in umliegende Geschäfte, kommen wieder, mit Süßigkeiten bepackt und mit verschmierten Mündern. Passanten sammeln sich, schütteln ungläubig ihre Köpfe, wollen die Polizei rufen: »Ob dit rechtens is, wat die machen?«

»Hast du den Auszahlungsbeleg noch?«, rufe ich Enzi zu, sie lacht. Enzi und ich verteilen und ich biete den Umstehenden auch etwas an, die misstrauisch zurückweichen. »Nee, nee, dit behalten Se man schön für sich, damit will ick nüscht zu tun haben.«

»Aber es ist doch nur Geld«, sage ich.

Frauen nehmen ihre Babys auf den Arm, rollen Decken ein, kommen nicht wieder, für heute. Später bei Gesprächen über ein Mahnmal für Sinti und Roma in Reichstagsnähe äußern Politiker Sätze wie: »Wir müssen doch noch erhobenen Hauptes durch die Straßen gehen können.« Niemand protestiert. »Erhobenen Hauptes« wird über das Schicksal der Sinti und Roma in der Nazizeit hinweggesehen. Sie gelten als lästige Opfer. Niemand mit politischem Einfluss fühlt sich berufen, für sie einzutreten. Der internationale Druck fehlt und die Vorurteile gegen sie bestehen nach wie vor. Die meisten Leute empfinden weder Scham noch Schuld, wenn sie das Wort »Zigeuner« aussprechen. Zigeuner und Asozialität sind in ihren Köpfen nach wie vor eins. Es interessiert sie nicht, dass Sinti aufgrund ihrer Rasse kriminalisiert und als asozial eingestuft wurden. Schließlich wurden so über eine halbe Million Sinti und Roma ausgerottet.

Enzi und ich fahren, nachdem wir eine Pizza, die wie ein labbriger Pfannkuchen aus unseren Händen fällt, am Stand probiert haben, in die Potsdamer Straße direkt ins Studio.

Uns verbrennt die Nacht

Dank Rio Reiser hatte ich nun wieder einen Manager, dessen jüdischer Humor dem meinem sehr ähnlich war. Ich kannte George schon lange, was Annette und Rio nicht wissen konnten, war mit ihm Mitte der Siebziger in England unterwegs gewesen, wir machten dort Werbung für die englische Version des Titels »Ich bin wie du«. Damals war er noch Angestellter bei einer Plattenfirma. Inzwischen war er ein geachteter und auch gefürchteter Fuchs im Business. Er kannte die Leute, die an den entscheidenden Hebeln saßen, und machte gute Geschäfte. So gesehen legte ich mich einerseits ins gemachte Bett, was die Finanzen anbelangte, andererseits widerstrebte es mir, denn damit er handlungsfähig war, brauchte er jegliche Vollmacht, was mich wiederum an früher erinnerte und einen gewissen Kontrollverlust mit sich brachte. Nicht dass ich ihm misstraute, aber man verliert mit einem guten Manager an Selbstständigkeit, geht an der Hand wie ein Kind.

Rio, Annette und Inga (Humpe), Stephan Remmler, Katharina von den Rainbirds, sie alle wurden von Papa George, wie ihn Rio nannte, betreut. Ich befand mich in ausgezeichneter Gesellschaft. Er sorgte dafür, dass ich das für meine Arbeit bekam, was mir zustand, und der Rest sollte mich eigentlich nicht interessieren. So war es aber nicht, ich interessierte mich dafür, wie der gesamte Etat einer Produktion verteilt wurde, und er entwickelte mit seinem Gespür für Hits große Freude bei der Erarbeitung der Musik und der Auswahl der Songs. Zunächst machten wir uns auf die Suche nach geeigneten Produzenten und einer Plattenfirma für mein neues Album, das erste nach sieben Jahren. Wir fuhren in der Welt herum und ich lernte verschiedene Produzenten kennen, mit denen ich nicht arbeitete.

Wir hatten einen größeren Umweg genommen, aber dann machte mich George mit Harald Steinhauer bekannt. Harald befand sich in einer Studiogemeinschaft des Münchner Pilotstudios zusammen mit Armand Volker und Curt Cress, die anerkannte, erfolgreiche Produzenten waren. In diesem Studio wurden Münchener Freiheit und Juliane Werding produziert, was aus diesem Studio kam, klang gut. Ich freute mich darauf, nach langer Zeit und Undergroundkellern in Berlin wieder in einem Highclass-Studio zu arbeiten.

Der Hof des Studios war zugeparkt mit Porsches, BMWs und Daimlern. Offene Coupés, die in der Sonne glänzten. Vom Tucherpark, neben dem sich das Hilton befand, fuhr ich jeden Tag mit einem Taxi dorthin. Harald war kein mutiger Produzent, aber ein solider, zuverlässiger. Zum Teil war er begeistert von den Texten, die Enzi für mich schrieb, andererseits war die Welt von ihr und mir auch fremd für ihn. Er las unsere Texte gern vor den Aufnahmen. Die inhaltlichen Bedenken, die er dann äußerte, waren für mich nicht nachvollziehbar. Aus diesem Grunde hatte ich beschlossen, ihm nichts mehr zum Lesen zu geben, sondern ihm die Texte gleich vorzusingen, was besser funktionierte. Er produzierte auch zwei Songs von mir, gegen die er sich zunächst gewehrt hatte, einer davon wurde dann sein Lieblingssong des ganzen Albums.

Diese Erfahrung hatte ich öfter gemacht. George mochte meine Songideen, aber wenn der Industrie oder dem Produzenten die Stücke nicht passten, war er schnell bereit, die Songangebote von anderen zu nehmen. Hinter solchen Entscheidungen standen natürlich Deals und Vereinbarungen. Ich kam hinzu, wenn alles unter Dach und Fach war, und konnte dann sehen, wo ich mit meinen Stücken blieb.

Rio, der mich schon Anfang der Achtziger zum Schreiben motivierte und dem ich meine Ideen meistens zuerst vorspielte, sagte, ich müsse kämpferischer sein und George vermitteln, dass es um meine Musik ginge und nicht darum, dass mir wie in früheren Jahren ein neues Kleid verpasst werde. Ich hatte mich jedoch künstlerisch ausgelebt, alles unternommen, was ich wollte, ohne mir Grenzen zu setzen, und glaubte, nichts beweisen zu müssen, war nicht kämpferisch, eher gelassen und weich, hörte mir alle Vorschläge an und dachte hier und da, warum nicht, lasst es uns doch ausprobieren. Es lief darauf hinaus, dass es obligatorische zwei Stücke von mir auf den Alben gab. Man fragte sich nicht, wo will sie hin, sondern, was können wir mit ihr machen, hatte entsprechende Vorlagen und Beispiele aus den aktuellen Charts. In diesem Punkt hatte sich offensichtlich wenig verändert, denn diese Verfahrensweise wurde, wie ich feststellte, auch bei anderen Musikern nach wie vor angewandt.

Steinhauer produzierte Schlager-Pop. Es konnte passieren, dass der Song, wenn er fertig war, ein Schlager war, genauso gut konnte es ein Popsong werden. Seine Produktionen waren sauber, zu sauber, sie strebten einen

Perfektionismus an, der das Leben in der Musik tötete. Mit der Stimme etwa wurde Silbendropping gemacht. Wenn man ein Wort wie Ewigkeit nimmt, werden alle drei Silben dieses Wortes von verschiedenen Spuren geholt, auf die man gesungen hat. Wenn man jetzt zwölf bis fünfzehn Spuren besungen hat, kann man einen völlig neuen Gesang herstellen, den kein Mensch jemals so gesungen hat und so auch nie singen würde. Ob der Gesang dann noch eine Emotion transportiert, ist fraglich. Bei aller Professionalität, die menschliche Stimme ist fehlbar, trifft nicht immer genau, unterliegt Schwankungen von Kondition und Stimmungen, gut so. Natürlich versucht man genau das bei Plattenaufnahmen zu korrigieren, aber zwischen Korrektur und derartigen Zusammenschnitten ist ein himmelweiter Unterschied.

Harald sagte mir dann, sie hätten wieder zwei Tage lang an meiner Stimme geschraubt, weil kaum etwas Brauchbares dabei gewesen sei. Kein Wunder, ich wurde immer schlechter, nach fünfzehn Spuren waren jede Schönheit und jeder Wohlklang verschwunden, man sagte mir aber über Talkback in die Glaskabine hinein, ich würde langsam ankommen, jetzt würde es richtig gut werden. Davon abgesehen, dass ich nirgends ankommen wollte, man kann einem Mann nicht zwanzig Mal am Tag sagen, dass man ihn liebt, und genauso ist es mit dem Gesang. Natürlich wurden, wenn wir darüber diskutierten, die drei Gebote genannt: Tuning, Timing, Feeling, was so viel bedeutet wie den Ton treffen, den Takt halten und Gefühl reinbringen. Letzteres ist jedoch, wenn überhaupt, nur bedingt manipulierbar.

Ich verteufele die Männer nicht, die mit mir an »Uns verbrennt die Nacht« arbeiteten. Der technische Anspruch, der nicht nur ein Gift war, wurde vorgegeben von den Möglichkeiten, die es bis dahin so nicht gegeben hatte, und man spielte begeistert mit allem, was man zur Verfügung hatte. Armand Volker machte das sehr erfolgreich mit Münchener Freiheit vor, und Harald Steinhauer zog mit Juliane und mir nach, ebenfalls erfolgreich. Die internationale Popwelt gab hier den Ton an und man eiferte ihr nach.

Einige Stücke liebte ich und andere langweilten mich. Zu den Lieblingen gehört bis heute »Ich denk an dich«. George und ich verteidigten den Song gegenüber der Plattenfirma, wir waren uns einig, dass er ein Hit würde, und das wurde er auch. Geschrieben hatten dieses Lied Harald Steinhauer und ein Schwede namens Mats Björklund. Rio und ich machten den Text dazu, er war federleicht, spielerisch, wie ein Flirt. Rio in Fresenhagen, ich in Berlin. Wir faxten uns die Zeilen hin und her, dann telefonierten wir und lachten, weil es kindisch war und Spaß machte: »Du bist der Mann in meinem Bann und du weißt genau …«

»Du bist verlor'n, wenn ich dir nur in die Augen schau?«

»Ja, jut, warum nich, und dann?«

»Na ja, dann: Du weißt genau, ick bin die Frau …« – lächerlich, hat aber so schön geklungen und jedes Wort ist wahr, so man verliebt ist, versteht sich.

Rio, der sich als ein Musiker, der für das Volk schreibt, verstand und, wie er selbst meinte, Gassenhauer machte, erhielt 1990 den Fred-Jay-Preis. Dieser seit 1989 jährlich verliehene Preis erinnert an den Textdichter Fred Jay, den netten älteren Herrn, der 1970 für mich »Mr. Paul McCartney« und »Fremder Mann« geschrieben hatte und inzwischen verstorben war. Gedacht ist der Preis für Künstler, die sich für eine Laufbahn im Bereich des populären deutschsprachigen Liedes entschieden und sich um die Schaffung und Förderung deutscher Texte verdient gemacht haben. Das hat Rio ja mehr als erfüllt, er, der Poet der deutschen Rockmusik. Der aktuelle Erfolg in den Charts, den man für die Nominierung brauchte, war aber »Ich denk an dich«, und so rief er mich an, weil er den Preis mit mir teilen wollte. Er wollte, dass ich bei der Verleihung singe, während er am Klavier diesen Song spielte. Ich sah das aber anders, verstand den Preis als auf seine gesamte bisherige Autorenarbeit bezogen und beschloss auch, dass er das Geld, das es dafür gab, nötiger hatte als ich. Wer von den Leuten in der Branche, die ich kannte, hätte mir je ein solches Angebot gemacht? So war Rio eben.

Ein weiteres besonderes Lied auf diesem Album ist »Mein Lächeln wird dir folgen«. Enzi schrieb den Text, der mich selbst heute noch, wenn ich ihn auf der Bühne singe, fesselt und berührt.

Mein erstes sogenanntes Comeback gelang. Ich war wieder da, das heißt, da war ich ja immer, nur jetzt interessierte sich wieder eine größere Öffentlichkeit für mich. Fünfunddreißig Jahre hatte ich nun auf dem Buckel, fühlte mich aber wie fünfundzwanzig und sah aus wie Schneewittchen. So weiß, so rot, so schwarz. Ich fühlte mich kraftvoll und leicht. Wer will noch mal, Ihr Einsatz bitte, es geht wieder los. Letztlich ist es wie mit dem Rauchen. Du denkst, du hast es im Griff, kennst die Gefahren und sagst dir: »Eine kann ich doch, nur zur Entspannung, ich brauch das ja nicht, zum Kaffee, dann zum Glas Wein, dann, wenn du dich geärgert hast, plötzlich gleich nach dem Frühstück, und hups.« Ich hatte wieder Erfolg.

Ich bin wie ich

Ende 1992 fand das große Live-Konzert gegen Rassismus und Gewalt »Heute die – Morgen du« statt. Auf dem Messeplatz vor der Alten Oper in Frankfurt hatten sich Menschen versammelt, so weit das Auge reichte. Neben vielen anderen Bands wie Maffay, Grönemeyer, Westernhagen, Lindenberg, Ulla Meinecke, Stefan Remmler und den Fantastischen Vier traten auch Rio und ich gemeinsam auf.

Die Anfang der neunziger Jahre aufkeimende Ausländerfeindlichkeit und die rassistischen Brandanschläge vor der Haustür, auf Asylbewerberheime in Hoyerswerda, Rostock und Mölln solidarisierten die Menschen. Panik geistert durch das Land. Deutsche schließen sich zusammen, helfen Bedrohten und Asylanten. Natürlich, auch Berufsbetroffenheit, Gerangel um Kompetenzen und Vorrangstellungen, aber letztlich verbünden sich alle.

Jungnazis, zum Teil noch Kinder, schlagen zusammen, fackeln ab, töten, werfen Menschen aus fahrenden Zügen.

Dem voraus geht die Ausländerpolitik mancher Politiker, die sich nun wundern und deren Bestürzungskommentare man jetzt auf allen Kanälen hören kann. Ausländer sind viele, nicht nur Türken, auch Obdachlose oder Schwarze, so sie nicht gerade auf der Bühne spielen. Enzi

1980

1978

1982

1978

Marianne Rosenberg und Marianne Enzensberger, Hofer Filmtage, 1984

»5 Tage und 5 Nächte«, 1995

1999

Aus der Show »Ganz in Weiß«, 1995

»Luna«, 1998

Jazz und Chansons, 2001

Marianne Rosenberg und Marianne Enzensberger, 1986

und ich hatten schon einige Sendungen und Veranstaltungen dazu in Berlin gemacht.

Die Bühne ist Open Air, es ist kalt. Rio sitzt am Flügel, wir singen: »Der Traum ist aus«. Für manche ein Albtraum, für die anderen vielleicht sogar ein Traumpaar. Der »Verräter«, der in die Industrie gegangen ist, zu den Major Companies, und die »Schlagerschnecke« mit erwachtem politischen Anspruch. Rio war gelangweilt von derartigen Schwarz-Weiß-Käfigen und ich dachte, jetzt erst recht.

Ulla, Rio und ich probten in einem dunklen Keller in Frankfurt. Ulla hatte für diese Veranstaltung einen neuen Text geschrieben, den Rio vertonte. »Das hat keiner gewusst und da war keiner dabei.« Rio klimperte auf dem Keyboard und wir klärten, wer zweite oder erste Stimme singen wollte. Ulla hörte zu, sagte, dass sie den Klang unserer beider Stimmen mögen würde.

Irgendein Komitee, das aus Tourveranstaltern und einigen Künstlern bestand, entschied, wer mitmachen durfte, gegen Gewalt und Rassismus auftreten durfte. Einige Tage vor der Veranstaltung ruft Rio mich an und sagt: »Marianne, du bist nicht mehr dabei, stehst nicht mehr auf der Liste, die man mir gerade zugefaxt hat.«

»Ja und? Ich muss aber dahin, was denken die sich, die soll'n doch froh sein über jeden, der dagegen ist.«

In Rios Stimme schwang immer eine nüchterne, feine Ironie, nun aber gackerte er ins Telefon: »Na ja, dit heißt ›Rock gegen Rechts‹ nicht ›Schlager gegen Rechts‹!«

Jetzt gackerten wir beide. »Willst du mir sagen, die brauchen keene Schlagersänger?«

»Ja, und die woll'n auch kein Lied in, wie heißt eure Sprache noch mal?«

»Romanes.«

»Ja, das versteht keiner.«

»Ich weiß, das hat George auch gesagt. Eigentümlich, ich meine, worum geht es denn hier?«

Rio schnoddrig, nölend: »Um Fremdenfeindlichkeit.«

»Ja, eben«, wir lachen.

»Pass mal auf«, sagte er, »ich ruf da jetzt mal an und sage, wenn Majanne nich dabei is, komme ich auch nich.«

Gesagt, getan, auf Rio wollte man nicht verzichten. In mehr als fünfzig Länder wird das Konzert ausgestrahlt. Na, klar wundern sich einige, was ich da soll, aber als wir das Lied beginnen, ist Stille, nur bei »Dieses Land ist es nicht« brüllen 100 000 Leute mit, was mir einen Schauer über die Haut jagt. Vor dem Auftritt schminke ich Rio, er hält seinen Kopf nach hinten, hält sein Gesicht ganz still, er mag das, und die Kameras lassen selbst ein Baby ungeschminkt ausschauen, als habe es Neurodermitis.

Rio wirbt für die PDS und ist in die Partei eingetreten. Er erzählt mir von Veranstaltungen und will mich mitnehmen, zu Gregor Gysi, mit dem er sich auf menschlicher Ebene gut versteht. George, unser Manager, findet das falsch, auch Rios Outing als schwuler Mann findet er der Karriere eher nicht dienlich. Gysi sticht heraus aus den Phrasen dreschenden, farblosen Haufen der Talkshows, ich sehe ihn gern im Fernsehen. Mit der PDS jedoch kann ich nichts anfangen, wähle Grün in jenen Tagen. Für Parteien bin ich nicht zu haben, schließe mich Vereinen nicht an. Positionen, Ämter und Macht sorgen dafür, dass die Schreibtischseiten zu schnell wechseln, da bin ich misstrauisch.

Die Löwenmama

Ich träume von einem großen Vorschlaghammer. Nicht dass ich jemanden verletzen möchte. Aber mit jedem Schlag auf die Kühlerhaube des Wagens, der vor meiner Haustür parkt, würde ein Stück der Wut, die ich empfinde, abfallen, sich auflösen, ich könnte mich entschuldigen, sagen, wie es ist, ein Angriff, ein Lauschangriff, Belauerungs-, Belagerungsangriff. Ich trage ja nur ein Baby in einer Plastikschale hin und her, zur Kinderarztpraxis, U1, U2 ... manchmal zum Essen ins japanische Restaurant Sabu in der Pfalzburger Straße, das Baby schläft, wenn wir Glück haben, wir essen, streiten, essen, versöhnen uns, trinken Sake, den ich nicht vertrage, weshalb ich dann streite. Manchmal besuche ich meine Eltern, sie wohnen jetzt in Hermsdorf, ein kleines hübsches Haus. Das Baby nehme ich natürlich mit.

Sie folgen uns, ein Renault Kombi, das Heck etwas erhöht, dort sitzt der Mann mit der Kamera. Millionen Frauen haben Babys, jetzt auch ich. Normal groß, normal schwer, passt sich nicht meiner winzigen Gestalt an und ist aus diesem Grunde schwer zu tragen in der Plastikschale, die ich gebeugt vor mir herschleppe.

Im Tunnel hatte ich so ein Gefühl wie Verfolgungswahn. Schaue in den Rückspiegel und denke, mach keinen Aufstand, warum sollte dir ein Wagen folgen, du irrst dich, das sind Ausläufer der postnatalen Anfälle, das hast du schon mal gehört, so kann's gehen, du bist nicht Madonna, wir sind nicht in Amerika, keep cool.

In Hermsdorf angekommen, fahre ich trotzdem ein paar unsinnige Schleifen, um genau wieder dort zu landen, wo ich einbog, als ich von der Autobahn kam. Der weiße Renault folgt, egal wie bescheuert die Wege sind, die ich nehme. Vor der Haustür meiner Eltern halte ich abrupt, springe heraus und renne auf den Renault zu, wutschnaubend, mit Fäusten drohend, dunkle, böse Worte ausstoßend. Die Kamera im Heck, ich sehe nur die Kamera, keinen Menschen, der sie bedient, Teleobjektiv, bewegt sich im Abfahren, knipst, schießt, schießt, was eigentlich, mich in Rage? Und nun? Das Auto fährt los, als ich die Tür aufreißen will und was tun werde? Ich weiß es nicht, es fährt ab.

Man jagt uns. Ich sehe Fotos, im Park, auf Kinderspielplätzen, angestrengte, kleine dunkelhaarige Mama Rosenberg, das ganze Zeug, was man für ein Baby braucht, umherschleppend.

»Normales« Leben ist schwer. Was ist normal? Will weiter zum Bäcker, zum Fleischer, mit den Nachbarn reden, will keinen Zaun. Bin Musikerin, na und? Was hat das Baby damit zu tun? Hat sich nicht ins Licht gestellt. Jeder muss wissen, was er in die Waagschale wirft, Stofftiere reichen. Mehr Stofftiere, weniger Ruhm, gut.

Ganz in Weiß

Ich bin gerade vierzig geworden, habe den Tourbus umgeleitet, er hält nun in Wilmersdorf, vor meiner Haustür. Gut gelaunt stürme ich in den Bus. »Ganz in Weiß« heißt diese Tour, die ich mit Enzi in ihrem Garten erfand. Dass es einen solchen Titel vor vielen Jahren als Song von Roy Black gab, kümmert uns wenig, im Gegenteil, es gefällt uns. Wir kennen seine Musik kaum, finden aber, dass er ein schöner Mann war und dass der dumme Tod ihn viel zu früh geholt hatte.

Nachdem das Dunkle und Mystische Image gemacht hatte, schien es ausgereizt, und ich hatte eine gewisse Sehnsucht nach Leichtigkeit und Helligkeit. Meine immer größer werdende Entfernung vom Normalen oder Erlaubten oder in der mir zugedachten Sparte Erlaubten ließ Argwohn und Misstrauen aufkommen und kaum jemand begriff es als das, was es war, ein Spiel auf der Bühne, das natürlich auch die Züge jeweiliger Erschütterungen meines Lebens trug. Als hätte ich eine Maske, die ich immer wieder herunterreißen musste. Die Live-Musik war rockiger denn je. »Nights in White Satin« sollte der Opener werden. »Nächte in Seide, Blumen frieren zu Eis, kalt wie ein Märchen, alle Farben sind weiß.« Enzi hatte einen wunderschönen Text geschrieben.

Vor dem Song sprach ich aus dem Off einige Worte

über die schöne Schneekönigin, deren Eissplitter aus dem Spiegel der Welt in unsere Herzen dringen und sie in Eisklumpen verwandeln. Man empfindet keinen Schmerz mehr und alles Irdische erscheint einem unregelmäßig und schmutzig. Sprach von ihrem kalten Kuss, nach dem man sterben muss, aber man tut es gern, sitzt sehnsüchtig am Fenster. Bewundert ihre künstliche Perfektion und wartet. Wir überlegten, welche der vielen Songs wohin gehörten. Das Starre, Gefrorene sollte an den Anfang. Gläsern sollte es sein und blendend, die Königin kennt kein Mitgefühl. Sie lädt uns ein in ihre glitzernde Todeswelt. Andersens »Schneekönigin« und »Das kalte Herz« von Hauff inspirierten uns für den ersten Teil der Show. Cyberlights werfen Kristalle auf weißen Vorhang, Wachsblumen, weiße Girlanden um Mikrofonständer. Gefrorene Puppen, Wasserfälle und Eisblumen, Regen, Hagel, Wind, Eiswüsten – all das soll gezaubert werden mit Licht und Diaprojektionen. Viele Songs müssen umgeschrieben werden für die kalte, unnahbare Herrscherin am Anfang der Show und uns wird sehr schnell klar, dass Feuer auf Eis folgen muss, zu viele Lieder von der Liebe. Enzi denkt an Inseln mit Schnee und Geysiren, an Schneeberge mit Vulkanausbrüchen, an den berühmten Roman »Soul on Ice« von Eldridge Cleaver. Das alles erklärt sie den Licht- und Bühnenarbeitern, um Stimmungen zu vermitteln, die optisch umgesetzt werden sollen.

Die Starre der Musiker und der Hauptdarstellerin geht über in weiche, heftige Bewegungen. Songs wie »Liebe kann so weh tun« oder »Marleen«, die Eifersuchtsgeschichte, eine wütende Hitze, die unter kontrolliertem Vortrag schlummert. Unsere Kostümbildnerin hat Blutstreifen aus Leder genäht, sie hängen an weißen Dornen, die sie am Eismantel befestigt. Der Mantel ist geschlossen bis zum Hals, oben, auf dem weißblonden Kopf, eine weiße Dornenkrone.

Wir haben viele Kostümwechsel im Quickchange hinter der Bühne. Der Weg zur Garderobe ist meistens zu weit. Musiker spielen das Thema weiter, bis ich wieder da bin, jeder Handgriff muss sitzen. Endlich, der Panzer kommt runter, die Krone auch. Am Rücken läuft Wasser hinab. Ich muss verrückt geworden sein, alles übereinanderzutragen. Ein Ballettanzug bedeckt den ganzen Körper wie eine zweite Haut, nur Hände und Hals nicht. Darüber eine Korsage, wieder aus Glassteinen. Wir verständigen uns in Zeichensprache, die Musik hinter der Bühne ist zu laut. Christian, der Zauberer, nimmt Weißblondes vom Kopf, darunter lauter kleine dunkelbraune Schnecken, die er gesteckt hat mit eigenem Haar. Setzt mir etwas anderes auf, das sich wieder wie ein Hut anfühlt und in langen dunklen Wellen herabfällt. Malt Farben ins Gesicht, verpasst der Schneekönigin eine Bluttransfusion. Der Hintergrund bleibt der Kälte verhaftet, alles andere taucht ein in Farben.

Nach der Hitze kommt die Reinheit, Schneewittchen, das unbeschriebene weiße Blatt, die Anmutige ohne Erfahrung. Das weiße Hochzeitskleid, das all das symbolisieren soll und von dem Marianne Rosenberg vielleicht auch geträumt hat. Wieder umziehen, der Rock ist umsäumt von Leuchtstäben, das Licht auf der Bühne dunkel, als Schneewittchen singt: »Nur zwei Schritte, zwei, drei Schritte trennen mich von dir.«

Die Schnecken bleiben, wo sie sind, obgleich ich Schneewittchens Haar habe, die Zeit reicht nicht, es herunterzulassen. Weiß ist nur eine Farbe, wenn es um Haut geht. Weiß lebt von der Armut der farbigen Mehrheit. Weißer Herrenmensch vernichtete alles, was dunkel, anders, farbig, fremd war. Enzi sammelt Ideen für das letzte Bild, das in Schwarz enden wird, muss. Wir diskutieren darüber. Sie erwähnt auch, dass Michael Jackson, der bei MTV, die anfänglich keine Musikclips mit schwarzen Musikern ausstrahlten, per Gericht eine Ausstrahlung erzwang, weiß werden wollte durch Operationen und chemische Aufhellung der Haut.

»Wer von uns soll darüber richten?«, sagt sie, »wir wissen nicht, was es bedeutet, schwarz zu sein.«

»Ich mag keine Farben mehr, male alles schwarz, ›Paint it Black‹« – die Show endet laut und aggressiv mit dem Stones-Song. Immer nachmittags, nach der Ankunft am jeweiligen Veranstaltungsort, haben wir die Spinnweben ausgebreitet, die wir bei Deko-Behrendt in der Hauptstraße in Berlin gekauft hatten. Sah zunächst wie Watte aus. Wenn man sie auseinanderzog, entstand mehr und mehr Verwobenes. Wir hängten sie über das Schlagzeug, Notenpulte. Ich mochte das sehr. Wenn das Licht darauf fiel, wirkte alles bizarr und eingesponnen. »Herz aus Stein, wie gut das tut, nichts tut weh, kaltes Blut«, »Heart of Glass« von Blondie verwandelte sich. Märchenhaft und ein wenig böse war diese Show. »Wer mich liebt, dem schenke ich die schönsten Stunden einer Nacht und dann den Abschied, der sie krank und traurig macht, weil ich sie nie mehr wiedersehen will.« Spitze Eiskristalle aus Glas ragten aus bodenlangem Väterchen-Frost-Mantel. Ach, wie ich »Väterchen Frost« liebte und die Faule, als er sie im verschneiten Wald unter einem Baum findet und sie fragt, ob sie friert.

Ich verkrieche mich im Schlafsack, minus zwanzig

Grad hält er aus, es ist März, etwa zwölf Grad. Ich will ein wenig schlafen und mich vor Zug schützen, ich muss noch viele Male spielen.

Enzi und ich sind die Einzigen, die im Tourbus immer wach sind. Die ganze Fahrt über reden wir, versuchen Fehler im Showablauf zu korrigieren. Unsere Musiker sind immer müde, schlafen, obwohl sie so jung sind, erst auf der Bühne werden sie munter. Wie immer gibt es auch dieses Mal Liebespaare unter den Kollegen. Die Liebeslieder treffen die Paare je nach Problemlage wie Keulen. Liebe und Arbeit vertragen sich nicht. Manchmal kommen sie nicht zum vereinbarten Soundcheck, der immer um 18:00 Uhr stattfindet. Die, die ihre Partner zu Hause betrügen, sind auch nicht besser, man denkt eher abfällig über sie. Obwohl ich durchaus geneigt bin, sie zu verstehen. Eine Affäre auf Tour ist aufregend, verwirrend und spannend, hat jedoch auch etwas Erbärmliches. Man überlässt sich dem lächerlichen Aufbegehren des Körpers, wider besseres Wissen.

Ich stoße mir den Kopf, als ich auf die Bühne hüpfe, das ist noch nie passiert, bin von der falschen Seite hinaufgegangen. Dieses Mal ist es ein Club, man kann ihn nach oben öffnen und sieht dann den Himmel. Ich spiele gern in Clubs, sie sind mir lieber als Stadthallen, nicht ganz so distanziert.

Ein Fernsehteam kommt nach dem Soundcheck auf mich zu. Befragt mich. Der Geifer, mit dem sie nach schwulen Fans fragen und ob sie sich von anderen Fans unterscheiden und warum sie überhaupt Fans sind, widert mich an. Warum stellen sie nicht die gleichen Fragen über Hetero-Fans? Von den Schwulen reden sie, woran erkennt man einen schwulen Mann? Daran, dass er Marianne Rosenberg hört? Na toll, da mögen also alle schwulen Männer das gleiche Parfüm. Ich wittere diesen Braten drei Meilen gegen den Wind und setze mich für die schwulen Männer und gegen Diskriminierung ein. Pustekuchen, die Rechnung ohne den Wirt gemacht. Die Headline stand bereits fest. »Schwulenikone möchte nichts mit Schwulen zu tun haben«. Das knallt, ist eine Schlagzeile, wird so verehrt, ist aber feindlich gesinnt. Ich bin gereizt, nicht gewarnt, »Sie lassen sich also vor den Karren schwuler Interessen spannen?«

Fragen gibt es später in dem Interview nicht mehr, nur Kommentare und O-Ton von mir. »Ich lasse mich vor überhaupt keinen Karren spannen!« Das reicht, mehr will man gar nicht hören, reicht aus für einen Bericht, der mir Traurigkeit und Wut bringt. Freunde rufen mich entsetzt an. Was soll ich tun? Mehr als erzählen, dass es zusammengeschnitten und aus dem Zusammenhang gerissen wurde, geht nicht. Es ist sehr unwahrscheinlich, dass man einem Prominenten glaubt. Man denkt immer, da muss doch was dran sein, sonst könnten die es ja nicht so rüberbringen, das dürfen die ja gar nicht. Doch, dürfen die. Ich darf dann eine Gegendarstellung per gerichtlicher Verfügung verlangen, die, wenn sie zugelassen wird, vielleicht ein halbes Jahr später gesendet wird, damit sich auch jeder wieder an die Unwahrheit erinnert und die Wahrheit vielleicht in Erwägung zieht.

So ist es. Was bitte, so frage ich die Freunde, die mitfühlend und empört sind, soll ich tun? Soll ich mich öffentlich hinstellen und sagen, ich bin nicht schwulenfeindlich, ich liebe alle Schwulen? Nichts unternehme ich, ich gehe weiterhin zu Schwulen-Veranstaltungen und unterstütze die Projekte, die mir politisch wichtig erscheinen. Auch zum Christopher Street Day gehe ich, als gäbe es den Bericht nicht. Die homosexuellen Männer, die mich nicht kennen, werden durch Freunde und durch meine Anwesenheit erfahren, dass es sich um eine bösartige Ente handelt, die einzig der Einschaltquoten wegen lanciert wurde. Und so war es dann auch.

Kokolores

Ich liebe den Schnee und die nordischen Länder. Es ist leicht, den Schnee zu lieben, wenn man nicht frieren muss. In der Sonne liegende glänzende Körper erinnern mich an ausgenommene Fische, die in der Pfanne hüpfen, obwohl sie tot sind. »Es war Winter in Kanada, so weiß war das Land«, ich kann nicht sagen, wer das sang, aber ich erinnere mich gut an diesen Song aus Kindertagen.

Ich war wieder einmal in Kanada, hoch im Norden, in der Wildnis, fuhr den Alaska-Highway entlang. Norwegen mag ich auch, wenn der Schnee die Wege verweht, sodass keine Straße mehr sichtbar ist, man einfach nicht mehr weiß, wo man überhaupt ist. Nicht ganz ohne Rückversicherung, mein Mann war dabei, er wusste, wie Männer es so an sich haben, immer, wo wir waren, war verwundert, dass die Freunde nach uns suchen ließen. Schon so mancher Tourist ging hier für immer verschütt.

Wenn ich so weit weg bin, schaue ich manchmal auf meine kleine Welt, meine absurde kleine zerbrechliche Welt, in der ich lebe und bekannt bin wie ein bunter Hund. In solchen Momenten, in denen man das Einfache, wie auch immer Erschaffene sieht und als Wunder begreift, denke ich, Kokolores. Und Kokolores bedeutet für mich Ablenkung vom Eigentlichen. Etwas Überflüssiges. Nichts kann der Mensch herstellen, was diesen Wundern gleichkommt. Er sucht nach Sinn, nach Bedeutung, sucht sein Ich, will Anerkennung. Ein unsinniger Umweg, gepflastert mit Egoismus, Gier und Scheuklappen.

Ein Mensch in seiner Vielfalt ist nicht vermarktbar. Die Projektionen sind es, die ihn vermarktbar machen. Die jeweilige Figur steht für etwas. Niemand soll mir böse sein, wenn es mich nicht wirklich interessiert, wofür ich stehe, womöglich würde ich, gegen Gummiwände laufend, mich zur Wehr setzen. Ein bekannter Mensch kann sich nicht nur rückwärtig, sondern auch gegenwärtig erfinden. Er braucht nur den Unsinn zu glauben, der über ihn in der Zeitung steht. In meinem Falle ließe sich ein ganz passables Bild daraus stricken. Aber die meinen einen ja gar nicht, meinen sehr selten die Person, die Arbeit. Es ist nur eine Industrie, die davon lebt, und selbstverständlich die verrissenen und gelobten Künstler und Schauspieler umgekehrt auch. Vielleicht kann man sogar so werden wie sein öffentliches Image. Wenn man die Werbeinfos der Plattenfirmen und das, was über einen in den Medien berichtet wird, oft genug liest, so oft, bis man es irgendwann glaubt. Darin liegt die große Gefahr meines Berufsstandes. Sein und Schein. Ich bin lieber, als ich scheine. Es ist die Perspektive, um die es geht, aus der die Ereignisse in den Blick geraten, ist das Leben, in das ich hineingeboren wurde. Das, was alle für Realität halten, kann gar nicht meine sein. Ich glaube, dass ich ebenso wenig Marianne Rosenberg bin wie irgendjemand anderer.

Die öffentliche Figur ist ein aus Puzzleteilen zusammengesetztes Bild. Dieses Bild entspricht in den seltensten Fällen der Meinung des Kritikers, dessen Text nicht ohne inhaltliche und sprachliche Eingriffe von der Redaktion gedruckt wird. Die wenigen O-Töne, die tatsächlich

Gesagtes, Erzähltes wiedergeben, erhellen das Dunkel um die Person nicht wirklich, vielmehr sind sie geeignet, dem Affen Zucker zu geben. Man wird verflüssigt, flexibilisiert, kompatibel gemacht, damit man danach in die jeweils zugedachte Schublade passt. Aus diesem Grund lese ich Verrisse wie Ergüsse zu meiner Person nach Möglichkeit nicht. Ich glaube, es ist wichtig, die Wirkung meiner Arbeit in den Reaktionen und Augen der Zuhörer zu lesen und sich dadurch auch Spontaneität zu bewahren. Mag sein, dass man hier mehr steuern oder instrumentalisieren kann, als ich es tue, einige Politiker oder Kollegen glauben, sie können die Medien manipulieren, nicht ganz ohne Preis, das ist wie mit den Geistern, die man gerufen hat.

Auflagen und Einschaltquoten – was nicht umsetzt, lebt nicht. Also verdienen wir – was, du verdienst nicht? Dann bist du nicht. Nicht wer du bist, ist die entscheidende Frage, sondern was du machst und ob du Erfolg damit hast. Also reihen wir uns ein, messen wir uns, höher, weiter, schneller, jünger denn je, im Gleichschritt, na also, da sind wir ja wieder, wer will noch mal? Warten wir auf Nachrichten, schreckliche, nicht aus unserer, nein, aus aller Welt, ignorieren wir, dass der Mensch nicht gemacht ist, die Last und das Leid der Welt zu tragen, schauen wir in alle Welt, damit wir nicht in unsere schauen müssen, und verdienen wir, warten wir auf Tote, auf Krankheiten, auf Kriege, auf Titel, die in keinen Sarg und durch keine Tür passen, und verdienen wir, halten wir uns für unsterblich, damit wir die Begrenzung nicht spüren, nicht spüren, dass wir vergänglich sind, alt und krank sind andere, wer zittert schon mit fernen Beben. Steigen wir in die Flugzeuge der Welt und kommen wir zurück in unsere sicheren Vogelhäuschen, umzäunten Legebatterien, geschockt von der Weite und Wahrheit. Mauern, die uns sorgsam voneinander trennen, uns Sicherheit zuraunen. Na also, wir sind wieder wer, verdienen wir – was, du verdienst nicht, dann bist du nicht, genauer gesagt, eigentlich bist du tot.

Wat hat'n dit mit Marianne Rosenberg zu tun? Ich weiß nicht, aber irgendwie muss es ja mit mir zu tun haben, sonst würde es hier nicht stehn. Ich sitze an unglaublichen Seen, schaue auf die kanadischen Wälder, mit 'ner Glocke am Bein, damit die Bären mich rechtzeitig hören und abhauen können. Gestern hab ich den Müll nicht hoch genug den Baum raufgezogen. Heute Morgen war er verstreut und in der Nacht glaubte ich den Bären zu hören. Hab ihn aber nicht gesehen. Lächerlich die Tür des Wohnmobils, die ich verschlossen habe. Träumte auch, dass mich der Grizzly mit seinen Pranken aus der Blechdose gekratzt hätte. Wahrscheinlich weil vor zwei Wochen eine Frau zerrissen wurde. Sie soll geschrien haben und auf den Bären zugegangen sein, und schreien soll man ja nicht. Soll sich rückwärts, die Augen auf das Tier gerichtet, wegbewegen, vielleicht noch den Rucksack leeren zur Ablenkung. So eine reale Furcht kannte ich gar nicht mehr.

Im Übrigen habe ich den Faden verloren. Wollte von der Wirkung des »schönen« Scheins auf das Mädchen reden, das ich war oder glaube gewesen zu sein. Woher wir kommen und wohin wir gehen, kann keiner sagen, aber das Dazwischen können wir versuchen zu erfassen, zu benennen. Nicht der Nachwelt zuliebe, sondern um es abzuwerfen, zu springen, bevor wir geschubst werden, bevor man uns sagt, wie es gewesen sein soll. Natürlich gibt es nur die Wahrnehmung des Einzelnen, ich kann meine Ohren und Augen nicht auswechseln. Jeder erinnert sich anders. Das ist, wie wenn man zu fünf verschiedenen Ärzten geht: Man erhält fünf unterschiedliche Diagnosen.

Über dreißig Jahre gibt es mich und die Lieder, die nicht verklingen wollen. Etwas bleibt gleich, verändert sich nicht, was natürlich ein Trugschluss ist, aber man wünscht es sich. Sehnsucht nach Unvergänglichkeit. Das eigene Erinnerte, das sich mit der Darstellung von Bewährtem zu scheinbarer Gewissheit wandelt. Darin liegt wohl der sogenannte Kultstatus begründet, der für die Person gleichermaßen ein Beerdigungskranz sein muss. »Spiel das Lied noch einmal … und bitte verändere nichts, ich möchte es genauso hören wie damals.«

Wie geht das? Mach es mir vor!

Nicht nur Motten verbrennen im Licht

In diesem Geschäft kommt es nicht darauf an, wie gut man Musik macht oder nicht. Einzig die Verkaufszahlen sichern die Möglichkeit, zu bleiben, wo man ist, oder etwas anderes anfangen zu müssen. Ich hatte nie Schwierigkeiten, einen Vertrag bei einer Plattenfirma zu bekommen, sofern ich bereit war, einen Aufguss dessen zu machen, was einmal erfolgreich war. Titel, die ähnlich klangen und an alte Songs erinnerten. So kam es oft vor, dass ich für lange Zeiträume lieber ohne Vertrag blieb. Damals hatten die unabhängigen kleinen Plattenlabels nicht die Verbreitungsmöglichkeiten wie heute und verfügten auch nicht über entsprechende Budgets, um Platten produzieren zu können. Für eine Band, die alles selbst einspielte und mischte, war das sicher interessant, für mich nicht.

Ich machte es dann so, dass ich den großen Firmen, die immer wieder Interesse zeigten, Demoaufnahmen anbot, die in ihrem Sinne zu sein schienen, etwas, das stampft und sie an früher erinnerte, sich ein wenig auch so anhörte, als würde man immer das gleiche Playback verwenden und lediglich die Melodiestimme ändern. Bekam ich dann den Etat für die Produktion bewilligt, nahm ich jene drei bis vier Stücke auf. Danach begann für mich die eigentliche Albumproduktion. Gute, neue Songs sind dabei entstanden. Stücke, die nichts nachzuahmen suchten. Die

Produktmanager, die Singleveröffentlichungen beeinflussen, waren erstaunlicherweise genau von diesen Songs sehr angetan und äußerten es auch und ich freute mich schon, sie überlistet zu haben. Titel wie »Wie ein Leuchtturm« oder auch »Geh weiter« und »Du, und wer bist du« gehörten dazu und wurden von ihnen und von den Produzenten als Lieblingsstücke des Albums aufgezählt. Kam es aber zur Abhöre des Albums durch den Boss, der nicht in die Produktion involviert war und mich ausschließlich von außen und damit aus der Betrachtungsweise einer Marke heraus beurteilte, änderten sich blitzschnell die Meinungen, man traute seinen Ohren nicht mehr. Es wurden Singles veröffentlicht, die das Album angeblich repräsentierten, aber falsche Wegweiser waren, die sich einzig aus den drei bis vier Songs ergaben, mit denen ich sie angefüttert hatte.

Es blieb jedoch eine Prognose der Macher, dass das Publikum einen solchen Aufguss lieben und kaufen würde. Dennoch hatten diese Alben Erfolg. Keinen großen, aber einen beachtlichen gemessen daran, dass das Album nur zu einem Drittel enthielt, was es versprach. In den Konzerten waren die Aufführungen der Songs, die sich nicht an bewährte Muster hielten, erfolgreich, obwohl sie sehr unterschiedlich zum Repertoire der Siebziger waren. Auch damals schon kriselte es in den Plattenfirmen und so mancher hatte Angst um seinen Stuhl und wollte nichts riskieren.

Zwei oder drei Alben habe ich in jener gespaltenen Form gemacht und das reichte auch. Meine List und Kompromissbereitschaft gingen, was die Veröffentlichungen anbelangte, nicht auf, andererseits haben diese Projekte Songs aus mir herausgeholt, die es so nicht gegeben hätte, und das brachte mich weiter.

Mein Publikum schien sich allmählich in zwei Lager zu spalten, die einen wollten mir folgen und waren betroffen und beleidigt, wenn sie den Braten von gestern rochen, und die anderen warteten sehnsüchtig auf Musik, die wie »Ich bin wie du« oder auch »Marleen« klang. Was die Karriere anbelangte, bewegte ich mich wohl auf dünnem Eis, aber die Karriere interessierte mich nicht, ich wollte Musikerin bleiben und musste nach neuen Plattformen suchen, auf denen meine Musik stattfinden konnte. Mit zunehmendem Alter wurde das auch immer schwieriger.

Das Musikgeschäft ist so hart, wie man sagt. Aber ich würde es nicht in Verbindung bringen mit Haifischen, vielmehr scheinen mir Vampire eine treffendere Wesensart zu sein, wenn man schon vergleichen muss. Sie setzen auf das nächste Pferdchen, sortieren den anämisch geglaubten Körper aus und stecken ihn in eine Kiste, auch wenn er noch quicklebendig ist. Es geht nicht um Musik. Sie schauen in die Charts, und das, was sich gerade darin befindet, sollst du nachbauen, sollst nach Möglichkeit mit denselben Autoren oder Produzenten arbeiten, um dem so nah wie möglich zu kommen. Wenn bei der Veröffentlichung dann ein anderer Trend angesagt ist, hast du Pech gehabt und es rollt nur ein Kopf, und das ist deiner. Wenn die Zahlen nicht stimmen, lassen sie dich sofort fallen wie eine heiße Kartoffel. Bestenfalls bist du eine Aktie. Man fragt sich, ob ihre Begeisterung für die gemeinsame Musik gespielt war und jetzt alles nichts mehr wert ist.

Das Schlimmste, was ich diesbezüglich erlebt habe, war ein Plattenboss, der gerade eine Firma übernommen hatte, demzufolge hatte er auch den Vertrag mit mir nicht geschlossen, sondern sein Vorgänger. Am Ende der Produktion lud er mich zu einem Gespräch. Es bestand darin, dass er mich mit dem Tonband in der Hand fragte: »Und, was soll ich damit machen?« Er warf es in einen Papierkorb neben seinem Schreibtisch. Ich hatte ein Dreivierteljahr daran gearbeitet.

Man sollte sich keinen falschen Sentimentalitäten hingeben. Ich bin relativ unerschrocken und erwarte auch keine Menschlichkeit von einer Maschine, das jedoch ließ mich nicht kalt und ich sagte, er könne auch Autos oder Trockenhauben verkaufen, das würde bei ihm keinen Unterschied machen. Interessanterweise wurde dieses Album, als ich längst bei einer anderen Gesellschaft unter Vertrag war, veröffentlicht. Von denen, denen das Musikgeschäft das Genick bricht, hört man nichts mehr, weiß nicht, dass sie sich zu Tode saufen oder sonst wie aus dem Leben kommen.

Ich gehöre nicht zu den Leuten, die behaupten, früher war alles besser, weil es auch nicht stimmt, aber der Wind, der einem heute vonseiten der Industrie ins Gesicht bläst, ist um einiges härter als vor dreißig oder auch vor zwanzig Jahren. Wird wieder einmal etwas fett verkauft, stürzt sich alles darauf, zu beweisen, dass wir besseren Zeiten entgegengehen, aber es ist eine Lüge, die CD hat keine Zukunft, ob sie nun kopiergeschützt ist oder nicht.

Luna

In der Zeit zwischen 1995 und 1998 hatte ich mich hauptsächlich auf die Ausarbeitung und Präsentation von Bühnenshows konzentriert. Meine Intention bei den fast hundert Konzerten mit »5 Tage & 5 Nächte« und mit »Ganz in Weiß« war unter anderem der direkte Kontakt zu meinem Publikum sowie neue Interpretationen alter Musiktitel. Die Erfahrungen, die ich dabei sammelte, sind aber auch in neue Songs eingeflossen, die ich in den letzten Jahren schrieb. Mehr als genug für ein neues Album: »Luna«.

Enzi und ich waren immer noch unzertrennlich und ich schrieb mehr Musik denn je. Ich sang nicht mehr in kalte Maschinen und hinter Glasscheiben und ich ließ meine Gesangsspuren nicht mehr auswerten, stellte die gesungenen Versionen selbst zusammen. Die fast vergessene Mehrspurmaschine, einem Wäschetrockner nicht unähnlich, die aus den Siebzigern noch wie ein altes Möbelstück herumstand, hatte es mir angetan, denn was Computer nicht schafften, war, den Körper eines Klangs aufzunehmen. Das hatten wir immer wieder beim Hören alter Aufnahmen festgestellt. Es war verblüffend, wie gut die alten Aufnahmen im Vergleich klangen. Auch zu den Plattentellern und zu Vinyl hatten wir zurückgefunden. Wir nahmen auf Band auf und schickten es wieder in den Computer, um wenigstens ein bisschen von der Wärme der Töne zu erhalten.

Ich wollte meine Produktionserfahrungen einbringen und mich nicht länger ausschließlich auf die Fähigkeiten einer Sängerin beschränken. Ich suchte Partner, keinen Chef. Zunächst einmal besann ich mich auf das, was ich in der Arbeit mit Annette Humpe erfahren hatte. Alles, was die Lebendigkeit und die Gänsehaut des Gesangs begünstigt, ist erlaubt. Im Liegen, im Stehen, im Gehen. Sie meinte, sie würde mir die Wände rot streichen, mir Vorhänge aufhängen oder tausend Kerzen für mich auf dem Boden anzünden, wenn es nur ein einziges Mal für diese Aufnahme gelingen würde, zu hören, dass ich bewegt sei von dem, was ich singe.

Vor den eigentlichen Aufnahmen flog ich auf die Insel La Palma. Ich zog mich dort mit meinem Keyboarder zurück, um die Ideen festzuhalten, die ich gesammelt hatte. Mit mobilem Equipment, das inzwischen dank der fortgeschrittenen technischen Entwicklungen sehr klein geworden war. Wir wohnten in einem einfachen Haus mit Blick aufs Meer. Dort ist der Song »Wie ein Leuchtturm« entstanden. Ich habe ihn ein einziges Mal gesungen und später, als ich in Berlin im Studio war und ihn erneut aufnehmen wollte, kam keine meiner neuen Versionen der ersten Demoaufnahme gleich. Der Gesang auf der Insel hatte eine Intensität, die ich nicht mehr erzeugen konnte.

Kurzlebige Trends hielt ich immer noch für Unsinn, gleichzeitig jedoch streckte ich meine Fühler nach Produzenten aus, die die aktuellen Musiktrends und Sounds nicht aus dem Auge verloren. Elemente aus dem Hip-Hop-, Trance- und House-Bereich mit dance-orientierter Pop-Musik zu verbinden, darum ging es. Ob das im Einzelnen gelungen ist, kann ich nicht sagen, dazu müsste ich heute noch einmal reinhören, aber es ist so, dass ich ein abgeschlossenes Werk sehr selten im Nachhinein anhöre, denn die Arbeit daran bedingt, dass man es zu Produktionszeiten ständig hört. Wenn es dann auf CD vorliegt, ist es eigentlich für mich erledigt und ich atme zufrieden durch oder verbiete mir, alles aufzuzählen, was ich noch hätte tun, ändern, aufnehmen können. Man würde sonst nie fertig mit einem Album.

Mit Reinhold Heil (Spliff, Nena, Nina Hagen, Soundtrack zu »Lola rennt« unter anderem) und Stephan Fischer (Such a Surge, Camouflage unter anderem) konnte ich zwei Produzenten begeistern, die menschlich wie musikalisch ein ideales Team mit mir bildeten. Die Arbeitsweise war sicherlich ungewöhnlich, denn Reinhold lebte mittlerweile in Kalifornien und Stephan Fischer hauptsächlich in Berlin. Aufgenommen wurde parallel in zwei Studios, in Santa Barbara und in Berlin. Dabei wurden die einzelnen Songs zwischen den Kontinenten mehrmals mittels einer speziellen Software über das Internet ausgetauscht und bearbeitet. Heute eine reguläre Sache, damals Neuland und aufregend, oft kam nur die Hälfte an und man analysierte in nächtlichen Telefonaten, woran es liegen könnte. Daneben war es natürlich notwendig, auf konventionelle Hilfsmittel wie Flugzeuge zur Überbrückung von Raum und Zeit zurückzugreifen.

Die Plattenfirma wählte als erste Single »Lover«, eine augenzwinkernde Hommage an die Discomusik früherer Jahre. Eine falsche Entscheidung und eine unmutige dazu. Im Oktober 1998 fand die offizielle Premiere der »Luna«-Tour in der Hamburger »Großen Freiheit« statt und anschließend gingen wir für einige Wochen auf Tournee. Genau wie bei »Ganz in Weiß« gab es für die Bühnenshow ein Konzept. Das Album hatte einen einzigen Song, der halbwegs mit dem Mond in Verbindung gebracht werden konnte, dennoch wählte ich als Schirmherrin für dieses Album Luna, die Göttin des Mondes und der Nacht, die laut Mythologie die schönen Dinge der Dunkelheit erhellt. Man sagt, ihre Lieblingsbeschäftigung sei die Jagd und sie schütze die Schwachen und bekämpfe den arroganten Missbrauch der Macht. Sanft, melancholisch, leidenschaftlich, kühl und feucht wie Tau solle sie sein. Einer alten Legende nach soll sich auf dem Mond all das befinden, was auf der Erde verschwendet oder zerstört wurde.

Enzi ging wieder an die Arbeit, trug für die Moderationen alles zusammen, was mit dem Mond und meiner neuen Musik in Verbindung gebracht werden konnte. Dabei stieß sie auf ein Gedicht, das ich nicht vergessen habe und das ich aus dem Off in die psychedelisch klingende Intromusik sprach.

Durch meine tiefe Sprechstimme wirkte es geheimnisvoll. Ich spielte wieder und war glücklich über die selbst gewählte Rolle. Trat auf die Bühne, Sichelmond auf der Stirn, eine Kappe, entworfen von Fiona Bennett, einer exklusiven jungen Hutmacherin in Berlin-Mitte. Die Kostüme waren dramatisch und bodenlang. Ich steh da, im silbernen Mondmantel, und was passiert, beim zweiten Song bekomme ich keine Luft. Mein Rücken fühlt sich an, als sei er aus Stahl und schrecklich kalt. Ich drehe mich um und sehe, wie der Bühnentechniker den großen Schlauch, gleich diesen Stoffröhren, durch die Kinder manchmal kriechen, auf mich richtet, er schaut mich genauso erstaunt an wie ich ihn. Es ist zu spät, die Wolke hat mich bereits eingehüllt.

Trockeneis. Das habe ich auch bestellt. Die zumeist giftigen Nebel, die auf der Bühne verwendet werden, mag ich nicht. Sie verursachen Halsschmerzen. Außerdem soll sich das Trockeneis auf den Boden senken, so als würde ich schweben. Das tut es auch, aber wenn man es nach oben richtet, fällt es herab und das dauert einen Moment. Für das Licht auf der Bühne ist der entstehende Raucheffekt gut, denn man könnte es sonst gar nicht sehen. Für die Lungen ist der Trockeneisnebel fatal, denn er enthält keinen Sauerstoff, sodass man Kohlenmonoxyd atmet.

Wir spielen einen meiner Lieblingssongs, »Wo schläfst du«, ich denke noch, das kalte Gefühl vergeht wieder, doch plötzlich nehme ich alles wie in Zeitlupe wahr, auch die Musik, und was das Schlimmste war, auch meine Stimme, als würde man die Geschwindigkeit herunterdrehen. Ich sacke ein, aber auch das geht so langsam wie in einem Traum. Als ich wieder zu mir komme, liege ich auf dem Boden, immer wieder versuche ich aufzustehen, sanfte Hände drücken mich nach unten, sagen: »Bleib liegen.« Da stehen Freunde und Musiker, halten schwarzen Molton vor die Bühne, die nun nicht mehr einsehbar ist. Stephan weint. Alexander, mein Keyboarder, hat mich so aufgefangen, dass ich nicht mit dem Kopf aufschlug. Alexander, mein Schutzengel, denke ich und versuche wieder aufzustehen, denn ich stehe immer gleich auf, wenn ich falle, erstens weil ich mir einbilde, man würde den Sturz nicht so recht mitbekommen, und zweitens ist es für mich nicht sehr weit zum Boden, es sind maximale 1,60 Meter Höhe, aus der ich fallen kann. Außerdem bin ich flink und wendig, wenn auch nicht sportlich. Es ist so still, das Bremer Publikum muckst sich nicht.

»Ist der Saal schon leer?«

»Nein«, sagt der Zauberer, der früher wirklich mal gezaubert hat, woran ich mich jetzt erinnere. Später hörte ich, dass die Leute dachten, es gehöre zur Show, worüber ich lachen musste, für so abgedreht hält man mich also inzwischen. Das hatte sicherlich mit der Aufmachung zu tun.

Mein Vater hatte sich das Cover von »Luna« angesehen. Er wollte, dass ich zwei Autogrammkarten für seine netten Nachbarn schreibe. Na klar, kein Problem. Ich hatte sie bei einem meiner Besuche mit nach Hermsdorf gebracht. Das Motiv der Autogrammkarten war dem auf der CD sehr ähnlich. Ich glich mehr einem Raubtier als einer Frau. »Na, sage mal, Mädel, was habt ihr denn da gemacht, das kann ich doch nicht den Nachbarn geben, die erschrecken sich ja.« Ungläubig schüttelte er immer wieder den Kopf, während ich zu kichern begann.

»Wie wäre es damit?« Ich zeigte ihm die Autogrammkarte von »5 Tage & 5 Nächte« mit Turmbau-zu-Babel-Frisur.

»Aha, ja, das ist schon etwas besser, aber die hochgetürmten Haare, ein bisschen hochstecken ist ja sehr schön, aber gleich so.«

Der Turm war aus Kaninchendraht gebaut, durch das das Haar kunstvoll hindurchgeflochten wurde. 1995 lernte ich den Zauberer kennen, seitdem blieben Christian Hoppe und ich für lange Zeit ein Team und Freunde. Vorne am Drahtgerüst, durch dessen Maschen auch bordeauxrote Strähnen gezogen wurden, waren links und rechts Stocklocken befestigt. Zehn Zentimeter über der Stirn, über dem rechten Auge, glänzte eine in Gold gefasste Perle.

Mein Vater schüttelte noch immer den Kopf, sagte: »Ihr seid ja verrückt geworden.«

Beim Schminken erzähle ich dem Zauberer oft von den Reaktionen meines Vaters und wir können vor Lachen nicht arbeiten. Irgendwo, das wissen wir, ist mein Vater näher an der Wahrheit als wir. Wir suchen jedoch nicht die Wahrheit, wir sind eher im Märchen, wenn wir arbeiten, erfinden und schwimmen dabei oft zu weit hinaus.

Ich bereue das nicht, denn es spiegelt Zeiten und Phasen, durch die ich ging. Manchmal, mitten in einer Show, glaubte ich Leute zu sehen, die mich aus der Perspektive meines Vaters betrachteten. Ungläubig sahen sie mich an, wussten wahrscheinlich nicht, ob die richtige Marianne Rosenberg nicht doch noch hinter mir auf die Bühne kommt. Die Lächerlichkeit, der ich mich neben den wirklich mutigen und bizarren Momenten auch preisgab, beschämte mich nicht. Die sicherlich ungewollten Reaktionen mancher Zuschauer verwandelten eine oft starre Position in herrliches Lachen, das die künstlerische Ernsthaftigkeit und den Anspruch erschütterte, was sich gut anfühlte. Es war ja auch klar, dass immer wieder ich es war, dass ich nur wieder eine neue Rolle, eine Vision brauchte, um die Bühne betreten zu können.

Eines blieb jedoch immer gleich, man entließ mich selten ohne die »Hymne« »Er gehört zu mir«. Das hieß, dass sie in immer wieder neuen Zusammenhängen und Arrangements aufgeführt wurde. Oft wurden auch Texte umgeschrieben. Das Programm aber blieb nie gleich, immer neue Titel kamen hinzu. Die Klassiker machten ungefähr ein Drittel der Show aus, bei dem viel größeren Anteil an neuen Stücken bin ich meinem jeweils aktuellen Musikgeschmack gefolgt. Es war verblüffend, was für Lieder dann an einem solchen Abend zu Highlights wurden. Von wegen »das Publikum frisst nur, was es kennt«. Manchmal fragten mich Journalisten, ob ich mit meinen Aufführungen die wahre Marianne Rosenberg verstecken wolle.

Ich wusste zwar nicht, wer die wahre sein sollte, aber wenn ich mich verstecken wollte, würde ich wohl kaum eine Bühne betreten.

Da lag ich nun, in Bremen, auf dem Boden, kam nicht hoch und alles war so bedrückend still. Klaus, unser Tontechniker, hatte seine Kanzel verlassen, die sich meistens in der Mitte des Saales befand, kein gutes Zeichen, wie lange lag ich hier schon? Seine dunklen melancholischen Augen glühten mich traurig an und auch die Blicke der anderen sagten mir, dass ich wirklich nicht in Ordnung war. Der Zauberer nahm mir den Mond vom Kopf. Den konnte man ja allein gar nicht abnehmen, festgesteckt mit vielen Nadeln. Später auf der Abbildung in der Zeitung sah es aus, als hätte ich zwei Hörner auf dem Kopf. Der Winkel, in dem die Kappe aufgesetzt wurde, stimmte nicht. Unter den Hörnern kamen nun die zusammengesteckten Schnecken des eigenen Haars zum Vorschein. Das erinnerte mich, ohne dass ich mich selbst sah, aber ich sah mich in Gedanken, an Mecki, eine kleine Igelpuppe mit Lederhosen und kariertem Hemd, ich hatte ihr als Kind die Mütze abgerissen, um zu sehen, was darunter war.

Stephan streifte mir den Mondmantel ab, dessen ich mich nach einigen Songs auf der Bühne sowieso entledigt hätte. Darunter blitzte ein grau meliertes Samtkleid mit blutrotem Innenfutter hervor. Dieses Kleid gab ich nach der Tour zur Versteigerung für ein Aidsbenefiz, da bin ich dann doch abergläubisch, ich zog es nie wieder an.

Der Arzt steckte mir eine elektronische Wäscheklammer auf den Zeigefinger und ich hörte meinen Pulsschlag, dessen Rhythmus mich nicht interessierte. Ich war immer noch im Glauben, ich würde gleich weitermachen, wieder aufstehen und spielen. Gestürzt bin ich ja schon öfter, ich rief dann meistens noch im Liegen: »Weiterspielen!«

In Frankfurt zum Beispiel. Nach der Show lag ich dann mit in blaue Müllbeutel gefülltem Eis auf der Couch. Nach der letzten Zugabe konnte ich nicht allein von der Bühne gehen, aber bis zum Vorhang schaffte ich es noch. Am nächsten Tag schmerzte das Bein, war blau angelaufen, ich konnte froh sein, dass dieser Tag ein Off-Tag war und ich nicht spielen musste. Damals war Charles für die Bühnengarderobe zuständig und er schrie spitz auf mit den Worten: »Das hab ich kommen sehn, das hab ich kommen sehn.« Das Bühnenkleid war ab den Knien sehr schmal gearbeitet, wurde dann wieder weit und bildete eine Glocke. Hätte ich diese Glocke an den Knien gehabt, wäre ich nicht so schwer gestürzt. So aber wollte ich gerade abgehen zum Umzug, als ich über eine Monitorbox stolperte, die ich nicht sehen konnte, weil alles auf der Bühne in Schwarz gehalten war. Ich kippte einfach kerzengerade darüber, weil die Knie wie zusammengebunden waren. Da ich das Mikrofon in der Hand hielt, verursachte das einen ziemlich lauten Knall und alle Musiker sahen zu mir hinüber. Auch hier konnte ich zunächst nicht aufstehen, das aber lag am Kleid. Da ich den Musikern bedeutet hatte weiterzuspielen, hörte man mein Rufen nicht: »Hebt mich auf, hallo, hört mich denn keiner, hebt mich doch auf.«

Ich lag mit dem Gesicht zum Boden und konnte mich auch nicht umdrehen. Endlich beugte sich Charles zu mir und ich sagte ihm, noch auf dem Bauch liegend, dass ich mich nicht drehen könne, worauf er mich entsetzt anblickte. »Das Kleid, hörst du, das Kleid, ich kann die Beine nicht anziehen.« Dann erst verstand er und man stellte mich wie eine Puppe auf. Wir machten den Umzug und hopp, ich ging wieder raus.

Dieses Gewohnheitsrecht auf die eigene Unversehrtheit war jetzt in Bremen zum ersten Mal erschüttert worden. Der Arzt war attraktiv, sagte, wir wären uns schon einmal begegnet. »Das kann nicht sein, ich bin sicher, ich würde mich an Sie erinnern.« War ich auch. Genauso sicher war ich, dass er im selben Alter war wie ich. Er war etwa fünfunddreißig, und ich, nu wie alt werd ich gewesen sein? Zweiundvierzig? Dreiundvierzig? Das ist auch so ein Unsinn mit dem gefühlten Alter. Ich hatte nicht viel Zeit nachzudenken: als er den Blutdruck gemessen hatte, kamen die mit der Trage. Ich sag noch: »Da steig ich nicht rauf.«

Und die lassen sie herunter. »Müssen Sie nicht.« Packen mich an den Füßen und Schultern, und drauf lieg ich.

Jetzt fühle ich mich beschädigt, bitte aber trotzdem darum, noch einmal versuchen zu dürfen, aus eigener Kraft aufzustehen. Es geht nicht. Blaulicht oder Rot, über mir Lalülala. Das ist ein Moment, den man immer fürchtet, wenn man so einen Wagen von außen sieht, eines Tages, so denkt man, liegste selber drin.

Enzi fährt mit, hält meine Hand. Wie einem Kind muss sie mir versprechen, dass sie mich nicht verlässt, auch wenn ich dort bleiben muss. Man behält mich dort. Enzi und ich nehmen ein Doppelzimmer. Nach langen Untersuchungen erklärt der Arzt: Sauerstoffmangel, Kreislaufkollaps. Alle reden auf mich ein, dass ich ja vorher schon geschwächt war durch einen Infekt und die Garderobe auch nicht gerade groß und sauerstoffreich war, und auch ich mochte dem Mann mit dem Schlauch nicht die Schuld in die Schuhe schieben, vielleicht würde er gefeuert. Endlich nach Stunden haben sich die Werte normalisiert.

Es bleibt aber ein Schock für mich. Nichts daran ist unverständlich und doch kann ich nicht verstehen, wie mir das passieren konnte. Am nächsten Morgen darf ich das Krankenhaus verlassen. Das Konzert an diesem Tag muss ausfallen, aber schon am folgenden Abend stehe ich wieder auf der Bühne und meine Füße verschwinden im eiskalten Trockeneis, so als würde ich schweben.

Auf der Fahrt nach Berlin reicht man mir die Zeitungsartikel. »Brach auf der Bühne zusammen.« Hört sich schlimm an, die Artikel lese ich nicht, schaue mir die Bilder an, die Gehörnte, halb eingesunken mit geschlossenen Augen, wie Schneewittchen, der man den Gürtel zu eng band. Unter einem Bild: »Ich bin ein Nachtschattengewächs«, unter einem anderen: »Denkt, sie sei der Mond«, ich bin entzückt, mit welcher Ernsthaftigkeit meine ironischen Spiele in der Presse aufgenommen werden. Man glaubt den Quatsch oder Quatsch kommt gut. Mit den Zeitungen in der Hand rufe ich den Zauberer an und sage: »Also, ein wenig mehr Rouge hätte nichts geschadet, aber sonst sehr schön.« Dann informiere ich meine Familie, dass ich wohlauf bin.

Die Sache nahm ihren Lauf, irgendwie hatte ich das Gefühl, alles sei möglich. Dabei dachte ich nicht an den größtmöglichen Erfolg, sondern vielmehr daran, dass ich es mir leisten konnte, alles aufzuführen, wonach es mich gelüstete. Nicht weil ich es verdient hatte, auch nicht weil ich dachte, ich sei ein Star, überhaupt, immer weniger leuchtete mir ein, was das bedeuten sollte, ein Star zu sein, bei aller Wertschätzung der mir entgegengebrachten Verehrungen, ich fühlte mich nie als ein solcher, es war die fortwährend fortschreitende Zeit, die mir sagte, das ist alles Kokolores, es gibt kein Ziel, vielleicht gibt es Träume, die man sich erfüllen kann.

Ein Traum vor langer Zeit war einmal, dass ich künstlerischen Weisungen, gleichgültig von wem sie erteilt wurden, eines Tages nicht mehr folgen würde. Dieser Tag war auf geheimnisvolle Weise gekommen, anders als ich es erwartet hatte, denn ich hatte nicht mehr darauf gewartet. Immer wieder bin ich wirtschaftliche Verbindungen eingegangen, die mich verpflichteten, Musik abzuliefern wie eine Ware, und das machte mir zu schaffen. Andererseits war es mein Beruf und eine Auftragsarbeit. Zwischen diesen Auftragsarbeiten inszenierte ich kleine Produktionen, manchmal auch große, bei denen ich die finanziellen Mittel mitbringen musste, denn es gab keine aktuellen Alben dazu, was Kollegen und sogenannte Macher verwunderte. Auch Sponsoren hätten wieder einmal mehr ein Mitspracherecht bei den künstlerischen Arbeiten bedeutet, was ich nicht wollte. So gab ich das Geld, das ich bei meinen Auftragsarbeiten verdiente, wieder aus für künstlerische Freiheiten, zur Freude und zum Erstaunen vieler Zuhörer, die mir folgten.

Trauriger Stolz

Singen ist leben, also singe ich, singe, bis ich nicht mehr lebe. Überall kleine Zettel, Hefte; Worte, die Töne wollen; Töne, die gesungen werden wollen. Ein Baukasten, dem man nicht mit Verstand beikommen kann, es ist die Intuition, der ich folge, mit der ich kleine hölzerne Brücken baue zwischen Wort und Ton, die ich nach wenigen Tagen wieder einreiße. Mich suchend, spürend, verlierend, suchend. Viele Lieder sind in mir, auch die, die ich nicht kenne. Alle wollen sie gesungen werden. Manche zum Überleben, manche zum Sein.

Eigentlich ist jeder Song unfertig, erst der Hörende kann ihn erwecken, kann ihm Leben oder auch Tod einhauchen. Nicht jedes Ohr findet Einlass, manchmal sind es wenige, die mir nicht minder teuer sind.

»Trauriger Stolz« ist so ein Lied. Ich kenne keinen, der es veröffentlichen würde, und ich möchte es nicht verkaufen. Es erzählt eine Geschichte, die mich ein Leben lang begleitet und die mir wider Erwarten in der Gegenwart begegnet, unfassbar gegenwärtig.

Etwa zwei Jahre vor dem Tod meines Vaters, meine Eltern waren nach Berlin-Frohnau gezogen, fand ich an ihrer Tür ein Hakenkreuz und einen Stern, eingeritzt in Metall. Es schmerzte mich, dass er recht behalten hatte, es war nicht tot, schlief nur. Wie sehr ich wünschte, dass mein

Vater das nicht mehr hätte sehen müssen. Jetzt fuhr ab und zu ein Funkwagen durch die kleine Straße. Es ließ mir keine Ruhe und ich schrieb ein Lied an den Täter, den ich für jung hielt. »Trauriger Stolz« ist entstanden. Mein Vater hat das Lied nicht mehr gehört.

Wie viele Musiker habe ich verschiedene Stilistiken durchlebt und auch durchlitten, es ist ewiger Kampf mit sich selbst. In den Schoß fällt nichts, aber manchmal fällt mir etwas zu, das ich nicht erwartet habe. Nicht jedes Lied sucht einen Platz, manche sind einfach da, um Schmerz freizulassen oder auch Lebensfreude.

Als mein Vater starb, trat ein Gefühl der Vereinsamung und Entfremdung ein. Bis dahin war ich Kind gewesen. Irgendwo in meinem Kopf oder vielleicht auch in meinem Herzen hatte sich die Vorstellung breitgemacht, er könne ewig leben. Oft war er dem Tod von der Schippe gesprungen, so oft, dass es für mich nicht mehr vorstellbar war, ihn eines Tages zu verlieren.

Die Sonne, die ins Krankenzimmer der kleinen Station scheint, verschlimmert alles auf eine surrealistische Weise. Sie bescheint das Grauen wie das Glück, macht keinen Unterschied.

»Da bist du ja wieder«, sage ich zu ihm.

»Hast du gewusst, dass ich wiederkomme?«

»Ja«, sage ich, er lächelt.

»Den Film hätte ich nicht sehen sollen, die vielen Menschen im Zug, manche schreien, so viel Dreck, sie sind so schmutzig, so viel Elend, und es ist so heiß, man kriegt keine Luft. Hast du den Film auch gesehen?«

»Ja«, sage ich, um ihn zu beruhigen, aber wissend, dass es kein Film war.

Es gibt Dinge, die sind schlimmer als der Tod selbst, er

muss noch einmal durch die Hölle, sein Leben spult sich vor seinem inneren Auge noch einmal ab. Wenn er auftaucht, weiß ich fast immer, in welchem Zeitabschnitt er gerade ist. Ich sitze neben seinem Bett und bete, noch nie habe ich den Sinn von Gebeten so sehr begriffen. Ich rede mit Gott, der mir auch nicht erklären kann, warum mein Vater so leiden muss. Ich bitte ihn, nicht wieder diesen »Muselmann« mit dem Boot zu schicken, der meinen Vater in ein Netz einhüllt, in dem er sich nicht mehr bewegen kann, und der ihn über den See bringen will.

Damals, er hatte eine schwere Herzoperation hinter sich, hatte er auf der Intensivstation dieses Erlebnis. Vision kann man es nicht nennen, denn was er träumte, traf ein, Schlechtes wie Gutes. Er schien eine Verbindung in eine andere Welt zu haben. »Du führst mich bis hierher und dann lässt du das zu«, sagte er zu Gott, »du, wenn du willst, kannst du es verhindern, du bist stärker als er.« Der Tod war im Augenblick seines Zwiegesprächs mit Gott verschwunden.

Bitte, wenn es sein muss, hol du ihn ab, bete ich. Oder seine Mutter, könnte sie ihn nicht abholen? Noch nie hatte ein Vaterunser jenen Wahrheitsgehalt wie in dieser Nacht, in der ich an seinem Bett saß. Es schien, als würde ich die Worte zum ersten Mal hören und verstehen.

Ich bin katholisch erzogen worden, ging zur Kommunion, nahm gern am Unterricht teil, der davor stattfand, und fühlte mich nach der Kommunion in meinem weißen Kleidchen wie eine Feder. Es gab Gott, da war ich mir sicher. Später war ich mir nicht mehr sicher, wie, so fragte ich mich, kann es Gott geben, wenn es Auschwitz gab? Aber würde ich jetzt mit Gott sprechen, wenn es ihn nicht gäbe? Ich machte Pausen, während ich betete, und in diesen sprach ich wortlos mit meinem Vater. Wenn du gehen willst, geh, dreh dich nicht mehr um, sorge dich nicht, wir werden nicht durcheinanderrennen, wir achten aufeinander. Das versprach ich ihm und bis nach der Beerdigung, bei der ich meine Brüder, die abwechselnd umzukippen drohten, im Auge behielt und ihnen über meine Augen jene Liebe und Kraft zu geben versuchte, die er uns gab, habe ich es gehalten.

Danach, als ich im Flugzeug nach Kanada saß, wollte nichts mehr mir gehorchen, die Beine machten, was sie wollten, Tränen liefen, endlich, aus meinen Augen, und immer wenn ich erwachte, egal wo, fiel es mir wieder ein, er war tot. Ich konnte es nicht glauben und in meinen Träumen begegnete ich ihm, immer wieder und immer wissend um seinen Tod und ihn fragend, du lebst?, ja, sagte er. Manchmal lebte er auch und ich sorgte mich, er könne erfahren, dass er tot war, rief meine Geschwister und meine Mutter an, um ihnen zu sagen, sie sollten nichts von seinem Tod erwähnen, wenn sie ihn wiedersahen. Über meine Träume bleibe ich in Verbindung mit ihm und er schickt mir inzwischen auch Warnungen, die ich nicht immer beherzige, wenn es Tag wird.

Von ihm habe ich gelernt, dass es möglich ist, trotz großen Schmerzes lachen zu können. Hoffnung zu haben, ohne dass irgendetwas diese Hoffnung nährt. Über Mut und Kraft zu verfügen, obwohl beides gebrochen wurde. Dieser Fels, der alles, was Leben ausmachte, auch die leidvollsten, für uns unvorstellbaren Auswirkungen menschlicher Gewalt kannte und Menschen wie Fliegen sterben sah. In dessen Gegenwart sich manche meiner Sorgen als unbegründet und lächerlich erwiesen.

Nach seinem Tod hatte sich auch meine berufliche

Situation verändert, bedingt durch die Zeit, die ich inzwischen schon auf der Welt war und aufgrund der man uns Fähigkeiten abspricht, über die wir ohne Weiteres weiterhin verfügen. Ich war nicht unter Vertrag und dieses Mal war es nicht freiwillig. Niemand dachte an mich und fragte, ob ich etwas arbeiten wolle. Die schwerste Zeit ist die, ohne künstlerische Arbeit, ohne das Herumwerkeln an einer Musik, an Sprache und Klang. Nicht in diesem Bann zu sein, nicht damit angefüllt und ausgefüllt zu sein, dreht man im Kreis, ist sich selbst ausgeliefert, und die Fragen nach dem Warum stellen sich ein. »Wenn Leid weise macht, wär ick lieber doof jeblieben«, heißt es in einem meiner Berliner Chansons, das sich um den Tod meines Vaters dreht. Dann las ich wieder, »Wenn das Leid übermächtig geworden ist, geht es voran« oder »Es liegt eine Chance im Leid, die man nur sehen muss«. Warum eine Chance? Ich möchte nicht, dass einzig der Himmel für mich aufreißt, ich möchte nur, dass alles so ist, wie es war, wie vorher. Es lohnt nicht, zu beschreiben, wie viel verrosteter, bis dahin gut verstauter Schrott sich mir in diesen dunklen Tagen an den Hals hängte und drohte, mich in die Tiefe zu ziehen.

Äußerlich war nichts sichtbar. Angeschlagen zog ich mich zurück. Auflehnung brachte nichts, erhellte nichts. Ich ergab mich und hatte keine Wahl, als zu warten, und weil ich nicht unglücklicher sein konnte, wurde ich geduldig. Alle Versicherungen und Rechte auf irgendetwas waren verwirkt. Danach stellte sich ein Gefühl ein, das möglicherweise aus der Ausweglosigkeit entsteht. Demut, ein Wort, das nicht weltlich klingt und das doch so sehr auf diese Welt gehört, aus dem das Mitgefühl wächst für andere.

Dass meinem Vater meine Musik, die ich im letzten

Jahrzehnt meiner Karriere machte, nicht gefiel – ich verbarg sie auch vor ihm, weil ich das wusste – schien mir nur natürlich, ich glaubte, ich würde etwas falsch machen, wenn sie seinen Gefallen fände, er war eine andere Generation. Ich hatte mich wieder einmal darin verstrickt, etwas sein zu wollen, etwas bedeuten zu wollen, mich abzugrenzen, und dabei das Wesentliche völlig aus den Augen verloren. Wenn er zu mir sprach, hörte ich nicht wirklich zu, reagierte kaum, manchmal lächelnd, fühlte mich wissend, besser wissend als er, weil es jetzt ja meine Zeit war. Ich widersprach ihm nicht, mein Vater war ein Patriarch, allein unsere Tradition gebot es, ihm nicht zu widersprechen, die Alten werden in ihr nicht verachtet, man bringt ihnen Respekt entgegen, hat Ehrfurcht vor dem Weg, den sie bereits hinter sich haben. Ich weiß nicht, wann es war, als ich übersetzte, was er mir sagen wollte, lange bevor er ging. »Du findest den Weg in die Herzen und Seelen nicht mehr, den du intuitiv, ohne es zu wollen, gefunden hast, früher, als du klein warst, es ist gleichgültig, um welche Art von Musik es sich handelt, wenn sie nichts auf der Haut tut, ist sie wertlos.«

Wieder einmal mehr fing ich von vorn an und ich fühlte eine Freiheit, die ich nie zuvor gekannt hatte. Leicht war und ist es nicht, aber ich begriff, dass ich mit allem zu tun hatte, was ich jemals aufgenommen oder dargestellt hatte: Ich bin sowohl die Schlagersängerin als auch die Discoqueen gewesen, die den Schlager entstaubte und ihn in den Pop führte; habe italienische Volkslieder gesungen und wurde damit entdeckt; wurde als eine der Königinnen in der Schwulen-Szene verehrt; habe eine Altstimme, aber für den kommerziellen Erfolg sang ich in schwindelnden Höhen; hatte ein Faible für Jazzmusik und Chansons, obwohl ich dem Mainstream folgte; meine Lieblingsmusiker waren Aretha Franklin, Annie Lennox, Billie Holiday, Charles Aznavour und Caterina Valente, Connie Francis, King Crimson, Pink Floyd und, und, und; und meine Freunde waren 68er, Autonome und Anarchos – das alles schien überhaupt nicht zusammenzupassen; und doch war alles auch ich.

Wenn ich nun auf die Bühne ging, empfand ich jene Demut, von der ich sprach. Nicht zu verwechseln mit falscher Bescheidenheit oder mangelndem Selbstwertgefühl. Bei allem, was ich gelernt hatte, gab es keine Selbstverständlichkeit, keine Routine, auf die ich mich zurückziehen konnte und wollte. Ich musste mit meiner Geschichte hinausgehen, ob die Bilder und Schatten, die ich warf, echt waren oder auch nicht, musste ins Licht treten, auch wenn ich mich davor fürchtete. Auch wenn ich fast verzweifelt versucht habe, den Sockel umzuwerfen, um mit mir, wie ich jetzt war, dazustehen. Ohne Netz, ohne Sicherheit, an die wir uns klammern, wohl wissend, dass uns einzig der Tod sicher ist.

Liebe und Tod haben mich immer beschäftigt, das ist heute noch so, es sind meine Themen, wenngleich ich zugebe, dass meine Lieder über den Tod weniger populär wurden, um nicht zu sagen, unbekannt blieben. Wenn ich sage, dass ich so nah am Tod war, dass ich davon ganz lebendig wurde, empfinde ich keine Melancholie und nichts Dunkles, es ist fern von dem Darkwave-Image, das mich auch eine Zeit lang umgab und mit dem ich kokettierte. Es ist der Blick vom Boden nach oben zum Stolz, der aus dieser Perspektive lächerlich anmutet und der dich zwingt, dem ganzen Kokolores mit Nachsicht und einem Lächeln zu begegnen und das Wesentliche zu sehen. Von da aus lässt es sich eine Zeit lang wieder ganz zufrieden leben, bis man sich erneut verfängt in den Netzen der Eitelkeiten, die sich einzig um ICH drehen. Und ich verfange mich immer wieder, es liegt in der Natur des Menschen, dass Erkenntnis nicht lange vorhält, was die meisten von uns leben, ist ein geschicktes Ablenkungsmanöver vom Eigentlichen.

Wenn ich nun auf die Bühne ging, betete ich. Ich glaube an Gott und ich glaube an das Nichts. Natürlich frage ich mich auch, wie ist das möglich, und doch ist es möglich, vielleicht nicht gleichzeitig. Wenn ich hinter dem Vorhang stehe und meine Ankündigung höre, habe ich wie immer Angst vor der eigenen Courage, die ich bis hierhin aufgebracht habe. Dann rede ich mit Gott und ich bitte ihn, mir ein Gesicht in der Menge zu schicken, das die vielen ausblendet, das eine Seelenverwandtschaft erwidert und mir Kraft gibt, auch die Kraft, mich nicht über andere zu erheben.

Nun könnte man meinen, wenn es so viel Kraft kostet, dass man zum Äußersten, zum Beten greifen muss, als säße man in einem abstürzenden Flugzeug, sollte man es besser lassen, aber so einfach ist es nicht. Es bleibt, was einige Kollegen mit mir teilen, eine Ambivalenz. Die Bühne stößt mich ebenso ab, wie sie mich anzieht. Das war immer so. An meinen toten Vater denke ich, wenn ich hinter der Bühne warte, »Sing mit dem Herzen …«, an mein Kind und was es sagte, als man es fragte, wo seine Mutter sei: »Meine Mama ist arbeiten, sie singt schwere Lieder von Liebe«, und wie wir später darüber lachten.

All diese Gedanken hinter der Bühne finden in wenigen Minuten statt, sie lösen den Panzer, der sich um mich schließt und mich unverwundbar machen soll, mich aber nie schützen konnte gegen all das, was mich im Leben zu überrollen drohte. Es ist nicht so, dass ich nicht mehr spiele, Spielen ist etwas Herrliches, Befreiendes, wir tun es von Anfang an. Aber die Titel, die zu groß sind, um durch meine kleine Tür zu passen, kommen mir nicht ins Haus.

Die Venus von der Spree

»Die Venus«, das ist Theater mit Musik, wird aber als Musical angekündigt. Wunderbare Lieder von Kurt Weill, »Stranger Here Myself« beeindruckt mich ganz besonders. Es gibt bereits deutsche Übersetzungen, die ich größtenteils als ungelenk empfinde. Der Produzent Frank Buecheler, unter anderem auch von »Buddy Holly« und »Jekyll & Hyde«, erreicht beim Verleger der Songs, dass wir neue Übersetzungen machen dürfen. Ich rufe Enzi an, die die bisher besten deutschen Texte zu diesen von Weill im Exil geschriebenen Songs für die »Venus« erarbeitet. Nichts aus dem Handgelenk Geschütteltes, wochenlang vergräbt sie sich, wandelt zwischen Stall und Arbeitszimmer, Worte, Sätze, Fragmente kreisen in ihrem Kopf, verwirft, hebt auf, enträtselt die Worte des Originals, deren reine Übersetzungen in die Irre führen. Eine Spurensuche.

Im alten Theatersaal des Berliner Metropoltheaters, das 1939 mit dem Admiralspalast in der Friedrichstraße, einem der ersten Vergnügungspaläste überhaupt, fusionierte, konnten wir nicht proben. Er war zwar erhalten, aber einsturzgefährdet. Daher wichen wir in andere Räume des Gebäudes aus, in denen sich früher ein Jugendstil-Dampfbad befand. Der gesamte Komplex war renovierungsbedürftig und man hoffte jemanden zu finden, der die Mittel hatte, ihn zu erhalten. Das Wasser tropfte durch die Decken und wir stellten überall Töpfe auf, in denen es sich fing. Es war feucht und kalt und kleine Wasserlachen bedeckten den Linoleumboden. Heruntergekommen, über uns grelle Neonbeleuchtung, keine Spur von Theateratmosphäre.

Ich probiere die Songtexte von Enzi immer gleich aus und telefoniere nach den Proben mit ihr. Weill führt aufs Glatteis, um einen dann wieder unerwartet aufzufangen, es ist mir von äußerster Wichtigkeit, keine Silben auf Töne strecken zu müssen oder über mehr als notwendig zu verfügen, um die originale Tonfolge exakt einhalten zu können. Nicht aus Prinzip, sondern weil sie genial sind. »Speak low«, übersetzt »Sei still«, wirkt, als könne man es auf Anhieb mitsingen, und genau das kann man eben nicht. Man muss sich die Songs erarbeiten und hört selbst beim zehnten Mal noch Töne, die man nicht wahrgenommen hat. Die Übersetzungen der Dialoge zwischen den Schauspielern treffen den Ton und die leichtfüßige Tiefe des Stücks kaum. Umgangssprache mit kleinen Gags reicht nicht heran an die im Original freche und temporeiche Komödie über das New York der Vierziger und die sehr emanzipierte Version des Pygmalion-Stoffes, der Geschichte von einem Mann, der sich seine Traumfrau erschafft.

Jan Oberndorff (Berliner Männerensemble) führt Regie, wir verstehen uns gut, auch für ihn ist es das erste Musical. Der ganze Showaufwand, der bei Musicals gewöhnlich betrieben wird, fehlt. Es ist Theater mit Gesang und einem Live-Orchester, und Heinz Schweers, der musikalische Leiter, trifft die Atmosphäre der amerikanischen Vierziger gut.

Mein jahrelanger Visagist ist auch wieder dabei. Während wir arbeiten, die »Venus von der Spree« erfinden, singt er mir Chansons von Hanne Wieder vor und zitiert Hesse »Und jedem Anfang wohnt ein Zauber inne«, lässt meine Augenbrauen unter Wachs verschwinden, deckt das Wachs mit Camouflage ab, pudert, sie sind weg. Das Gesicht ist nackt ohne sie. Rasieren schlug er vor, ich habe es verboten, es käme mir wie eine Verstümmelung vor. Er malt neue, sehr feine Brauen, ein ganzes Stück oberhalb des Verlaufs der eigenen. Jetzt schaue ich erstaunt, obwohl ich es gar nicht bin. Auch die Lidfalte malt er neu, bedeutend höher als naturgegeben. Die Deckel wirken doppelt so groß und er betupft sie mit kühlem Haargel, bevor er den feinen Hologlitter darübergibt. Einzelne lange und kurze Wimpern, die er mit einem Gummikleber am Rand des Wimpernkranzes befestigt, erinnern an Bambi. Das Haar wickelt er auf winzige Papilloten. Danach kann man ihm nur mehr mit den Händen beikommen, die Krause duldet keinen Kamm.

Ich habe in einer Buchhandlung am Savignyplatz Bücher über Filme aus den dreißiger und vierziger Jahren gekauft. Wir studieren die Fotos, die ich bereits mit Büroklammern gekennzeichnet habe, diskutieren Farben, Modulationen, Frisuren, einigen uns, verwerfen, bis die Venus entstanden ist. Die Bilder können nur wegweisen, gestalten und erahnen, wie es gemacht wurde, müssen wir selbst. Der Zauberer kennt die meisten der Geheimnisse und weiht mich ein. Ich lerne viel von ihm. Dabei sind wir aufgeregt, freudig, gespannt, als wären wir Zuschauer. Auf Marianne Rosenberg achten wir nie, wenn wir eine neue Rolle erarbeiten. Erst später stellen wir fest, wie weit wir uns von ihr entfernt haben oder auch nicht. Entscheidend ist nicht irgendein Image oder die Abkehr davon.

Das jeweils Aufzuführende ist es, das wir vor und während der Arbeit hören. So manches Mal lenkt uns die immer noch kindhafte Stimme in optische Sphären, in die wir gar nicht wollten und ich weiß Gott nicht mehr gehöre. Bei der »Venus« ist es nicht so, die Musik, die Inhalte und auch die Stimme klingen wie eine Frau. Hannelore, die Kostümbildnerin, hat ein Kleid entworfen, das mehr aus Metall als aus Stoff besteht. Wir machen die ersten Fotoaufnahmen mit unserer »Venus« und sind begeistert. Auch darüber, wie gut Musik und Optik zusammengekommen sind. Hannelore ritzt mit einer Schere Striemen in die Sohlen der Schuhe, manche beklebt sie mit feinem Sandpapier. Der Fleck unter dem Absatz wird mit einer Feile bearbeitet. Das ist besser als Ausrutschen.

Der Sockel, auf dem die Venus auf die Bühne gefahren wird, ist fertig. Es ist schwer, völlig bewegungslos zu bleiben, und die hohen Pantoletten begünstigen das nicht gerade. Aber noch bin ich eine Statue aus Stein. Erst wenn der Friseur (gespielt von Christian Schodos) mir unbedacht den Ring über den Finger streift, werde ich zum Leben erwachen und die Welt fragen, was sie mit der Liebe gemacht hat.

Die dreitausend Jahre alte Venus steht in der Galerie des Kunstsammlers Whitelaw Savory, gespielt von Kusch Jung, einem erfahrenen Berliner Musical-Star: »Sie ist die schönste Frau, die je dem Gehirn eines Mannes entsprungen ist.« Er singt mit mir im Duett. Ich stolpere vom Sockel, so glühend und leidenschaftlich, wie es nur Göttinnen können. Eine turbulente Jagd durch Manhattan beginnt und die Venus kriegt ihren Friseur schließlich doch, wenn auch mit himmlischen Manipulationen. Als er ihr jedoch vorschlägt, mit ihm in ein Reihenhaus zu ziehen, und von gemeinsamen Kindern redet, rät sie ihm, statt eines Spielplatzes lieber einen Teich im Garten anzulegen: »Mit mir kriegst du vielleicht Schwäne«, sagt sie und beschließt wieder zu Stein zu werden. Es gibt ein Happy End, aber das habe ich nie verstanden. Eine Frau, die der Venus gleicht, aber um einige Jahre jünger ist als sie, taucht nach der Versteinerung auf und Rodney lebt mit ihr seinen bürgerlichen Traum.

Die Premiere musste verschoben werden. Mitten in den Proben laufen alle Nachrichtensender heiß, der Anschlag auf das World Trade Center, ich sehe die einstürzenden Zwillingstürme ohne Ton im »Dolce Vita«, einer Boutique in der Bleibtreustraße, will Garderobe für die anstehende Pressekonferenz aussuchen bei Charles, meinem langjährigen Freund und Berater in Sachen Mode.

Er hat mir gerade etwas herausgelegt zum Anprobieren und ich höre ihn schreien, stürze aus der Kabine und halte das, was ich sehe, für eine Montage, kann es nicht glauben. In den nächsten Tagen rufen Freunde Freunde an, die noch leben, die nicht mehr abheben, nicht mehr leben, die vermisst sind. Das Theater tritt in den Hintergrund, man weiß nur, man kann jetzt nicht aufführen. Das Stück spielt in New York, alle sind geschockt.

Der Produzent muss einen neuen Termin für die Premiere finden. Wir haben aber schon einmal verschoben, da der Bau des Zeltes nicht vorankam. Keine gute Voraussetzung für das Stück, das Kurt Weill für Marlene Dietrich schrieb, die aber seinerzeit ein anderes Engagement angenommen hatte. Die wunderbaren Lieder von Kurt Weill sind der Motor allen Geschehens. Das ist es, was ich mitnehme aus dieser Produktion. Das neu erbaute Zelt auf dem Gendarmenmarkt heißt »Tuchfühlung« und hat ein

Vermögen gekostet. Wir würden viele Jahre spielen müssen, um diesen Verlust auszugleichen. Bis zur Premiere ist man von den Proben ausgelaugt und den Rest gibt uns die in einem Zelt durchaus nicht unübliche Art der Heizung. Heißluftgebläse, man benutzt es auch, um einen Bau trockenzulegen. An der Zeltwand sind kleine Risse entstanden. »Was machen Sie mit Ihren Stimmbändern«, fragt mich der Arzt.

»Es wird nicht besser, es wird schlimmer.« Man rät mir zu Kortison.

»Das ist kaum von Nutzen«, sagt mein Arzt, »denn es hält maximal für drei Vorstellungen, dann liegen Sie flach und nichts geht mehr.«

Eine neue Heizung ist zu teuer. Einige der Kollegen wollen gern zu dem von der Produktion gestellten Arzt und auch Kortison spritzen lassen, ich weiß nicht einmal, ob sie erkrankt sind. Zweitbesetzungen lauern, pressen sich in Kleider, die ihnen drei Nummern zu eng sind. Hannelore hat ein zweites goldenes Kleid gefertigt, hängt es zurück für mich. Wir führen auf, wie oft, weiß ich nicht, habe nicht gezählt. Es war nicht rund, man hätte nun mit dem Umschreiben und den Kürzungen beginnen müssen. Einige Songs werden rausgeworfen. Produzent und Regisseur reden nicht mehr miteinander, nachdem sie sich angeschrien haben. Erbitterte Szenen, Tränen und Unsicherheit machen sich breit. Die Gefahr der Konkursverschleppung bestünde. Jetzt darf niemand mehr spielen, ob gesund oder krank.

Die Presse schreibt, dass mein Zelt auf dem Schlossplatz in Mitte abgerissen wird, ich war Darstellerin. Ich hätte kein Zelt gebraucht, so wie Berlin kein weiteres brauchte, wir haben so viele schöne alte und auch leerstehende Theater in Berlin. Architektonisches hat Künstlerischem schließlich das Genick gebrochen. Dennoch bereue ich es nicht, einige Vorstellungen waren wirklich gut und die Musik von Weill wird mich noch lange begleiten, auch in anderen Produktionen. In einem Ensemble zu arbeiten war eine neue Erfahrung, wenn auch nicht so neu, wie die meisten dachten. Schwierigkeiten, mich einzuordnen oder zurückzunehmen, hatte ich nicht. Ich mag es, nicht allein auf der Bühne zu sein, man muss nicht permanent agieren. Es ist schön, den Kollegen zuzuschauen.

Christian Schodos und ich wurden Freunde, zum Geburtstag schenkt er mir ein singendes, klingendes Bäumchen, ich schaffe nicht, es am Leben zu halten. Mit ihm erarbeite ich die erste Jazz-&-Chanson-Show, die wir im Spiegelzelt aufführen. Man empfindet unsere Stimmen als zu unterschiedlich, will Christian oder mich lieber allein hören. Wir spielen die Anzahl unserer vereinbarten Shows und sind glücklich, fühlen uns wohl und zu Hause in der Schaperstraße. Brauchen am Abend nur um die Ecke gehen und spielen, ein völlig neues Gefühl, das ich auch schon bei der »Venus« hatte, man reist nicht weiter. Dabei hatte ich jeden Tag die Vision, es müsse ein großer schwarzer Truck vor dem Theater vorfahren, alles abbauen und einladen und wir führen weiter in immer wieder andere Städte und spielten. Manchmal beschlich mich eine Art Klaustrophobie, weil wir uns nicht fortbewegten. Die Umkleidekabinen waren Wohnwagen, wir hätten ja nur etwas davorspannen müssen und schon … es ist eine fixe Idee von mir, dass Spielen und Reisen zusammengehören.

Für immer wie heute

Draußen wurde es langsam kalt, es war November. Die Sonne fing sich goldgelb in einem der gegenüberliegenden Fenster, das mit Alufolie verklebt war und so einem Scheinwerfer gleich Licht in das Zimmer warf, das genau den Platz am oberen Ende des langen kahlen Tisches traf, an dem ich saß. Das beste Make-up ist für die Katz, wenn das Gesicht nicht gut ausgeleuchtet ist, und ich wollte eine gewisse Ähnlichkeit zwischen den Bildern auf den alten Plattencovern und mir, wie ich jetzt war, herstellen. Rita, meine Produktmanagerin, hatte CDs aus den Siebzigern an den Produzenten in England geschickt. Ich wusste nicht, ob sie ihm gesagt hatte, wie viel Zeit inzwischen vergangen war. Brian Rowling war ein etwas untersetzter, korpulenter, freundlicher Mann, in dessen Händedruck man sein Selbstbewusstsein spüren konnte.

Seitdem ich seine Produktionen mit Cher gehört hatte, stand er auf meiner Wunschliste. Als ich jedoch vor ein paar Jahren aus »Strong Enough« »Wenn der Morgen kommt« machte, hätte ich nicht zu hoffen gewagt, dass es wirklich zu einer Zusammenarbeit kommen würde. Brian stellte mir seinen Mitarbeiter Gary vor. Ein warmherziger Schrank, der sich nun auch zu uns setzte.

Rita, der der Erfolg recht gab und die sich schon aus diesem Grunde nicht irren konnte, hatte unser Treffen eingefädelt. Es hatte lange gedauert, bis sich alle Beteiligten auf einen Termin einigen konnten. Rita war eine Macherin, die an den Fäden zog, wie es ihr beliebte, und es nicht gewohnt war, auf Widerstand zu stoßen. Neben ihr saßen meine Manager, ich arbeitete mit einem eigenen Team. Jeder hatte seine Aufgaben und alles wurde gemeinsam diskutiert. Irgendwie hatte ich gehofft, der Kelch würde an mir vorübergehen. Unsinnigerweise vielleicht, denn ich kannte Hunderte, denen ein solches Angebot in diesen mageren Jahren der Plattenindustrie mehr als Freude bereitet hätte.

Ich hatte mich mehrfach mit älteren Musiktiteln von mir beschäftigt und mehr oder weniger herausgefunden, dass sie ein Teil meiner Vergangenheit waren, die zu mir gehörte »wie mein Name an der Tür« und der ich nicht entkommen war, egal wie viel Anlauf ich genommen hatte. In den letzten Jahren, und da ging ich immerhin schon auf die fünfzig zu, bin ich zwar nicht versöhnlicher geworden, aber ich war zu der Überzeugung gelangt, Altes wie Neues aufzuführen und verbinden zu können, wann immer es mir beliebte. Ich glaubte zu ahnen, dass sie doch mehr waren in dem Augenblick, in dem ich sie damals sang. Auch für die Menschen, die sie über dreißig Jahre nicht missen wollten, waren sie immer noch populär und beliebt. Jetzt sollte alles noch einmal neu aufgenommen werden und dazu hatte ich keine Idee. Spielen wollte ich sie noch einmal in Originalbesetzung, mit großem Orchester, und das sollte ein Abschied sein, nicht von der Bühne, ein Abschied von den, wie ich sie inzwischen nannte, Kinderliedern für Erwachsene.

Meine lang gehegte stille Liebe zum Jazz hatte ich wiederentdeckt und endlich auch auf die Bühne gebracht.

Auf kleine Bühnen, die schwieriger und damit spannender zu bespielen sind als große. Das Publikum ist dem Menschen auf der Bühne fast zum Anfassen nah, und Verstecken gilt nicht. Eine Herausforderung, an die ich mich gewagt hatte, nicht zuletzt, weil man mit meinem Namen anderes verband. Keiner wusste genau, was ihn erwartete, und doch lief es gut. Manchmal, am Schluss eines solchen Auftritts, standen die Leute auch jetzt noch auf und sangen mir besagte Titel vor. Inzwischen gefiel mir das, wie sie dastanden, kindlich-trotzig, und sangen. Bei einigen Stellen sang ich mit.

»Jung und modern soll es klingen, und in erster Linie die alten Hits, wir nehmen Hits neu auf.« Wie oft wurde das schon versucht, zugegeben, nicht mit mir. Von meinen Liedern existierten Remixe, deren Produzenten es nicht mal für nötig hielten, sie mir vor der Veröffentlichung vorzuspielen. Jedes Jahr kamen von verschiedenen Plattenfirmen neue Kopplungen heraus. Es schien mir fast unmöglich, dass nicht jeder deutsche Haushalt inzwischen eine »Best Of« im Schrank hatte, so wie man einen Staubsauger im Besenschrank hat. Warum einen neuen kaufen, wenn es der alte auch tut, dachte ich. Wo bleibt der Geschäftssinn, denn aus keinem anderen Grund als diesem hatten sich alle hier eingefunden. Künstlerisch betrachtet lockte zunächst nichts. Ich hätte nicht gewusst, in welchem Gewand und warum ich diese Lieder noch einmal hätte aufnehmen sollen. Ein Song wie »Er gehört zu mir« war so oft rauf und runter gespielt worden, bis er fast erstickt war an dem, was man damit verband. Kaputt gespielt, eine Karikatur seiner selbst.

Ich hörte zu, was geredet wurde, und noch immer dachte ich, ich kann ja mal schauen, was sie damit machen, ich werde es mir anhören und dann entscheiden. Wie ich je an das Gefühl und die Überzeugung, die es braucht, solche Lieder zu singen, herankommen würde, wusste ich nicht. Außerdem war ich gerade dabei, das Jazzprogramm, das ich live gespielt hatte, im Studio aufzunehmen, was mich voll und ganz in Anspruch nahm. Ich sollte diese Aufnahmen unterbrechen, als die ersten Layouts und Demos der alten Kamellen bei mir eintrafen.

Mousse T. und Die Söhne Mannheims hatten sich dazugesellt und jetzt versprach es vielleicht doch mehr zu werden als ein neuer Aufguss. Die Fäden der Produktion liefen zusammen bei zwei Männern in Berlin, die nach außen hin am unbekanntesten waren, jedoch die umfangreichste Arbeit verrichteten, Florian Richter und Chris Zippel. Meine Stimme gab ich seit Jahren schon nicht mehr aus der Hand. Gerd, ein Uraltvertrauter aus den Tagen mit Rio Reiser, nahm sie in Kreuzberg im Tritonus Tonstudio auf und ich wertete den Gesang aus. Dort kamen jetzt die Files und MP3s oder CDs von vier verschiedenen Producerteams an. Brian, der Älteste, hatte schon zwei Titel vorproduziert: »Marleen« und »Lieder der Nacht«. An seinem Stil orientierten sich zunächst die anderen. Das zu der Frage mancher Journalisten: »Sie haben also mit einem jungen Produzenten Ihre alten Stücke neu aufgenommen?« Der älteste, ich schätze ihn auf sechsundfünfzig, war der Gewiefteste, Modernste, auch Abgebrühteste und mit allen Wassern Gewaschene. Die jüngsten waren die Söhne, deren Produktionen am herkömmlichsten klangen, wenn ich an »Für immer und dich« denke, das gerade aus diesem Grunde so berührt, weil es Menschen mit echten Instrumenten spielen.

Mousse T. war ich ein Jahr zuvor auf der Echo-Verleihung begegnet. Einen verständnisvolleren, charmanteren Mann als ihn trifft man selten in diesem Geschäft. Ich konnte nicht wissen, dass er Fan meiner früheren Musik war, aber wenn man der Musik von damals wieder Leben einhauchen wollte, war genau das das Beste, was mir passieren konnte.

Ich bin aus dem Jazzprojekt ausgestiegen und eingestiegen in den Zug nach gestern. Ich hörte mir die alten Vinylplatten an und war erstaunt, wie gut das noch immer klang.

Die Nadel dringt in den schwarzen Kunststoff, es knistert und die Zeit kehrt zurück. Tausende hatten diese Schallplatten in ihrer Sammlung. Tausende kauften sie in allen möglichen Zusammenstellungen und Versionen immer wieder. Bis heute. Ich setze den Tonarm auf verschiedene Stücke. Alle sind zwischen 1970 und 1977 entstanden. Ich höre die Leichtigkeit der frühen Jahre und Entwicklungen. Höre, dass sie sich irgendwann sicher glaubt, die Stimme, dass sie glaubt, dort angekommen zu sein, von wo aus es vielleicht nicht mehr besser werden kann. Eine eingebildete Sicherheit. Ich muss das gedacht haben, damals im Studio, muss angenommen haben, Vergangenes könne mir nichts mehr anhaben und dass ich ein eigener neuer Mensch sei, vielleicht hoffte ich auch, dass es so ist. Auf den Covern der Singles sehe ich es auch, das kreierte Ich. Wo wir hingehören, kann man sich nicht aussuchen, aber geht es nicht immer nur darum, ob man dazugehört oder nicht? Musik ist auch nur eine Uniform, die eine Zugehörigkeit signalisiert. Ausgerechnet bei Musik sagt man, sie kenne keine Grenzen, ich kenne die Grenzen. Es wird dir eingeredet, maßgeschneidert, weich gespült, bis du davon überzeugt bist, dass du es gewählt hast und verteidigst.

Inzwischen hatten die Produzenten die Musik nach Kreuzberg angeliefert und nun begann meine eigentliche Aufgabe. Ich durfte und wollte dem jungen Mädchen von einst nicht widersprechen, ich wusste, wie es ausgeht, aber wenn eine das Recht hatte, an das zu glauben, was sie sang, dann das Mädchen, das ich damals war. Es wäre leicht, wenn ich mich heute mit all den Erfahrungen über sie stellte. Man kann jedoch die Uhr niemals zurückdrehen, es nützt nichts, sich dumm zu stellen.

Ich unterbrach die Gesangsaufnahmen immer wieder, ging stundenlang mit meinem Hund spazieren, holte Essen für uns vom Chinesen, Japaner, Italiener, kam wieder, sang wieder und suchte nach dem Augenblick, in dem ich nicht reflektierte, etwa wie kurz vor dem Einschlafen, wo man in die Vergangenheit taucht, nicht untersucht, was es ist, aber in das gleiche Gefühl fällt.

Und ich fiel, weiß nicht wie, dachte wohl, ich könnte noch einmal an die große, schreckliche Liebe glauben, stürmte aus der Kabine, setzte mich ans Pult und wollte überprüfen, ob es stimmte, was ich im Kopfhörer hörte. Wie damals klang es nicht, aber man konnte ihr glauben, konnte der Stimme nach so vielen Jahren glauben, mit diesen Liedern. Einmal den Einstieg gefunden, dachte ich nicht mehr so viel nach und folgte der Intuition. Natürlich türmte sich immer wieder etwas auf. Würde die Natur nicht die Grenzen setzen, kann ich die Höhe der Töne annähernd erreichen? Man könnte selbstverständlich alles transponieren, doch dann verlören manche Songs ihren Charme, wir haben es ausprobiert, es klang traurig. Aus diesem Grunde musste ich größtenteils mit Originaltonarten arbeiten und das schien auch eine Frage der Verfassung zu sein. Manche Male ging ich in die Gesangskabine und alles war sofort da, dann wieder tat ich mich schwer. Florian gab mir einen Tipp, der mir verschlagen vorkam, er sagte: »Du musst einen solchen hohen Ton nur ein einziges Mal treffen, es ist egal, wie oft du es versuchst, in dem Lied kommt er nur ein einziges Mal vor.« Simpel, aber dieser Gedanke half mir, mich zu entspannen, und ich nahm Höhen, die ich längst verloren glaubte.

Ich untersuchte nicht mehr, ging nach dem Gehör. Wie damals, nichts von den etwa dreihundert Liedchen und Liedern habe ich je abgelesen. Melodien, Rhythmen, Intervalle, auch Sphären, die nicht in der Musik lagen, die ich während des Singens erfand.

Viele freuten sich, als die CD veröffentlicht wurde, so als sei jemand heimgekehrt von einer langen Reise. Ich habe auch Hallo gesagt und ihnen gedankt. Das Größte jedoch, was die Leute mir gaben, war die Stille vor dem ersten Ton in einem Konzert. Ich ging mit »Für immer wie heute« auf Tour.

Seit Anfang der neunziger Jahre trat ich nur mehr mit Musikern auf und wir verstanden uns, wie Musiker sich auf der Bühne verstehen, ohne einander anzusehen und ohne Worte, alles gemeinsam wahrnehmend. Zwischen dem, was wir erarbeiteten, und dem, was wir spielten, war immer noch etwas, etwas, das nur Musiker verstehen, die gemeinsam einen Flug machen. Wir hauchten den alten Kamellen tatsächlich neues Leben ein, obwohl ich glaubte, dass das nicht möglich sein würde, weil mir die Songs an ihre Zeit gebunden schienen. Es war noch einmal ganz anders als die Aufnahmen im Studio. Ich dachte, man müsste die Erfahrung und das Wissen um die Dinge ausschalten, wenn man in diese Materie steigt, die den Glauben an diese Welt und an die Liebe sowie eine gewisse Naivität voraussetzt. Das stellte sich nun als Unsinn heraus. Je mehr ich wusste, desto weniger wusste ich.

Unsere Auftritte waren jedes Mal gleich und doch immer anders und einzigartig. Es würde schwer werden, unsere Gemeinsamkeit, unseren Synchronflug für den Augenblick zu reproduzieren. Nach dem ersten Auftritt im Berliner Tempodrom machte ich mich gemeinsam mit dem Zauberer des Nachts auf nach Kreuzberg, um den Schnitt der DVD abzunehmen, die wir mitschneiden ließen. Wir waren überarbeitet und müde, so war es immer in diesem Business, entweder man hatte gar nichts zu tun oder alles überschlug sich und man konnte kaum nachkommen. Ich widmete der visuellen Präsentation ebenso viel Aufmerksamkeit wie der musikalischen Bearbeitung. Schließlich ging ich davon aus, dass dies meine letzte Auseinandersetzung mit früherer Musik sein würde. Wer immer Vergangenes von mir heute sehen oder hören wollte, konnte es sich nun ein- und auflegen.

Das Publikum war eine Überraschung, wir haben gemeinsam gesungen und freuten uns, worüber auch immer. Sie waren so kunterbunt, so alt und jung, genormt und wild, angenommen und eingebettet, ausgestoßen und fremd wie ich. Doch, ich war verwundert, dass sich fast drei Generationen und Leute, die sich im regulären Leben niemals treffen würden, weil sie nicht unterschiedlicher sein konnten, von Konzert zu Konzert versammelten, um mich singen zu hören. Zurück war ich nicht, ich würde es nie wieder sein.

Herbst

Die Pausen zwischen den Erfolgen sind still, nicht viele Menschen, die an deiner Seite bleiben. Immer wieder ging es rauf und runter, wie in einer Achterbahn. Ich ließ mich dann auch fallen. Es ist notwendig, zu leben und zu erleben, um zu spielen und neue Ideen zu erfinden. Kreativität ist ein Prozess, der in Einsamkeit entsteht. Gehetzt von Show zu Show lebt man nicht, man wiederholt, was man vor längerer Zeit einmal erarbeitet hat.

Die Veränderung nimmt man nicht mit. Man reproduziert ein bestehendes Bild. Immer ist es Herbst, wenn ich an Erneuerung denke. Endlich war es wieder so weit, die Bäume verloren mehr und mehr ihre Blätter und aus der Erde stieg die Feuchtigkeit des Frühnebels. Der Verfall nahm seinen Lauf und beruhigte mich. Das Laub raschelte unter meinen Füßen und ich sog die milde, erdige Luft ein. Die langen grellen lauten Tage waren vorbei. Vorbei das Gefühl des ewigen Angetriebenseins. Des ewigen Funktionieren-Müssens. Rostige, blutrote Blätter wirbelten auf und fielen zu Boden. Ich konnte wieder klar denken und alles bewusster wahrnehmen und ich wusste wieder, dass es mehr gab als das, was ich nur mit den Augen sah. Wie oft hatte ich mir vorgenommen, mich nicht mehr zu hetzen, nicht mehr der Vergangenheit hinterherzujagen, mich nicht mehr zu verkaufen. Nie hatte ich den Mut gefunden, dem Vergangenen wirklich den Rücken zu kehren. Was kann ich denn sonst tun, hatte ich mich immer öfter gefragt und bin doch auf nichts gekommen, als zu singen und zu spielen. Es war wohl das Einzige, was ich gut genug konnte, am besten konnte, das Beste, was die Welt mir geben konnte. Und es gab doch auch das, was sich nicht verkaufen lässt, und das lag in mir. Vielleicht hätte ich eine ganz normale Laufbahn eingeschlagen, wenn ich die Schule abgeschlossen und studiert hätte, aber das Leben hatte anderes mit mir vor. Als ich entdeckt wurde, änderte sich alles und alles änderte mich. Ich war zu jung damals, das weiß ich heute. Ich hatte schöne Zeiten, aber es war zu früh. Obwohl ich immer Sängerin werden wollte, war es mehr Schicksal als Wille.

Immer öfter sehnte ich den Zustand danach herbei. Ich hatte das Gefühl, nur dann würde ich wieder ich selbst sein. Die Schönheit, die ich im Verfall erkennen konnte, brachte mein Gleichgewicht zurück. Das Gleichgewicht, das ich während meiner Arbeit zu verlieren schien. Die glücklichen Momente lagen nicht in Zeiten des Erfolgs, sie lagen in den stillen Kämpfen, es doch anders schaffen zu wollen. Dem scheinbar vorgegebenen Weg, der der richtige ist, weil alle ihn gehen, nicht zu folgen. Die Mutige in mir versprach, sich nicht zu beugen, während die Feige mich von hinten überfiel und immer wieder die fragwürdige Sicherheit suchte.

Ich weiß nicht, wie oft ich von vorn anfing. Aus dem Nichts, in das ich wieder einmal gefallen war. Aber gerade von dort aus war ich mir immer am treuesten. Ging es die Leiter der Illusionen wieder nach oben, verlor ich mehr und mehr meine Grundsätze, sosehr ich auch glaubte, ich würde nie mehr zum Spielball, ich wurde es, immer wieder. Man bleibt erfahrend, lernt nicht aus, wird nicht weiser, die Träume bleiben die gleichen, auch mit Falten im Gesicht.

Die Alten interessierten mich früh. Fotos mussten sie mir zeigen von früher und aus ihrem Leben erzählen. Am Ende erkannte ich ihr Wesen, das in einem welkenden Leib, in dem die Organe ihre Aufgaben mehr und mehr verlangsamen, gefangen war. Ich konnte mich in ihnen erkennen und wusste plötzlich, dass es unerheblich ist, wie lange wir schon auf der Welt sind, dass wir uns ewig sehnen werden und dass die Falle darin besteht, dass wir uns eines Tages nur noch rückwärtsgerichtet sehen. Zurücksehnen nach etwas, das nicht mehr sein kann. Das ist der Moment, in dem wir vielleicht noch hier sind, aber nicht mehr leben.

Fünfzig – eine magische Zahl, wenn ich sie nenne, erschrecken andere. Aber nicht sie sind ein halbes Jahrhundert alt, ich bin es und doch sehe ich in ihren Augen Bedauern. Ich hab noch nicht viele Falten, aber es lohnt nicht, darauf stolz zu sein, denn dafür kann ich nichts. Obwohl die meisten, die mich kennen, wissen, wie lange ich singe, und rückrechnend denken, ich könnte sechzig sein, sind sie erschrocken, wenn ich fünfzig sage. Ich habe schon fünfzig gesagt, als ich es noch nicht war, nur um jenen Gesichtsausdruck, diesen Spiegel der Gesellschaft, der einen das Fürchten lehrt, zu analysieren. Noch nie hat ein Mensch meine Aufmerksamkeit erregt, weil er jung oder alt war. Nie hat mich das Alter eines Mannes interessiert. Warum soll man Jungsein anbeten, kein Mensch musste es entbehren. Wenn die Kräfte abnehmen und man insgeheim oder mit den Freunden über all das lächelt, was man nicht mehr oder nicht mehr so ganz hinbekommt, und nach Wegen sucht, es anders zu schaffen, dann ist man einfallsreich und kreativ.

Mit fünfzig ist man nicht mehr bemüht, sich konservativen Maßstäben zu beugen. Irgendwie wird man dann auch wieder jünger, innerlich. Ich will mich nicht sträuben zu sein, was ich bin, eine Bewertung setzt erst ein, wenn man sich sträubt zu sein, was man ist, erst dann entsteht etwas Bedauernswertes. Gerade im Showgeschäft empfinden viele Ältere Jungsein als Bedrohung. Aus Angst, wie ein alter abgelegter Hut zur Seite gelegt zu werden und nicht mehr vorzukommen, begreifen sie Jungsein als Angriff, und genau dann wird Altsein fragwürdig und quälend.

Ich kann mich für meine Auftritte schön machen, mit all den Tricks und doppelten Böden, die ich im Laufe der Jahre von den besten Visagisten und Stylisten gelernt habe. Es ist mein Beruf und ich passe die Optik der jeweiligen Musik an, entwerfe ein Bild. Ich will jedoch nicht zur ewigen Jugend verurteilt sein.

Die Musik, die ganze Liebe, die Freuden der Erfolge, die Schmerzen und Entbehrungen, die Niederlagen, das Bangen und Hoffen, das muss doch irgendwo bleiben, das ist in mir, hat mich geprägt, so wie ich jetzt bin, musste gelebt werden, vielleicht, um wieder dort anzukommen, wo ich einmal war, als ich mit geschärften Sinnen und mit Neugier diese Welt betrat. So gesehen lohnt es sich vielleicht, zu altern. Ein halbes Jahrhundert schien mir angebracht, mich in ein rauschendes Fest zu stürzen, all den Menschen zu begegnen, die meinen Weg begleitet und gekreuzt hatten, was ich inzwischen nicht mehr für einen Zufall hielt.

Ich erinnere mich gern an die Leute, die mir auf dem Weg nach oben geholfen haben, aber auch die, die nach unten getreten haben, vergesse ich nicht. Die Erbarmungslosigkeit und die Härte vergisst man nicht, auch wenn später viel Gutes übrig bleibt. Wenn ich nur wüsste, warum die glücklichen Momente sich mir schneller entziehen als die schmerzhaften Tage.

Je näher der Tag der nächsten Null kam, von der ich auch dieses Mal nur ahnen konnte, welche Veränderungen sie bringen würde, desto bescheidener wurden die Vorstellungen, ihn zu begehen. Ich entschied mich, nur die engsten Freunde und meine Familie einzuladen, die, die in Berlin wohnen. Berge von Blumen schmückten meine Wohnräume, es sah aus wie bei einer Beerdigung und ich freute mich, dass ich lebte und die Blumen sehen und riechen konnte.

Kurzerhand hatte ich mich entschlossen, nach einem ausgiebigen Mahl italienischer Küche mit meinen Gästen ins Pinguin zu gehen. Zwischen 1984 und 1989 waren wir sehr oft dort. Der Pinguin-Club zog viele Künstler an. David Bowie verkehrte dort, als er in Berlin Aufnahmen machte und hier lebte, als die Stadt noch eine Insel war, geteilt war. Wie viele Nächte hatten wir hier getrunken und gelacht. Manches Mal sogar Veranstaltungen im winzigen Club inszeniert. Lotti Huber mit weißem Männerhemd und Fliege, den Mund wie Minni Maus übermalt und mit Hochsteckfrisur. Als ich sie damals betrachtete, konnte ich mir vorstellen, alt zu werden. Die Schminke hatte aber auch etwas Trauriges, verbarg ihr altes Gesicht unter einer Puderschicht. Das Rot auf Wangen und Mund so reichlich, wie ein Schutz vor denen, die noch nicht dort waren, wo sie jetzt war. Das wollte ich später nicht so machen, aber wer weiß, ob ich mich erinnere, wenn es so weit sein wird.

Wir interviewten sie für unsere Sendung bei »Radio 100« zum Thema Selbstmord und Lotti sagte, es solle einem jeden Menschen freistehen, sein Leben zu beenden, wenn es nicht mehr tragbar ist, und dass sie für einen solchen Fall gewappnet sei. Eine herrliche alte Frau, wie sie dasteht mit den Händen in den Hüften und die Bestellungen aufnimmt, die wir, Enzi und ich, uns nur schwer merken können. Ich sehe Enzi noch vor mir, rote Strümpfe, darüber Netzstrümpfe mit riesigen Löchern, ein Unterrock, der als Kleid dient, und darüber eine Secondhand-Felljacke. Viele bunte, klirrende Armbänder, Ketten und Nietengürtel.

Eigentlich sind es immer nur Augenblicke, die ich erinnere. Wenn ich zurückschaue, fallen die Jahre wie die verwelkten Blätter hier im Wald von den Bäumen. Ich kann mir denken, wie es gewesen sein könnte. Kann ich es wissen?

Seit über dreißig Jahren stehe ich auf diesen Brettern, von denen man sagt, sie würden die Welt bedeuten. Eine Welt in einer Welt. Der Wind schärft seine Messer an meiner Stirn, mein Haar wirbelt auf und ich habe das Gefühl, dass mich wieder einmal etwas Neues durchströmt. Die ewige Suche nach weiteren Ausdrucksformen, eine logische Entwicklung und Vertiefung meiner Selbst.

Mit fünf begann ich das Singen und ich lernte immer neue Dimensionen kennen, die kurze, aber intensive Zeit der Schauspielerei zeigte mir, dass Wort und Sprache noch viel feinere Instrumente waren, um Porträts und Geschichten darzustellen. Es war eine aufregende Arbeit, die nur endete, weil die angebotenen Rollen immer uninteressanter wurden. So begann ich, Songs zu spielen, Aufführungen zu inszenieren. Durch das Schreiben konnte ich meine Gefühle und Gedanken und die anderer besser verstehen lernen. Genau wie das Musizieren auch, ist Schreiben etwas Kreatives, Künstlerisches. Man muss nur genügend Mut für den Anfang aufbringen. Als ich dieses Buch 1989 begann, fehlte mir der Mut und ich legte die ersten vierzig Seiten immer wieder in die Schublade. Dann nach vielen Jahren, an Tagen, an denen ich glaubte, die richtigen Worte gefunden zu haben, empfand ich auch Freude oder etwas wie Magie. Eigentlich störte mich manchmal nur eines, dass es mein Leben war, über das ich schrieb.

Freunde wie Kollegen sahen in meiner Suche nach neuen Ausdrucksformen eine Gefahr für meine Karriere, interpretierten sie als Experimentierphase, aber sie war für mich überlebenswichtig. Gängigen Marktmustern nicht immer wieder zu trotzen hätte bedeutet, mein Leben irgendeinem gestaltlosen öffentlichen Image zu unterwerfen.

Ich pfeife nach meinem Riesenhund, der mit schlaksigem Traben und hängender Zunge auf mich zurennt. Der Wind hat den Himmel blank gefegt.

Anmerkungen

1 Otto Rosenberg: Das Brennglas. Aufgezeichnet von Ulrich Enzensberger. München 2002, S. 20 f.
2 Ebd., S. 41.
3 Ebd., S. 82 f.
4 Ebd., S. 27 f.
5 Ebd., S. 64 f.
6 »Weltflucht«. In: Else Lasker-Schüler: Die Gedichte. Frankfurt 1997.